佐藤和彦・伊東和彦
山田邦明・角田朋彦 編

南北朝遺文

関東編 第一巻

東京堂出版刊

寄進
　鶴岡八幡宮
　武蔵國佐々目郷等作椙守知行分
右為天下泰平地伝祈所寄進之
状如件
　建武二年八月廿七日
　　　　源朝臣（花押）

足利尊氏寄進状（鶴岡八幡宮所蔵）

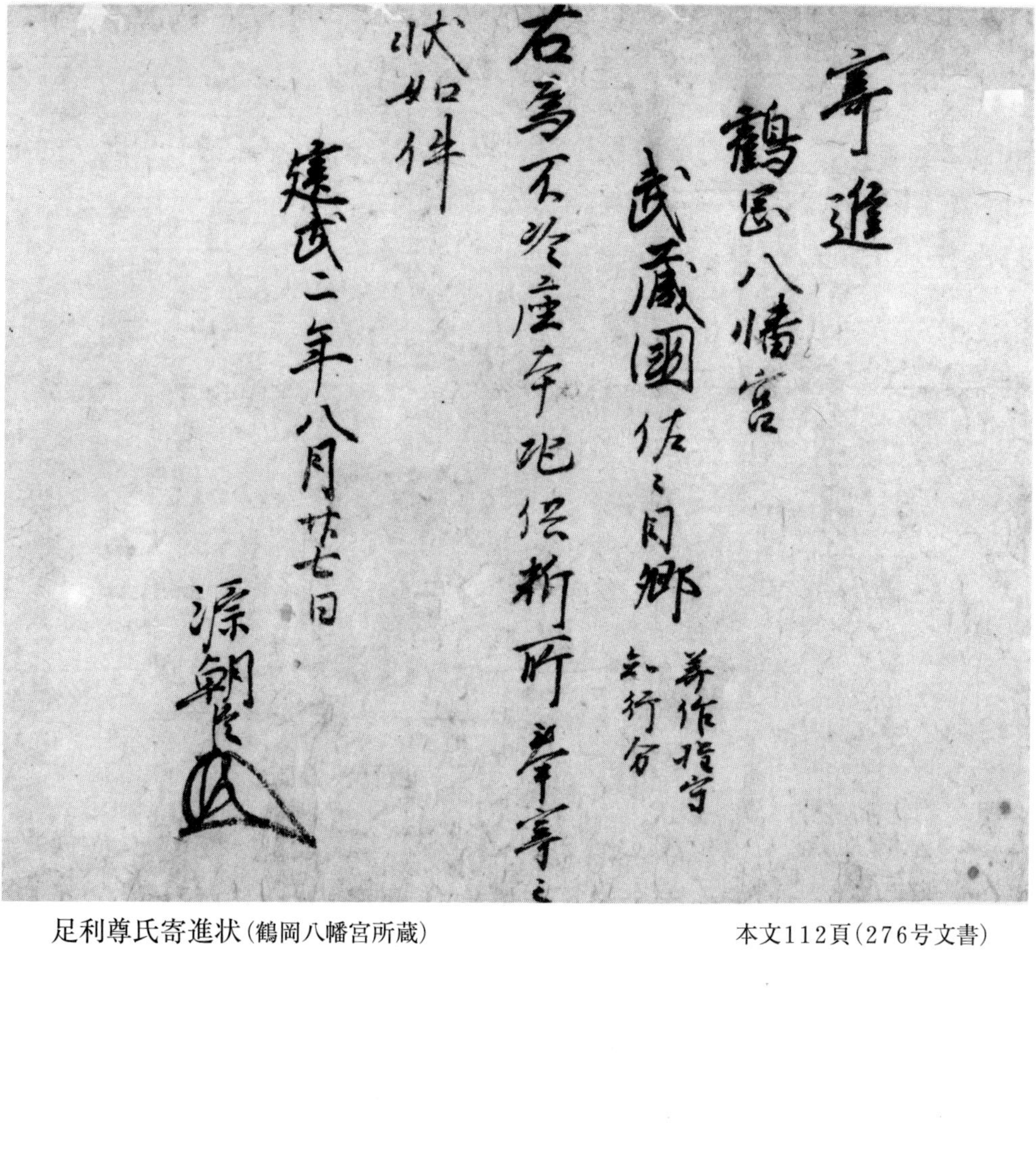

序

あれは、何時のことであったろうか、と考えねばならぬほど、もうかなり昔のことである。

早稲田の研究室で、竹内理三先生から、『南北朝遺文関東編』編纂のお誘いをうけた。その時、先生が示された条件は、いわゆる関東八カ国の文書だけでなく、必ず、越後と信濃の文書を組み込むことであった。さらに、次のような御助言をいただいた。『遺文』のように、長期にわたる編纂作業には、最終的には、多くの人々のサポートが必要となる。編纂方針に賛同する人材が集まってくれるまで、運・鈍・根の精神で待ち続けることが大切であると。あまりうれしくて、「はい」と大声で返事をした。

十数年はあっというまに過ぎ去った。『関東編』に、越後と信濃の文書を組み入れることを目標に、ほんの少しずつではあるが、カードを取り、関連史料を蒐集していった。やがて、山田邦明・伊東和彦・角田朋彦の諸氏が参加してくれるようになり、編集体制が整えられた。この数年、関連文書の蒐集に没頭した。もちろん、十全ではないが、それなりの史料集となったと思う。ぜひとも、読者諸氏からの厳しいご批判をいただきたい。二巻以後の編纂に生かしていく所存である。

本書出版にあたり、貴重なご指導をいただいた竹内理三先生と瀬野精一郎先輩に深く感謝したく思う。さらに、わたくしたちの我儘を許し、いつも気さくに、最後の最後までつきあっていただいた東京堂出版編集部松林孝至氏の友情にお礼を申し上げたく思う。

二〇〇六年五月十日

佐藤和彦

例言

南北朝遺文関東編の発刊にあたり、収載史料の範囲や特徴などの概略をここでまとめておきたい。

新田義貞率いる軍勢の襲来を受けて鎌倉幕府が滅亡したのは、正慶二年（元弘三年、一三三三）五月のことだが、その年の十二月に後醍醐天皇の皇子成良親王と、足利尊氏の弟直義が鎌倉に下向し、鎌倉将軍府とよばれる政権が誕生する。建武二年（一三三五）、北条時行の乱によってこの政権は瓦解するが、時行を破って鎌倉に入った足利尊氏が後醍醐天皇に反旗を翻し、翌年には京都を制圧して室町幕府を樹立すると、尊氏の子の千寿王（義詮）を戴く政権が鎌倉に生まれ、やがて関東八か国に伊豆・甲斐を加えた十か国を管轄する、鎌倉府とよばれる政権に成長する。足利方と南朝方との戦いは関東でも展開し、関東の武士たちのなかには京都や西国に赴いて活動した人も多かった。鎌倉府の中心にいた鎌倉公方は義詮の弟基氏、さらにその子の氏満と継承され、上杉氏が関東管領としてこれを補佐する政権の形がやがて確立する。

足利氏の幕府は京都に置かれることになったが、鎌倉は武家の都としての地位を失っておらず、関東の武士たちも戦乱のなかで活発に動いたため、文書などの史料は多く、その内容も多彩である。こうした史料を集成する意義はいうまでもないが、収録の範囲をどのように設定するかは自明ではなく、検討の必要がある。関東編と冠するわけだから関東八か国（相模・武蔵・上野・下野・常陸・下総・上総・安房）に限定するというのが常識的かもしれないが、前述のように鎌倉府の管国の範囲はこれを越えており、関東八か国だけでなく、周辺の地域にも目を向けなければ、鎌倉府や関東のこともわからないという問題に直面する。こうした問題を克服するため、本書の編纂にあたっては関東八か国だけでなく周辺諸国の史料もあわせて収録するという方法をとった。

鎌倉府の管国は関東八か国に伊豆と甲斐を加えた十か国だから、伊豆と甲斐の史料は当然採録の範囲に含まれるが、伊豆と海を隔てて向かい合っている駿河も鎌倉や関東と密接な関連を有するので、駿河の史料もこれに加えた。また信濃は一時期鎌倉府の管轄下にあったこともあり、小笠原や諏訪などの動向は関東の政治情勢に深く関係しているので、これも収録範囲に入れた。また越後は上杉氏が守護を勤めた国で、関東との関連はきわめて深く、これも佐渡とあわせて史料収録を行った。陸奥の南部、現在の福島県の一帯も同様にかかわりが大きいが、一国単位ではないため区切りが難しいこともあり、現在編集中の「南北朝遺文東北編」に譲ることとした。このように収録範囲は関東八か国に伊豆・駿河・甲斐・信濃・越後・佐渡を加えた計十四か国にのぼり、実質的には関東甲信越編というべき内容となった。

収録年代は、鎌倉将軍府が成立した元弘三年（一三三三）十二月を起点とし、明徳五年（一三九四）まで、六十年以上に及ぶ（南北朝合一は明徳三年だが、明徳年号の史料はすべて収めた）。年月日を追って文書などの史料を収録し、年欠のものは年次を推測してそこに置くか、関連の深い史料にあわせて並べる便宜合叙の方法をとったが、これも難しいものは全体の末尾に一括して収録することにした。

南北朝の六十年間に作成・発給された関東とその周辺十四か国の史料を全体的に収めたということになるが、十四か国の地域にかかわる史料だけでなく、この地域の人々の活動にかかわるものも含めて採録している。前述したように関東出身の武士たちの行動範囲は広く、九州まで及ぶ場合もある。このような関東以外の地域における彼らの活動を示す史料も収載の範囲に加えた。関東出自の武士たちの多くは西国や奥羽などに移住しているので、名字だけから関東の武士かどうか判断できない場合も多いが、本拠を移しているかどうか不明な場合はなるべく収録することにした。ただ関東出身の武士といっても、新田義貞や足利尊氏・直義などの発給文書を網羅的に収めることはしていない。

本書の編集は佐藤和彦氏が中心となり、伊東和彦・山田邦明・角田朋彦を加えた計四名が協力して進め、東京堂出版の松林孝至が作業のとりまとめを行ったが、第一巻の編集がほぼ終了というときに、佐藤氏は逝去された。なんとか刊行にこぎつけた本書を霊前に捧げたい。

目次

序
例言
凡例
元弘三年・正慶二年（一号―三二号）……三
元弘四年・建武元年（三三号―一九二号）……一八
建武二年（一九三号―三七三号）……八四
建武三年・延元元年（三七四号―六二九号）……一四三
建武四年・延元二年（六三〇号―七八〇号）……二三九
建武五年・暦應元年・延元三年（七八一号―九一七号）……二八四

凡　例

一　本書は、南北朝遺文―関東編―第一巻として元弘三年（一三三三）十二月より暦応元・延元三年（一三三八）に至る文書九一七通を収めた。

一　文書名には、原則として、正文・案文・写などの別を示し、記録や編纂書物から採録したものは写とした。

一　無年号文書は、年代比定可能なものは、その年代の所に挿入し、比定不可能であるが、内容・差出人・充名・同収文書等により関連場所に便宜収めた場合は、文書名の下に※を附して、その旨を示した。

一　収録文書で検討の要ある文書は、文書名の下に△を附した。

一　原文には、原則として常用漢字体もしくは正字を用い、読点「、」、並列点「・」を加え、真仮名・変体仮名は、原則として現行仮名に改めた。

一　原文の磨滅・虫損等は字数を推定して□または［　　］で示し、また文書の首欠は「　　、尾欠は　　」で示した。

一　本文中の異筆・追筆は、「　」、朱書は『　』で示し、朱の合点は﹅﹅﹅で示した。原文の墨抹は▨で示し、その文字を読むことができたものは、文字の左側に〻〻を加えて、右側に書き改めた文字を加えた。

一　文字の欠落部分や誤字の場合、推定可能の時は（　）内に編者の案を示し、当て字などを元のまま示す必要があると認めた場合は（ママ）と注した。また本文中の人名・地名・寺社名などの説明傍注も、ともに（　）内で示した。その他編者が加えた文字や文章には、その頭に必ず○を附して、本文と区別した。

南北朝遺文

関東編　第一巻

元弘三年・正慶二年（西紀一三三三）十二月

〇一　後醍醐天皇綸旨　〇山城大徳寺文書

播磨国浦上庄（揖西郡）地頭職事、任被申請、為葛西御厨（下総国葛飾郡）替、所被寄附
当寺也、可令存知給者、
天気如此、仍執達如件、
　元弘三年十二月一日　左衛門権佐（岡崎範国）（花押）
大徳禅寺長老（宗峰妙超）禅室

〇二　信濃国伴野庄・下総国葛西御厨相承次第※　〇山城大徳寺文書

信濃国伴野庄（佐久郡）・下総国葛西御厨（葛飾郡）御相承次第
持明院中納言入道
基家卿
基家卿女　後高倉院女院
北白川院（藤原陳子）
後高倉院御女　御母儀北白川院
式乾門院（利子内親王）
後堀川院御女
室町院（暉子内親王）
伏見院
新院御方（後伏見院）

〇年月日未詳であるが、大徳寺と葛西御厨に関わるものにつき、前号文書にかけて便宜ここに収める。

〇三　小槻千宣御教書写　〇水戸彰考館所蔵吉田神社文書

（小槻千宣）
（花押影）
当社造営□□久経令在□□用途難治□（不カ）
可下向之由、申□此事、為社家大事□（旨カ）面□（々カ）令連参可申事也、
況又在□不幾、争不合力哉、所詮神主田所相共令執沙汰、相
触庶子等、継夜於日忩可沙汰上、彼在京用途、若申異儀、有
無沙汰輩者、不日召上其名田畠等、神主田所相共可致其沙汰
之由、被仰下候也、仍執達如件、
　元弘三年十二月三日　左衛門尉国□
吉田社（常陸国吉田郡）神主田所殿御中

○四　伊達貞綱申状幷上野国国宣　○仙台市博物館所蔵伊達文書

（外題）「任今年七月廿六日　宣旨、知行不可有相違之状、国宣如件、

元弘三年十二月五日　源朝臣（新田義貞）（花押）」

上野国公田郷（群馬郡）一分地頭伊達孫三郎入道（貞綱）々西謹言上

欲早且任傍例、且任相伝道理、賜安堵　国宣、全当知行、

公田郷一分地頭職間事

副進

一通　譲状案　弘安五年三月廿二日

一通　譲状案　文保三年正月十日

一通　関東下知案　弘安九年二月廿七日

右、道西最前参御方、属頭中将家（千種忠顕）御手、致合戦忠節之間、申

恩賞之上者、任傍例、可賜安堵　国宣者也、当知行之条、若

有御不審者、可有御尋伊達彦七郎朝基哉、然者早賜安堵　国

宣、為全当知行、粗言上如件、

元弘三年十月　日

○五　諏訪部円教等申状幷越後国国宣　○佐方茂氏所蔵文書

（外題）「任今年七月廿六日　宣旨、知行不可有相違之状、国宣如件、

元弘三年十二月五日　源朝臣（新田義貞）（花押）」

越後国佐味庄（頸城郡）赤沢村内松分地頭須和部（諏訪）弥三郎入道円教・同舎

弟彦五郎重信等謹言上

欲早賜安堵国　宣、備向後亀鏡間事

副進

一通　当村惣領須和部新三郎入道寂円請文当知行所見先進畢、

一通　預書状先進畢、

右、彼田地者、円教・重信等重代相伝当知行無相違地也、而

於文書等者、雖可令備進、居住出雲国之間、馳参船上（伯耆国東伯郡）、去三

月廿二日重信可致軍忠旨、忝下賜　綸旨之間、属大将（頭中将）家（千種忠顕）

御手、発向京都、四月八日責入洛中、至于五月七日致合戦之

間、不及持参者也、而当村惣領須和部新三郎入道寂円当参之

間、当知行無相違之旨、進上請文、然者、云預書状、云請文、

当知行分明之上者、（為）早下賜安堵国　宣、粗言上如件、

元弘三年十一月　日

○六　雑訴決断所牒写　○集古文書二十二所収伊豆走湯山東明寺文書

雑訴決断所牒　駿河国衙

伊豆国走湯山（賀茂郡）東明寺衆徒等申、当国中田保（駿河国有度郡）・同伊賀留美郷（志太郡）

濫妨事

右、止方々濫妨、可全所務之由、宜令下知彼衆徒者、以牒、

元弘三年十二月七日　少判事中原朝臣（章顕）（花押影）

右中弁藤原朝臣（中御門宣明）（花押影）

○七　和田茂長女子平氏申状幷越後国国宣　○反町英作氏所蔵三浦和田文書

（外題）「任今年七月廿六日　宣旨、知行不可有相違之状、国宣如件、

元弘三年十二月十日　源朝臣（新田義貞）（花押）」

和田左衛門四郎茂長女子平氏謹言上

欲早賜安堵国宣、備永代亀鏡、当知行所領越後国奥山庄（蒲原郡）内鍬柄村幷塩沢村・塩谷村等地頭職間事

右、於彼所領者、氏女相伝当知行無相違之条、同国大嶋庄（古志郡）上条地頭左京亮忠隆、幷同中条地頭紀伊守明長存知之上者、無其隠者也、然早下賜安堵国宣、為備後証、仍言上如件、

元弘三年十一月　日

○八　後醍醐天皇綸旨　○武蔵法華寺文書

武蔵国法花寺（埼玉郡）当知行地事、被聞食畢、僧衆可存其旨者、

天気（後醍醐天皇）如此、悉之、以状、

元弘三年十二月十二日　式部大丞（花押）

○九　色部長倫申状幷越後国国宣　○反町英作氏所蔵色部文書

（外題）「任今年七月廿六日　宣旨、知行不可有相違之状、国宣如件、

元弘三年十二月十四日　源朝臣（新田義貞）（花押）」

越後国小泉庄（岩船郡）内加納色部惣領地頭色部三郎長倫謹言上

欲早下賜安堵国宣全知行、当庄内色部条惣領職幷粟嶋（同郡）地頭

職事
右、地頭職者、長倫重代相伝当知行無相違之地也、其子細色
部又五郎泰忠・同四郎太郎長秀等進上請文上者、不可□□□(有御不)
審者哉、□□(然者)早下賜安堵国宣、為全知行、恐々言上如件、
元弘三年十月　日

○一〇　色部長高申状案写幷越後国国宣案写　○市立米沢図書館所蔵古案記録草案所収色部文書

「(外題)任今年七月廿六日　宣旨、知行不可□之状、国宣如件、
元弘三年十二月十四日
源(新田義貞)朝臣御判形」

越後国小泉庄(岩船郡)内加納牛屋条地頭色部平蔵人長高謹而言上
欲早下賜安堵国宣、令知行当庄内加納牛屋□□
右地頭職者、長高重代相伝、当知行無相違令当知行無相違之
由、物領色部三郎長倫□候上者、不可有御不審者哉、然
則早下賜安堵国宣、為全知行、恐々言上如件、
元弘三年十月□

○一一　之庵道貫頂相賛　○相模帰源院文書

浮水月影、行地春姿、任方円器、随長短枝、和泥合水、拽耒
牽犂、天堂地獄、応機無虧、描画不成処、有英霊漢知、
是英侍者(傑翁)、写余陋質、来需讃、誠可謂効顰、雖然只感其誠志
勤、而全忘其陋之頑、謾述蕪辞、塞其謂而已、
元弘癸酉(三年十二月)臘月十八日、書于霊松(大慶寺)之丈室(相模国鎌倉郡)、
之庵道貫

○一二　成良親王カ令旨　○相模浄光明寺文書

相模国浄光明寺(鎌倉郡)、為御祈願所、可被致御祈擣(禱)忠之由、依　御(成良親王カ)
気色執達如件、
元弘三年十二月廿日　散位（花押）
如仙上人(高慧)御房

○一三　足利尊氏御教書　○長門熊谷家文書

熊谷小四郎直経申、武蔵国木田見郷(多東郡)一分地頭職事、木田見孫
太郎致濫妨云々、所申無相違者、可令沙汰付之、若又有子細

者、可被注申之状如件、
元弘三年十二月廿日　尊氏（足利）（花押）
伊豆守殿（上杉重能）

○一四　後醍醐天皇綸旨　○相模覚園寺文書

相摸国（鎌倉郡）覚園寺、為　勅願寺、宜令致御祈禱者、
天気（後醍醐天皇）如此、仍執達如件、
元弘三年十二月廿一日　右中弁（中御門宣明）（花押）
如日上人（睡山鑒恵カ）御房

○一五　華厳抄・演義抄刊賃日記　○神奈川県立金沢文庫所蔵華厳経疏演義鈔裏文書

少（第一上）（抄、下同ジ）一上一板　少一上二板
少一上五板五字　少一上七板三字
少一上十板五字　少一上十二板四字
少一上十三板八字
刊賃（第一下）一貫六十六文

元弘三年・正慶二年十二月

華厳抄一之下
演義抄一之下一板上之、四郎
正慶元年十一十五
刊賃一貫五十九文
華厳抄一下之六板上之、四郎
正慶元九十九
□□□貫六十三文
□厳抄一下之三板上之、淡路房
正慶元九六
刊賃五十五文
華厳抄一之下十一板上之、四郎
正慶元年十一十五
□（第二上）□□三板二字　抄二上六板
抄（第二下）二下一板一字　抄二下三板
鈔二下四板
刊賃（第三上）一貫五十五文
演義抄三上一板上之、四郎

正慶二四廿五

抄三上第三板三字
□義抄三上之五同本板、淡路房上之、
演義抄三上八板上之、淡路房

元弘三十二廿三

鈔三上　十板　　鈔三上十一板
鈔三上十三板
鈔四上一板（第四上）　鈔四上二板五字
□□下一板（第四下）

〇一六　華厳宗聖教形木目録※　〇神奈川県立金沢文庫保管称名寺文書

（端裏書）
「形木」

華厳宗形木満足分
五教章上中下　還源観
禅源詮上下　原人論
大疏一上　抄一上下　同二上下　同三上下
同四上　起信論　同疏下

円覚注疏一三四五六七八　同略抄一四六七九十十二八

同形木欠分
演義抄四下欠第二第三板　起信疏上欠第十八板
円覚注疏二欠第五板　同略抄二板一枚在之、余ハ欠　三第十一板マテ在之、
五第十三板十二板欠　八第六七八九板欠　十一第十二第十一第八第七第六欠
法界観板欠第四第五　小行願品欠第四板　大行願品欠第三板
盂蘭盆疏九枚内第一四五八ハ在之、第二三六七九欠
同記十二枚内第十一板欠
同会古通今記少々在之、

〇本文書は年月日未詳であるが、前号文書の演義抄に関わるものにつき、前号文書にかけてここに収める。

〇一七　足利尊氏御教書　〇出羽上杉家文書

伊豆国奈古屋郷（田方郡）地頭職事、為勲功之賞、任先例可被領掌之状如件、

元弘三年十二月廿九日　左兵衛督（足利尊氏）（花押）

上杉兵庫蔵人殿（憲房）

〇一八　足利尊氏御教書　〇出羽上杉家文書

伊豆国宇佐美郷（賀茂郡）事、為勲功之賞、可被領掌之状如件、

元弘三年十二月廿九日

左兵衛督（足利尊氏）（花押）

上杉五郎殿

〇一九　足利尊氏御教書案　〇広島大学文学部所蔵摂津四天王寺旧蔵如意宝珠御修法日記紙背文書

伊豆国多留郷（田方郡）地頭職事、守先例、可被領知之状如件、

元弘三年十二月廿九日

源朝臣（足利尊氏カ）御判

富樫介（高家カ）殿

〇二〇　足利尊氏下文　〇横浜市立大学図書館所蔵安保文書

（足利尊氏）（花押）

下　安保新兵衛尉（光泰）

信濃国小泉庄（小県郡）内室賀郷地頭職事

右、以人為勲功之賞、所補彼職也、早任先例可領掌之状如件、

元弘三年十二月廿九日

〇二一　足利尊氏・同直義所領目録※　〇東京大学史料編纂所所蔵比志島文書

足利殿（尊氏）

□□国（伊勢）柳御厨（河曲郡）泰家（北条）跡　尾張国玉江庄（中島郡）貞直（大仏）跡
遠江国池田庄（豊田郡）泰家　駿河国泉庄（駿東郡）同
同国佐野庄（同郡）貞直　伊豆国仁科（那賀郡）同
伊豆国宇久須郷（同郡）同　相模国糟屋庄（大住郡）同
同国田村郷（同郡）同　同国治須郷（沼浜カ）（三浦郡カ）同
武蔵久良郡　同国足立郡泰家
同国麻生郷（都筑郡）時顕（甘縄）　三河国重原庄（碧海郡）貞直
北山辺庄（上総国カ）守時（赤橋）　同二宮庄（上総国長柄郡）
常陸国田中庄（筑波郡）泰家　同国北郡大方禅尼
近江国池田庄　同国岸本御厨（愛知郡）泰家
信乃国小泉庄（小県郡）　奥州外浜同

同国糠部郡同　上田庄同
佐渡国六斗郷同　筑前国同
豊前国門司関(企救郡)同　肥後国健軍社(託麻郡)
日向国富庄同　同嶋津庄守時
左馬頭殿(足利直義)
相模国絃間郷(高座郡)貞直　同国懐島(同郡)同
伊豆奈古谷(田方郡)□(郷カ)　武蔵国赤塚(豊島郡)
常陸国那(珂カ)河東(大仏)惟貞　遠江国谷(各カ)和郷(佐野郡)同
同国宇狩郷(周智郡)同　同国下西郷(佐野郡)
伊与国久米良郷同　近江国広瀬庄(高島郡)貞直
備後国高野　播广国垂水郷(明石郡)
備後国城山　佐渡国羽持(茂)郡同
同国吉岡(雑太郡)同跡

○本文書は年月日未詳。元弘三年より建武二年に至る間のものと思われるので、便宜ここに収める。

○二二　足利氏所領奉行注文※

○東北大学附属図書館所蔵倉持文書

御領奉行事

足利庄(下野国足利郡・簗田郡)　賀美郡(陸奥国)　田井庄(河内国カ)
讃甘庄(美作国)　広沢郷(上野国山田郡)　垪和東郷(美作国)
垪和西郷　大佐貫郷(上野国邑楽郡)　久多・大見(山城国)
放光寺(上野国緑野郡)　黒田保(越中国カ)
南右衛門入道(頼基)　駿河六郎二郎　横瀬五郎入道
粟飯原十郎　醍醐三郎入道　堀松三郎二郎
寺岡大郎左衛門尉
一上総国　市東西両郷(上総国市原郡)　朝平郡(安房国朝夷郡)
愛田(甲カ)庄(相模国愛甲郡カ)　宮津庄(丹後国)　友子庄
秋月庄(阿波国)　稲岡南庄(美作国)　公(土カ)田上村(能登国カ)
宮瀬村(相模国愛甲郡)　賀治山村
三戸八郎(師澄カ)左衛門入道　寺岡左衛門入道
彦部二郎左衛門尉　海老名七郎大郎
有木中務丞六郎　源民部七郎　村上助房
一参河国　額田郡(三河国)　設楽郡(同国)

富永保（同国）　八田郷（丹波国）　宇甘郷（備前国）
漢部郷（丹波国）　大田郷（同国）　新野郷（美作国）
田中郷　田色郷（邑カ）（美作国）　戸栗・重富（筑前国）
阿土熊（安芸国カ）
上杉三郎（頼重）入道　倉持新左衛門尉（家行）
設楽大郎兵衛入道　梶原大郎左衛門尉
小嶋三郎　有富三郎
明石二郎左衛門尉　大炊助
右、守此旨、可令奉行之状如件、

○本文書は年月日未詳。足利氏所領に関するものなので、前号文書にあわせ、ここに収める。

○二三　寺尾光業申状幷上野国国宣　○丸山政文氏所蔵文書

（外題）
「任今年七月廿六日　宣旨、知行不可有相違之状、国宣如件、
元弘三年十二月十六日
源朝臣（新田義貞）（花押）」
寺尾左衛門五郎光業謹言上
欲早充賜安堵　国宣、備後代亀鏡、上野国上野上郷内田
在家幷落合村（緑野郡カ）田在家等地頭職事
副進　二通　御下文幷譲状
右、於田在家等者、重代相伝所領也、仍彼坪々、本屋敷田畠、
稲荷塚田在家、源藤三入道田在家、日越田目石太郎次郎田在
家、奥次郎入道田在家、山林在之、西平六郎次郎入道田在家、
弥藤次入道田在家、牛田村（同郡）五郎三郎田在家、後藤三郎田在家、
次落合村内左近入道田在家、又田壱町、堺手継御下文・譲状
等明白也、然者当知行無相違之旨、存知証人和田五郎捧請文
之上者、下賜安堵　国宣、為備向後亀鏡、恐々言上如件、
元弘三年十二月　日

○二四　相馬長胤申状案　○相馬市教育委員会寄託相馬岡田文書

相馬小六郎長胤謹言上
欲早任亡父相馬小次郎胤盛後家尼□（母）□（堂カ）譲状、賜安堵　国宣、
備向後亀鏡、下総国相馬（相馬郡）御厨内泉村内田畠在家、陸奥国行
方郡内岡田村内田在家等事

副進
一通　系図
一通　譲状案
右、田在家等者、亡父胤盛重代相伝所領也、於然母堂令配分
数男女□(子)、元応二年三月八日、限永代譲与之、□(同)賜御◦外題、
当知行于今無相違者也、早任譲状賜安堵　国宣、為備永代亀
鏡、恐々□(言上)如件、
元弘三年十二月　日

○二五　南部時長等申状　○陸奥南部文書

目安
訴人南部三郎次郎今者刑部丞武行
甲斐国南部郷(巨摩郡)以下所領事
論人南部五郎次郎時長
同又二郎師行但為宮(義良親王)供奉奥州下向
同六郎政長
一　武行以先日奇破(棄、下同ジ)状、閣自身所帯後日配分状、掠申子細罪
科難遁事
南部郷以下、武行親父孫三郎宗実、掠給御下文之間、時長
亡父二郎政行法師法名道行就申子細、為備中入道々存(二階堂時藤)・壱岐入
道妙恵(後藤カ)于時在俗奉行、十八ケ度被経其沙汰、為又二郎入道実願(時実)
跡、去延慶三年五月十八日得分親八人預御配分以来、云武
行父子二代、云時長父子得分親等、廿余年相互知行無相違
之処、以先日奇破状擬掠申自身帯持之後日御下文等之条奸
謀也、就中前後御下文共、以最勝園寺禅門(北条貞時)成敗也、爰依為
先日沙汰、無拠後日再往有其沙汰、被直下之時、被賞翫後
日下知御下文者、政道之法也、而武行依存自身依怙闇傍例、
奉掠上聞之条、造意之企珍事也、此上猶及御不審者、道
存・妙恵等、当参之上者、有御尋、武行奸曲可露顕乎、是一、
一　延慶三年五月十八日御下文不可有御不審事
於道行所得御下文者、後家(尼了心)時長等継母資行実母并資行、構謀書抑留文
書等之間、於関東番訴陳之上、於決断所被経御沙汰最中也、
仍武行・資行等、於対決之御座、正文出帯之上者、後日御
配分状、更不可有御不審者也、是二、

一　武行不可遁告言咎事
如延慶三年御下文者、以亡父南部又二郎法師法名実願、遺領所被配分也云々、而武行為実願孫子、閣親父、非父祖之跡、直恩沢之由、偽申之上者、如傍例者、難遁告言咎者哉是三、

一　武行不可遁朝敵重科事
武行者、為長崎三郎(高光)左衛門入道思元聟、属同四郎左衛門尉高貞、発向茅屋城(河内国石川郡)致合戦、去四月落下関東之刻、同五月十日於三河国矢作宿(額田郡)、仁木・細河・武田十郎已下被留畢、有御尋不可有其隠、可参御方者、京都合戦最中、依何事可落下関東哉、高時(北条)禅門与同之条、不可有御不審、而武行帯五宮(守良親王)令旨之由自称之条、是又奸曲也、令帯　令旨者、尤於京都可致合戦歟、不然者、又於勢州・濃州・尾州、可致軍忠之処、終無其儀、爰落下関東之時者、依隠密彼令旨歟、雖被留参河、不及披見、今致奸訴、始出帯之条、表裏私曲、弥朝敵之段、令露顕畢、其故者、以彼令旨、於関東為申子細、雖令下向、関東滅亡之間、立還参御方之由構申者也、争可遁重科哉、而結句浴　朝恩之条言語道断之次第也、時長等忠節之条、云大将注進、云証人等、分明也、而武行恐自科令参候近衛殿、剰及偽訴之条、奸謀之至、何事如之哉是四、

一　時長・政長等於御方抽軍忠子細事
時長者、最前馳参御方、於関東致合戦之忠、親類中村三郎二郎常光五月廿日討死之条、新田三河弥次郎(世良田満義)見知畢、同廿一日霊山(相模国鎌倉郡)大将軍武田孫五郎(長高)相共、愚息行長懸先若党数輩被疵畢、同廿二日於高時禅門館生捕海道弥三郎、取高時一族伊具土佐孫七頸畢、将又七月十二日押寄三浦山口(同国三浦郡)、三浦若狭判官(時明)相共令退治悪党畢、次政長自奥州最前馳参御方、自五月十五日至同廿二日於所々致合戦、若党守家討死畢、巨細被載注進歟是五、

右、子細雖多、被召決之刻、一烈(列)御下文承伏之上者、武行不可依無窮奸訴、仍粗目安如件、

　元弘三年十二月　日

○二六　和田義成申状案幷越後国国宣案

○山形大学所蔵中条家文書

（異筆）「校正了」
（外題）「任去年七月廿六日　宣旨、知行不可有相違之状、国宣如件、
　　建武元年二月十四日　　　　源朝臣（新田義貞）判」

三浦和田又三郎義成謹言上
　欲早下賜安堵　国宣、備末代亀鏡、越後国奥山庄（蒲原郡）中条内羽
　黒・鷹栖幷加地庄（同郡）古河条内田畠在家荒野間事
副進
　二通　譲状案
　一通　本御下文案
右所者、義成重代相伝地也、当知行無相違之条、進和田二郎
兵衛尉義政請文上者、不可有御不審、然早下賜安堵　国宣、
欲備永代支証、若以不知行之地掠申安堵者、可被行罪科也、
仍恐々言上如件、
　　元弘三年十二月　　日

○本文書及び次号文書は、貞和三年六月日の和田義成申状案に添えられた具書案である。

○二七　尼教意代慶雲申状案幷越後国国宣案

○山形大学所蔵中条家文書

（異筆）「校正了」
（外題）「任去年七月廿六日　宣旨、知行不可有相違之状、国宣如件、
　　建武元年二月十四日　　　　源朝臣（新田義貞）判」

三浦和田八郎茂泰後家尼教意代慶雲謹言上
　欲早下賜安堵　国宣、備後代亀鏡、越後国奥山庄（蒲原郡）高野郷内
　上野十円房田在家幷水無弥源二入道田在家間事
副進
　一通　譲状案
　一通　本御下文案
右所者、尼教意重代相伝地也、当知行無相違之条、和田二郎
兵衛尉義政請文上者、不可有御不審、然早下賜安堵国宣、欲

備後代亀鏡、若以不知行之地、押申安堵者、可被行罪科也、
仍恐々言上如件、
元弘三年十二月　日

〇二八　尼浄智申状幷越後国国宣　〇山形大学所蔵中条家文書

（外題）「任去年七月廿六日　宣旨、知行不可有相違之条、国宣如件、
建武元年三月十八日
源朝臣（新田義貞）（花押）」

佐々木加地八郎左衛門入道女子尼浄智謹言上
欲早被経御沙汰、任傍例、下賜安堵　国宣、備向後亀鏡、
越後国加地庄（蒲原郡）荻曾禰条内田中村地頭職間事
右所者、依為尼浄智重代相伝所領、当知行致（至）于今無相違者也、
然則、致（至）調度具書等者、雖可令持参之、為物詣依令在京、不
及進覧之、於当知行之段者、佐々木加地孫二郎有盛有御尋之
処、載起請文詞、請文令進覧之上者、不可相貽御不審者也、
早下賜安堵国宣、為向後亀鏡、仍恐々言上如件、
元弘三年十二月　日

〇二九　尼明泉申状幷越後国国宣　〇東京大学史料編纂所所蔵中条文書

（外題）「任去年七月廿六日　宣旨、知行不可有相違之条、国宣如件、
建武元年二月十四日
源朝臣（新田義貞）（花押）」

佐々木加地三郎章氏女子尼明泉謹言上
欲早下賜安地（堵カ）国宣、備末代亀鏡、越後国加地庄（蒲原郡）高浜条内
深町田畠、同庄桜曾禰条内桑口田在家事
副進
二通　譲状案
右所者、明泉重代相伝之地也、当知行無相違之条、進牧左衛
門次郎宗朝請文上者、不可有御不審、然早下賜安堵国宣、欲
備永代支証、若以不知行之地掠申安堵者、可被行罪科也、仍
恐々言上如件、
元弘三年十二月　日

系図

〇三〇　佐々木加地氏等系図※　〇東京大学史料編纂所所蔵中条文書

（高浜・桜會禰本主）寂性――（三郎）章氏――（袋太郎）俊章――（又三郎）推（惟カ）俊（押妨人）
　　　　　　　　　　　　　　　　　　　　　――福丸（今者成長不知実名）
　　　　　　　　　――（尼明仙　字彦松）女子――（字虎松）女子――（和田余三）景茂
　　　　　　　　　　　　　　　　　　　　――（金山弾正左衛門尉）政綱

○本系図は、前号文書に添えられた具書案で、尼明泉に関わるものなので、便宜ここに収める。

○三一　天野経顕軍忠状写　○広島大学文学部所蔵天野文書

天野周防七郎左衛門尉経顕申子息三郎経政関東合戦事

右、去元弘三五月十八日、経顕・経政最前馳参于片瀬(河脱カ)原(相模国鎌倉郡)、則奉属于此御手、懸破稲村崎(同郡)之陣、迄于稲瀬川(同郡)幷前浜鳥居脇、合(致脱カ)戦忠之処、若党犬居左衛門五郎茂宗・小河彦七安重・中間孫五郎・藤次男等令討死訖、自同十一日廿一(衍カ)日迄于廿二日之葛西谷(同郡)之合戦、致軍忠訖、此等之次第御見知之上、同時合戦之間、新田矢島次郎・上野国住人山上七郎五郎見知之間、就捧請文御注進上者、為後証欲申賜御証判矣、仍言上如件、

元弘三年十二月　日

「(証判)一見了」(新田義貞)（花押影）

○三二　和田某軍忠状写※　○薩摩和田文書

中家系図裏書

追伐間事

副進　一通　系図

右、俊連(三木村物領)相触同行俊・同貞俊幷一族、申承傍輩等令引率、於当国者罷立、一番属于日大将軍新田蔵人七郎氏義、去五月廿一日(元弘三)引籠敵霊山寺大門(相模国鎌倉郡)、射大手稲村崎(同郡)軍勢於散々之間、難打入之処、俊連自峯折下懸先、打破敵之籠大門挾板戦之間、若党羽生田九郎太郎盛政(被射右肩)、藤木田太重連(被射左腕右、加伊加弥)、中野郷房良賢(被射左腰上)、数輩雖被疵、捨身命戦之間、追落朝敵訖、将又俊連責上霊山寺峯、及夜闇戦之処、又若党奥富兵衛三郎俊家(被射右肩上)、被疵畢、巨細所勒目安也、一行俊同月同日於霊山寺致合戦忠節之間、自身(被射左腕)中間孫六

泰知被射左膝口左足平雖被疵、捨身命戦之間、追落朝敵之条、日大
将軍新田蔵人七郎氏義令見知畢、巨細所勒于目安也、
一　貞俊於所々致合戦之上、同月同日属于日大将軍新田蔵人
七郎氏義、於霊山寺致合戦之間、若党今溝余次有知討死畢、
雖然捨身命戦之間、追落朝敵之条、氏義令見知上、巨細所
勒于目安也、然則被経御　奏聞、為由緒地上者、各浴恩賞、
弥為施弓箭面目、恐々言上如件、

○本文書は年月日未詳であるが、文中の日付によりしばらくここに収める。

元弘四年・建武元年（西紀一三三四）

○三三　小槻某下文写　○水戸彰考館所蔵吉田神社文書

（花押影）

常陸国吉田（吉田郡）社領等御安堵　綸旨如此、案文被遣之、且本所御教書案文、同被遣之候、近年寄事於左右、地頭等打留年貢課役条不可然候、忩々相触此趣、御年貢已下年々分、又所相向分等、忩可被致其沙汰候、預所者、忩自是可被定補候、先其間（旨カ）忩可被相触郷々□（之カ）由、所被仰下之状如件、社領宜承知、敢勿違失、故下、

元弘四年正月五日　　左衛門尉親重□（奉）

吉田社神主田所御中

○三四　日満方便品読不読問答記録　○興門集

建武元甲戌正月七日、駿州富士郡上野郷於大石寺日仙坊、方便品読不読之問答記録、問答従午半時至未半刻、問者讃岐阿闍梨日仙、答者本門寺（富士郡）住日代、筆録者佐渡阿闍梨日満

日仙問云、薬王品得意抄云、於爾前迹門猶難離生死、至本門寿量品、必可離生死、取意、諸御書趣如此、故為迹門根本読方便品者、悉皆読誦迹門同問、一向方便品不可読也云々、日代答云、大覚抄云、常の御所作には方便品の長行与寿量品の長行を習、読誦し給候へ、又別に書出してあそはし候へし、余の二十六品は身に影の随ひ、玉に財の如備、方便品寿量品を読候へは、自然に余の品は読候はねとも、備はり候也、取意、故従先聖至師今被為読也、何背高開両師義不可読云耶、

日仙再問云、如答義者、於迹門方便品有得道耶、

日代再答云、就於迹門方便品論得益之有無、有与奪破三義、興者、三周声聞於迹門正宗八品内、蒙授記於五品流通中論調達竜女得脱也、天台云、今聞迹門之説同入実相、即得因中実益云々、妙薬云、因門開竟、望於果門、則一実一与云々、開

目抄云、迹門方便品には一念三千二乗作仏を説て、爾前二種失一つ脱たりと被書、是を与意と云也、雖然未発迹顕本、実一念三千モ不顕、二乗作仏も不定、猶如水中月、無根草波の上に浮るに似たりと云々、妙楽云、本門顕竟則二種倶実、故知迹実於本猶虚矣、如此御書本末釈是奪意云也、開目抄云、爾前迹門の十界の因果を打破て本門十界の因果を説顕す云々、如此被書、是破意と云也、与意の分一往於文上雖明得益、奪破双意の分、再往於文底無得益、真実得益者限寿量品文底因妙也、従先師此法門不聴聞、而今生生疑惑耶、

日仙重問云、無得脱者、読無詮如何、

日代重答云、読而無詮者、高開両師被為読謬歟、又大覚抄御文体僻事而謬歟、

日仙閉口、

仍為後日、問答記録如件、

建武元年甲戌正月七日

右問答聴聞衆檀及二十余人、此等諸人等、奉讃日代作礼敬座而去了、

日満判

○三五　日叡方便品読不読問答記録　○古文書記 興門雑記

一建武元年甲戌正月七日、重須(駿河国富士郡)大衆蔵人阿闍梨日代・大輔阿日善・大進阿日助等其外大石本門寺(同郡)日仙之房ニ来臨セリ、大石本門寺大衆等多分他行也、被有合人数伊須(マヽ)阿闍梨師弟下坊御同宿宮内卿(日行)阿其外十余人也、于時日仙云、日興上人入滅已後代々依申状、為迹門方便品不可読云々、蔵人阿日代為問答、鎌倉方(相模国)被立迹門、有得益云云、日仙云、一向迹門方便品不可読云云、是即日弁天目義同篇也、而其日之法門日仙被申勝也、日叡其座ニ在テ法門丁(聴)聞セリ、結句重須本門寺大衆等ノ義、自元日代五十六品ト法門被立間、高(日蓮)祖幷日興・日目等御本旨ニ非ル故ニ、日代迷乱本迹、重須大衆皆同列出、日代奉擯出畢、為末代存知、日叡験之畢、

○三六　曾我乙房丸代道為手負注文案　○陸奥南部文書

注進
　目安

元弘三四両年津軽(陸奥国)平賀郡大光寺合戦手負交名人等事

一人豊嶋三郎二郎時貞左小腕被射抜候了、正月一日、同右股被射候了、同日、
一人曾我弥三郎光貞自左小腕脇下以長柄被指通候了、
一人羽取二郎兵衛尉重泰右腕上被射抜候了、十二月十一日、正月八日、右目上被射通半死半生、
一人幡指彦太郎右曾利股被射通候了、正月八日、
一人矢木弥二郎以矢利(槍)被胸突、半死半生了、正月八日、
一人印東小四郎光継左膝口被射抜候了、正月八日、

此外仁等、余多雖被疵候、少事者不及注進候、

右、手負注文如件、

元弘四年正月十日

曾我乙房丸代道為判

○三七　曾我乙房丸代道為起請文案　○陸奥南部文書

進上　於元弘三四年津軽(陸奥国)平賀郡大光寺楯御合戦次第
曾我乙(房脱カ)丸若党等所被疵交名注文事

一人　豊嶋三郎次郎時貞左小うて被射抜候訖、正月一日、同右そりもゝを被射了、同日、
一人　曾我弥三郎光貞左小うてより脇下ゑう□とをされ了、長柄、同日、
一人　羽取次郎兵衛重泰右うての上を射抜了、十二月十一日、同正月八日右目上を被射通了、半死半生、
一人　はたさし彦太郎右そりもゝお被射通了、正月八日、
一人　矢木八郎やり(槍)もてとう中をつかれ候了、半死半生、同正月八日、
一人　胤頭(印東)小四郎光継左膝口を被射了、同日、

右、此条々一事一言も偽令申候物者、
奉始上梵天帝尺惣日本国中大小神祇冥道神罰於原深(ママ)可罷蒙候、
仍起請文之状如件、

元弘二年正月十日

乙(房脱カ)丸代沙弥道為

○三八　岡本重親譲状写　○秋田藩家蔵文書十岡本又太郎元朝家文書

□(か)つひ田の事

ゆつり(譲)わたす(渡)みちのくに(陸奥国)いわさき(岩崎)のこほり(郡)かなりのむら(金成村)のうちの田事
右田のつほは、かつひ田四たん、心さしあるによて、いとこ五郎殿にゑいたいゆつりわたすところしちしやう也、たゝし、御くうしにハ、まいねん百五十文のようとうをさたせらるへく候、もしこのむねをそむいて、子々そん〳〵にいたるまて

いらんをなす事候ハヽ、ふけうとして、そのあとをかさねて
ゐいたいちきやうせらるへく候、よてのちのためにゆつりし
やう、くたんのことし、

元弘二年正月廿三日　重親(岡本)（花押影）

〇三九　関東廂番定書写　〇建武記

定廂結番事、次第不同、

一番
刑部太(大)輔義季(渋川)　長井大膳権大夫広秀
左京亮(上杉重兼カ)　仁木四郎義長
武田孫五郎時風　河越次郎高重
丹後次郎時景(二階堂)

二番
兵部大輔経家(岩松)　蔵人憲顕(上杉)
出羽権守信重(高坂)　若狭判官時明(三浦)
丹後三郎左衛門尉盛高(二階堂)　三河四郎左衛門尉行冬(二階堂)

三番
宮内大輔貞家(吉良)　長井甲斐前司泰広
那波左近大夫将監政家　讃岐権守長義(小笠原)
山城左衛門大夫高貞(二階堂)　前隼人正致顕(摂津)
相馬小次郎高胤

四番
右馬権助頼行(一色)　豊前々司清忠(佐々木)
宇佐美三河前司祐清　天野三河守貞村
小野寺遠江権守道親　因幡三郎左衛門尉高憲(二階堂)
遠江七郎左衛門尉時長

五番
丹波左近将監範家(石塔)　尾張守長藤(二階堂)
伊東重左衛門尉祐持　後藤壱岐五郎左衛門尉
美作次郎左衛門尉高衡(二階堂)　丹後四郎政衡(二階堂)

六番
中務大輔満(吉良)儀(義)　蔵人伊豆守重能(上杉)
下野判官高元(二階堂)　高太郎左衛門尉師顕(秋)
加藤左衛門尉　下総四郎高(宗イ)家

右、守結番次第、無懈怠可令勤仕之状、依仰所定如件、
元弘〻(四)年――

○元弘四年は正月二十九日に建武と改元されたので、今しばらくここに収める。

○四〇　雑訴決断所条規写※　○建武記

於決断所可有沙汰条々、
一所務濫妨事
一領家地頭所務相論、幷年貢難済以下事
一下職以下開発余流、幷帯代々上裁欝訴事
自余者可為本所成敗
一本領安堵事当所幷記録所、可任訴人之心、
一諸国々司守護注進事
関東十箇国成敗事
一所務相論幷年貢以下沙汰、一向可有成敗事
一所領幷遺跡相論異重事者、執整訴陳可為注進事
一訴論人、或在京、或在国者、就訴人之在所、可有沙汰事
已上被押決断所也、

○四一　平某施行状案　○佐賀県立図書館寄託正法寺文書

肥前国正法護国寺(佐賀郡)領事、任去年元弘三十一月廿八日綸旨(後醍醐天皇)幷去正月廿九日国宣、寺家知行不可有相違、仍執達如件、
元弘四年二月三日　平(千葉氏カ)在判
当寺僧衆御中

○もと紙継目裏に花押がある。

○四二　平某施行状案　○佐賀県立図書館寄託正法寺文書

肥前国□(正法護国寺カ)□領□(事カ)、任去年元□(弘)□(三)十一月廿八日綸旨(後醍醐天皇)幷去正月廿□(九日国宣、寺カ)□家知行不可有相違、仍執達如件、
元弘四年二月三日　平(千葉氏カ)
謹上　正法護国寺(佐賀郡)僧衆御中

○四三　足利直義御教書　○出羽上杉家文書

大御厩事、被仰付状如件、
元弘四年二月五日　直義(足利)(花押)

上杉(頼成)左近蔵人殿

○四四　越後国国宣写　○反町英作氏所蔵三浦和田文書

(新田義貞)
(花押影)

三浦和田彦四郎茂実申、越後国奥山庄(蒲原郡)内中条・金山両郷事、
就　綸旨被施行之処、如注進状者、於中条内者、沙汰居茂実
代官云々、金山郷者、和田又次郎家人三浦平四郎・和田弥三
郎・同又三郎家人富沢孫太郎以下悪党等、構城廓致合戦刃傷
殺害云々、所詮守護代相共、守　宣旨御事書之旨、相催近憐(隣)
地頭以下、任法可被加治罰、若不従催促者、可被注申交名之
由、国宣所候也、仍執達如件、

建武元年二月五日　散位高秀奉

謹上　御目代殿(船田善昌、義昌)

○四五　足利尊氏御教書　○武蔵法華寺文書

武蔵国飯塚村(埼玉郡)法華寺住持是徹申寺領事、被下　綸旨之処、大
河原又三郎致濫妨云々、早可被沙汰付于是徹之状如件、

建武元年二月六日　尊氏(足利)(花押)

伊豆守殿(上杉重能)

○四六　諏訪頼重書下写△　○信濃守矢文書

たのミのむらのそき(除)の事、原山今年とくふん(得分)百弐拾七貫文の
うち、弐拾陸貫文ハ、きうふん(給分)たるによつて、のそくところ
なり、状如件、

元弘四年二月八日　照雲(諏訪頼重)(花押影)

神長殿(諏訪有実)

○四七　後醍醐天皇綸旨　○山城大徳寺文書

信濃国伴野庄(佐久郡)、出羽弥三郎以下輩濫妨事、
奏聞之処、事実者不可然、早止其妨、可令全所務給之由、
天気(後醍醐天皇)所候也、仍執達如件、

(建武元年カ)二月八日　左衛門佐範国(岡崎)

宗峯(妙超)上人禅室

○四八　足利尊氏寄進状　○伊豆三島大社文書

奉寄
（伊豆国田方郡）三嶋大明神
駿河国（駿東郡）土加利郷内田参町・畠壱町事
右、奉寄如件、
建武元年二月九日
左兵衛督源朝臣（足利尊氏）（花押）

○四九　釼阿印信　○神奈川県立金沢文庫保管称名寺文書

金
無所不至印
帰命
胎
外縛五古印

源仁　益信　法皇（宇多上皇）　寛空　元杲
已上伝法
金　無所不至印

胎　同印

源仁　聖宝　観賢　淳祐　元杲
已上秘秘或名之本流伝法
無所不至

已上第三重
右、三宝院相承印可所伝授如件、
元弘四年二月十日授之、
伝灯大法師（釼阿）
（折下端書）「本流印信」

○五〇　頼弁・左衛門尉知家連署寄進状写　○下総熊野神社文書

寄進
（下総国葛飾郡）大河戸宿東森下畠弐段、奉令寄進熊野権現者也、如恒例可被

致御祈禱精誠也、仍寄進状如件、

建武元年二月十三日

両政所　僧頼弁（花押影）

左衛門尉知家（花押影）

能登□御房

○五一　色部長倫譲状写　○市立米沢図書館所蔵古案記録草案所収文書

譲与　越後国（岩船郡）小泉庄色部条田在家事

合田数五段　小平内名　同七段内也
壱所切田　山田上　別当跡弐段
壱所政所給分　北田　六百苅
今泉四百苅　屋敷南
霍田殿隣
壱所桃河兵衛二郎屋敷

右田在家者、以女子千歳為領主所譲与也、但恒例臨時於御公事者、守惣領之支配可勤仕、将又、一期之後者、可寄附惣領、仍無他妨、可令領掌之状、如件、

元弘四年二月十八日　長倫（色部）

○五二　駿河国国宣案※　○駿河鉄舟寺文書

元弘四年・建武元年二月

在御判（足利尊氏カ）

当国（駿河国）久能寺衆徒申、為船越左衛門尉被押領堺由事、訴状如此、早相尋両方之子細、可令注進之由、留守所へ可令下知給之旨所候也、仍執達如件、

二月廿四日　左近将監実忠（島津）奉

駿河御目代殿

○本文書は建武元年または同二年のものと推定される。しばらく建武元年のものとして収める。

○五三　後醍醐天皇綸旨案　○相模円覚寺文書

本云、校正文了、

当寺領越前国山本庄（今北東郡）、如元知行不可有相違者、天気（後醍醐天皇）如此、仍執達如件、

建武元年二月廿六日　左衛門権佐（岡崎範国）在判

円覚寺長老禅室（相模国鎌倉郡）（大川道通）

○五四　後醍醐天皇綸旨案　○相模円覚寺文書

（端裏書）「篠木庄野口・石丸　国宣
最初和談目代施行一通并。請取一通」

尾張国篠木庄(春日部郡)内石丸保野口村国衙所務事、為請所円覚寺(相模国鎌倉郡)領知、
更不可有相違□、
建武元年二月廿六日　左衛門権佐(岡崎範国)
円覚寺長老(大川道通)禅室
○本文書は本文の末尾一行「天気如此、仍執達如件」の文言を省略して書写されている。

○五五　越前国国宣案　○相模円覚寺文書

本云、校正文了、
円覚寺(相模国鎌倉郡)領当国山本庄(今北東郡)、寺家如元可知行由事、任
綸旨(後醍醐天皇)可被下知之由、国宣所候也、仍執達如件、
(建武元年)二月廿八日　左衛門尉行明
謹上　越前国御目代殿

○五六　円覚寺雑掌契智申状案※　○相模円覚寺文書

本銘云、円覚寺雑掌　山本庄事
円覚寺(相模国鎌倉郡)雑掌僧契智申
欲早任　綸旨・国宣、如元可沙汰付寺家雑掌旨、可被成施行

由、雖申守護新田左馬権頭(堀口貞義)、可申成牒旨、返答上者、為御沙
汰被仰下、当寺領越前国山本庄(今北東郡)事
副進
一通　綸旨建武元年二月廿六日
一通　国宣同月廿八日
右、当庄者、為当寺最初之寺領、知行已経数十年之処、湯浅
二郎左衛門尉宗顕、為恩賞、雖掠給之、当寺領之段、就申披
之、如元可知行之由、被成下　綸旨・国宣畢、仍可沙汰付寺
家雑掌之旨、可被成施行之由、度々申守護方之処、可申成牒
之旨、返答之上者、為御沙汰為被仰下、言上如件、
○本文書は年次未詳。五三・五五・六八号の三通と一連の校正案文なので、便宜ここに収める。なお、六八・五六・五三・五五号の順序で書かれ、紙継目裏毎に某の花押がある。

○五七　釼阿印信　○神奈川県立金沢文庫保管称名寺文書

最極秘密灌頂印
二手当心合掌シテ、届二頭指ノ中節一横ニ相□テ置二大指一入
掌中ニ、二大指ハ両部大日一体和合身理智冥合也、真言

娜莫三□(去カ)満多母駄引南引悪引尾引囉吽引欠
八遍誦之、前三遍胎蔵、後五遍金剛界也、
聖観音軌云、次結大日如来鈒印以二手当心合掌屈二頭指中
節ヽ横ニ相□以二大栂指置押シテ二頭指上節如鈒形結此印、
已即視自心中有八葉蓮花、於蓮中想阿字放金色光、与印相応、
想彼阿上字了、一切法本来不生ナリ、即誦真言曰、
娜莫三□(去カ)満多母駄引南引悪引尾囉吽引欠
誦真言八遍、以印如前加持自身五処於頂上散印云々、遺告灌頂
条末云、是ノ章句ハ在梵本、従経ノ文幷儀軌之外、取離出所
密綱也、吾三衣ノ箱底細量亦枉精進峯入室弟子沙門土心水師
所云々、

元弘四年三月四日　　授実真了

伝授阿闍梨[梵字][梵字](鈒阿)

○五八　鈒阿印信　○神奈川県立金沢文庫保管称名寺文書

三部惣摂大阿闍梨印
定恵虚心合開二頭指　帰命[梵字]
次同印開二中指　帰命[梵字]
次同印開二名指　帰命[梵字]
観八葉蓮花座九尊即法界宮也、[梵字]
法界宮中壇上有[梵字]字、成八葉大蓮花中光花実上
有[梵字]字、成法身如来相好威儀了々分明、八葉同各有[梵字]字、成
四仏四菩薩
[梵字][梵字][梵字][梵字][梵字]外縛五古印
同有[梵字]字成五峯金剛杵出生五部諸尊所謂三十七尊也、
帰命[梵字]内縛五股(鈷)印

実恵僧都秘口　益信記　真説

建久七年二月十一日、受重病難存命、仍不顧年齢若少授
□□□、

伝授阿闍梨興然師年七十六
建長七年二月廿一日、受重病、数日難存命、仍不顧年齢
若少授栄尊畢、

伝授阿闍梨権大僧都法眼和尚位栄ー在判
永仁六年正月廿九日丁己壁宿木于時、及年齢八旬、難期後間、

授円海畢、法印栄尊、
元弘四年三月四日　示実真大徳了、
伝灯大阿闍梨（釼阿）

〇五九　上杉重能施行状　〇伊豆矢田部文書

伊豆国（田方郡）一宮三嶋社正神主職事、資盛就申子細令注進之処、重被下牒之上者、早可沙汰付盛親之状如件、
建武元年三月六日　伊豆守（上杉重能）（花押）
目代

〇六〇　平某施行状写　〇肥前櫛田神社文書

肥前国（神埼郡）神崎庄鎮守高志櫛田宮長恒安弁晴気保（小城郡）内以下地頭職事、任去年十一月四日綸旨（後醍醐天皇）、当知行分、不可有相違、仍執達如件、
建武元年三月七日　平（千葉氏カ）御判
本告執行殿

〇六一　後醍醐天皇綸旨写　〇甲斐万福寺文書

（端書）「後醍醐天皇　尊治　綸旨安（案）文」
甲斐国（山梨郡）万福寺別当源誓、可抽祈禱懇志之由、天気（後醍醐天皇）如此、悉之以状、
建武元年三月九日　式部大夫判

〇六二　釼阿印信　〇神奈川県立金沢文庫保管称名寺文書

三印
金剛
塔印　ハム ム ヲラク キリク アク
同印第　アヒラムナム
同印位　アハラカキヤ
口伝云、法眼勝覚所労ノ時キ、法務定賢訪ニ令渡給フ、其ノ時ニ法眼ヲキアカリテ法務ノ肩ニ懸テ手ヲ云ク、我ハ是宮僧正覚源也、汝ニ残シテ不授ル大事アリ、然ニ此法眼無止事クタウトキ人也、此ノ法眼ノ料ニ汝授ム之ヲ、可授之云テ授之、

又説、
元所不至印言 
已上応保二年初冬之比、於金剛峯寺(紀伊国伊都郡)、以或上人之説、伝此印言ヲ、然ニ真言旁ニ相違セリ、可決正不也、
正安二年閏七月廿六日於勧修寺慈尊院円海上人授之栄尊、
元弘四年三月十一日、於金沢(武蔵国久良岐郡)、授実真大徳了、　釼阿(花押)

○六三　雑訴決断所牒　○羽生誠氏所蔵鹿島大禰宜家文書

雑訴決断所牒　常陸国衙
鹿嶋(鹿島郡)太神宮大禰宜高親(中臣)申、当国行方郡大賀村・同郡大生村
地頭道円・同子息彦太郎以下濫妨事 副申状具書
右、高親帯弘安五年将軍家寄進状・正応五年以来関東安堵下文等、可被停止道円等之濫妨云々、所申無相違者、可沙汰付高親於当村、有子細者、可被注進者、以牒、
建武元年三月十四日　雅楽允藤原(花押)

左少弁藤原朝臣(高倉光守)(花押)

○六四　官宣旨案写　○建武記

左弁官(下脱カ)　五畿七道諸国
応令明両年閣其節諸国諸庄園検注事
右、大納言藤原朝臣(万里小路)宣房宣、奉勅(後醍醐天皇)、諸国諸庄園検注事、就給主等請、雖被下綸旨、州郡未静謐、民庶猶疲労云々、今明両年可閣其節之由、宜仰五畿七道者、諸国承知、依宣行之、
建武元年三月十七日　大史小槻宿禰判
中弁藤原朝臣在判

○六五　後醍醐天皇綸旨写　○秋田藩家蔵文書十岡本又太郎元朝家文書

岩崎蓮生後家尼蓮心当知行地、不可有相違者、
天気(後醍醐天皇)如此、悉之、以状、
建武元年三月十七日　宮内卿(中御門経季)(花押影)

○六六　後醍醐天皇綸旨　○吉成成敏氏所蔵茂木文書

下野国東茂木保（茂木郡）茂木三郎左衛門尉知貞□、為勲功賞、可令
知行□、
天気（後醍醐天皇）如此、悉之以状、
　建武元年三月十九日　左中将（中院具光カ）□

○六七　後醍醐天皇綸旨　○東京大学文学部所蔵由良文書

播磨国福居庄事、被止良日知行之上者、止其妨、可被全所務
者、天気（後醍醐天皇）如此、仍執達如件、
　（建武元年）三月廿二日　右少弁藤長
新田兵部大輔殿（岩松経家）

○六八　雑訴決断所牒案　○相模円覚寺文書

（端裏書）「山本庄
雑掌契智所進」
校正了、
雑訴決断所牒　越前国守護（堀口貞義）
円覚寺（相模国鎌倉郡）雑掌契智申、寺領当国山本庄（今北東郡）湯浅次郎左衛門尉宗顕
押領事副申状具書
右、止彼押領、可沙汰居雑掌於庄家者、以牒、
　建武元年三月廿四日　左大史小槻宿禰（匡遠）在判
左少弁藤原朝臣（高倉光守）在判
○紙継目に裏花押がある。

○六九　上杉重能施行状　○多田幸太氏所蔵文書

富岡郷（武蔵国久良岐郡）事、仁木四郎義□（長）令拝領畢、早任御下文□（之）旨、可沙汰
付之状如件、
　建武元年三月廿八日　伊豆守（上杉重能）（花押）
六浦庄（同郡）政所

○七〇　称名寺塔荘厳日記　○神奈川県立金沢文庫保管称名寺文書

（端裏書）「称名寺塔荘厳日記　□二代目釼阿自筆」
称名寺（武蔵国久良岐郡）塔内具足
金銅宝篋印塔一基　舎利殿一
仏具一面皆具　柄香爐一在蓋

磬台一 在金　　前机一
脇机一　　礼盤一 在半畳
幡二十流　　華鬘四流
水精念珠一連 入箱　　灯台二本 各在打敷
畳五帖
已上
建武元年三月廿八日　　釼阿（花押）

〇七一　沙弥某奉書案写　〇会津四家合考巻九

新田兵部大輔経家（岩松）代寂心申、行方郡（陸奥国）千倉庄事、同本阿弥陀
仏其身者称在府、以代官構城郭、及合戦企候間、可加治罰
之（由脱カ）、就今日（月）十九日国宣、祠（相）催庶子等、来三日令発向彼庄、
可致其沙汰之旨、検断岩城弾正左衛門尉隆胤施行如此候、
急速被相催庶子、可被旅（莅カ）彼所候、不可有緩怠之義（儀）候、
一朝敵与党人等、多以落下当国之由、就今月十六日国宣、警
固路次、於有其疑之輩者、可召捕其身之由、同所被施行也、
可被致其用意候、仍執達如件、

建武元年三月廿八日　　沙弥判
鯨岡孫太郎（乗隆）入道殿

〇七二　小林重政申状幷上野国国宣　〇出羽小林文書

（外題）「□□□□□□□□□（無）相違之状、国宣如件、
建武元年三月十九日　　源朝臣（新田義貞）（花押）」

上野国大塚郷（緑野郡）地頭小林孫五郎重政謹言上
欲早任宣旨被成下国宣全知行、同国大塚郷幷中村田畠在家
等地頭職事
副進
一通　譲状案
右、所々者、重政重代相伝之所帯也、仍小林孫五郎重季請文
分明之上者、任傍例下給安堵国　宣、備永代亀鏡、為全当知
行所務、恐々言上如件、
建武元年三月　日

○**七三** 大塚員成軍忠状案※ ○常陸大塚文書

常陸国大塚五郎次郎員成謹言上
欲早鎌倉(相模国)二階堂御所後山上陳(陣、下同ジ)屋勤仕分明上者、任一見状預
恩賞、弥抽奉公忠勤子細事
副進
一通 一見状案
右、去年元弘三五月鎌倉合戦之時、若御料(足利千寿王、義詮)御座之由承及、馳参
于御方、新田中務権大輔幸氏(大館)于時孫二郎為大将軍、致軍忠之間、
注進分明也、就中自六月一日至于今、二階堂御所山上陳屋勤
仕不退転之条、紀五左衛門尉状明白也、将又今年建武元三月鎌
倉

○本文書は、後半部分が書写されておらず、年月日未詳。本文末尾に「建武元年三月」とあるので、ここに収める。

○**七四** 顕宝願文案 ○神奈川県立金沢文庫保管称名寺文書

□□(願カ)
伊豆国修禅寺(田方郡)再興事
右、当寺者弘法大師聖跡、密教相応□付禅院之条、
定達冥慮歟、仍心中所願□寺門流、為家門氏寺、
可致興行之旨、最前□夫依仏法加被成大功、三国一同
先蹤也、就中□久、将軍於彼国被発大師聖跡高雄寺再
興□令達天下一統本望給訖、以古鑑今、以此願□
□□昌之宿望哉、況又、雖円月普現、必落影於清□(水カ)□、
常応誠求感於有縁彼国一族繁昌本□□(所也カ)、□□(感カ)可謂勿論心願
成就、誰懐疑滞哉、得□者也、顕宝縦微運而雖有
先亡事、被□(達カ)□必察此意可被遂再興者也、仍発願如件、
建武元年四月一日 顕宝在御判

○**七五** 後醍醐天皇綸旨 ○東京大学文学部所蔵由良文書

出羽国屋代庄(置賜郡)地頭職事、被充行正成(楠木)畢、早可被沙汰居彼代官
於庄家者、
天気(後醍醐天皇)如此、仍執達如件、
(建武元年)四月九日 左衛門権佐範国(岡崎)
新田兵部大輔殿(岩松経家)

○七六　足利尊氏公帖　○丹波安国寺文書

関東万寿寺(相模国鎌倉郡)住持職事、守先例、可被寺務之状如件、

建武元年卯月十日　左兵衛督(足利尊氏)（花押）

受西堂(天庵妙受)

○七七　足利直義下知状　○小田部庄左衛門氏所蔵宇都宮文書乾

可令早三浦介時継法師法名道海領知武蔵国大谷郷(足立郡カ)下野右近大夫将監跡・相摸国河内郷(大住郡)渋谷遠江権守跡地頭職事

右、為勲功賞所充行也者、早守先例、可令領掌之状、依仰下知如件、

建武元年四月十日

左馬頭源朝臣(足利直義)（花押）

○七八　後醍醐天皇綸旨　○山城大徳寺文書

(端裏書)「伴野臼田原　綸旨」

信濃国伴野庄(佐久郡)内臼田原郷事、去二月七日、誤被充行玉井孫五郎為直幷庄田孫四郎入道自耀之間、被下替地於彼等、所被召返綸旨也、可令存知給者、

天気(後醍醐天皇)如此、仍執達如件、

建武元年四月十一日　宮内卿(中御門経季)（花押）

宗峰上人禅室(妙超)

○七九　後醍醐天皇綸旨案　○京都府立総合資料館所蔵東寺百合文書は函

(端裏書)「貢蘇役御状案等也」

蔵人所申北陸道貢蘇事、解状経奏聞、返献之候、早任例、可成牒之由、可被下知之旨、被仰下状如件、

建武元四月十二日　宮内卿(中御門経季)御判

蔵人判官殿

○八〇　後醍醐天皇綸旨案　○豊後詫摩文書

安堵　綸旨

相摸国大友郷(足柄下郡)内田地壱町・屋敷等地頭職幷鎌倉名越長布施屋敷、肥後国神蔵庄(託麻郡)散在名々地頭・下司両職、木部、鳥栖号門内、石丸、弥石、与安付当職、惣別、十禅師宮正禰宜、検非違使職、

阿良社敷地、同免田畠并亀甲村屋敷・在家・野畠・荒野等、
筑前国（志摩郡）志登社地頭職、詫磨別当太郎宗直当知行、不可有相違
者、
天気（後醍醐天皇）如此、悉之、以状、
建武元年四月十八日　　式部大丞御判

○八一　りやうかく大番用途請取状　○相模覚園寺所蔵戌神将胎内文書

御しよのおほはんようとう（大番用途）の事
合　四百文かつ〳〵（且々）□（う）けとる
みきくたん（右、件）いほふとのゝふん（伊北殿分）、ふんをおさむ（納）、くたんのことし（如件）、
けんむくわんねん四月廿一日　りやうかく（花押）

○八二　南部師行代氏綱カ申状案　○陸奥南部文書

南部又次郎師行代民（氏カ）綱謹言上
欲早任　勅裁旨、被成下安堵　綸旨、当知行地甲斐国南部（巨摩郡）郷内村田地八丁二反三百歩并畠山野等事

右彼所々者、亡父南部二郎入道々行（政行）重代所領也、而未分死去
之刻、後家尼了心師行継母舍弟同子息次郎資行構謀書押領所領等
之間、於関東番訴陳之処、高時（北条）禅門滅亡了、仍被経決断所御
沙汰之後、於記録所被召決、任面々当知行、可令安堵由被仰
下了、然未被成下安堵　綸旨、全当知行、弥為致奉公之忠、
恐々言上如件、
建武元年四月　日

○八三　蔵人所牒案　○京都府立総合資料館所蔵東寺百合文書ヌ函

（端書）「蔵人所御牒案貢蘇料事、御使者丹波国野々村刑部卿阿闍梨云々、国廻代官ハ、渡辺治部左衛門尉云々、」
校正了云々、御牒案
蔵人所牒　北陸道七箇国若狭・越前・加賀・能登・越中・越後・佐渡　在庁官人等
応令早任旧規、為紀為景沙汰、備進彼七ケ国貢蘇状、
使御蔵左衛門少尉紀遠弘、仕人、
牒、件貢蘇者、守辰戌歳七箇年一度、所充召也、則正月八省
御斎会、太元真言法末、御修法長日延命、如意輪、不動三壇
御修法及□（任）大臣節会以下、恒例臨時料物、公要非一、重色異

他、然者早任旧規、為紀為景沙汰、北陸道七箇国若狭・越前・加賀・能登・越中・越後・佐渡雖為中分地頭方、可令備進貢蘇之状、所仰如件、国々宜承知、勿違失、

建武元年四月日

出納散位安倍朝臣判

蔵人左衛門権少尉大江判

式部少丞兼左近衛少進高階判

別当

頭宮内卿藤原朝臣(中御門経季)御判

左近衛権中将藤原朝臣御判

左近衛将監藤原判

兵部少兼左近将監藤原判

参河介兼春宮少進左兵衛少尉藤原(柳原教光)判

文章生弾正忠兼中宮権少進少内記菅原(東坊城長綱)判

内舎人式部丞兼兵庫助左兵衛少尉藤原判

右少弁兼春宮大進藤原朝臣(甘露寺藤長)判

民部権大輔藤原朝臣(甘露寺定親)判

少納言兼侍従左衛門権佐藤原朝臣(岡崎範国)判

〇八四　後醍醐天皇綸旨　〇駿河別符文書

(端裏書)「薄墨綸旨」

上野国下佐貫(佐貫庄)(邑楽郡)内羽禰継刑部権大輔入道(摂津親鑒)道準跡、別府尾張権守幸時、為勲功之賞、可令知行者、

天気(後醍醐天皇)如此、悉之、以状、

建武元年五月三日

式部大丞(花押)

〇八五　後醍醐天皇綸旨　〇陸奥南部文書

甲斐国倉見山(都留郡)在家三宇、畠地町屋等、南部六郎政長可令知行者、

天気(後醍醐天皇)如件、悉之以状、

建武元年五月三日

左衛門権佐(岡崎範国)(花押)

〇八六　検非違使庁牒案写　〇下総香取田所家文書

一海上竹本殿子息太郎殿歟在京之間、親父之許へ被取下記録所壁書案云々、

検非違使庁(牒脱カ)国衙

当国住人等申負物幷本物返質券田畠事

右、於国任様制、(異筆)「任格例」令計成敗、有子細者可被注進、悉仰牒、

建武元年五月三日

負物半倍本銭半倍、為其結解過半倍者、非取返田畠所課用途、本主可返之、質券沽却年記同前、買主雖不取得分、過十ケ年者、非沙汰之限、承久以来不可依下文、買主滅亡者、本主可進退、両方致軍忠者、且可有沙汰、元弘元年以後、殊可進退矣、

可停止諸国狼籍(藉)事

諸国事、被委任国司守護人等之上、被考　治国之興廃、可有賞罰之点渉之処、梟悪之緇素、狼唳未断絶、宰吏守護人、督察猶不如法、頗不可遁其責哉、且西収其期臻、下民未安堵、所詮、合戦濫妨苅田盗賊之類、有其聞者、隣庄地頭等、率庄官名主百姓等、不待国司守護人之催促、即時馳向其所、可召捕濫妨之輩、且彼悪党雖退散路次幷隠容之在所、慥尋捜之、可注進言上也、両方雖帯　綸旨、守後日　綸旨、国司正(止カ)守護施行、沙汰居一方於庄家、可注申静謐之子細、隣里地頭等、違犯此法、不鎮濫妨者、以所領五分之一、可収公之、於下職幷百姓等者、為領主之沙汰、殊可加懲粛也、非隣居輩、又雖為甲乙凡下之族、於濫妨之砌、召進悪党者、随其功、須可有涯分之優賞、此等条々、相触諸地頭、幷帯所領在国之輩、一郡各別、可召進散状之由、所被仰下也而已、

已上二通、自竹本書伝之了、

○八七　検非違使庁牒案写　○下総香取田所家文書

検非違使庁　牒諸国衙

当国住人申負物幷本物返質券田畠事

右、任国任(於カ)格制、令計成敗、有子細者可被注進之者、以牒、

建武元年五月三日　　右衛門尉中原在判

負物半倍本銭返半返倍、依為其結解過半倍者、非取返田畠所過(課)用途、本主可返之、質券沽却年記沽却同前、

沽却地事

承久以来沽却、不可依御下文、買主滅亡者、本主可進退之、両方共参御方、致軍忠、且可有其沙汰候、

元徳三年以後、殊以本主可進退之、

建武元　十　廿四、神崎別当社参持之間、写之、

（花押）

○本文書は、正安三年十一月十八日の左衛門尉胤直・沙弥信円連署請文案（前欠）などをまとめた具書案であるが、錯簡があるため、修正して収める。

○八八　武者所条規写　○建武記

武者所輩可存知条々

一五位以上可用衣冠、於散所着鳫衣者可用布、

一六位同可為衣冠、但准有官滝口着鳫衣者、同可用布、

一内々宿直之時、可用布水干葛袴、

一鎧直垂、蜀錦、呉綾、金紗金襴、紅紫之類、細々警固之時、不可着用、

一精好大口一切停止之、可用練大口、

一小袖、織物、綾、練貫之類、細々不可用、

一金銀装束太刀、刀、鞍、細々不可用、

一唐皮尻鞘、切付等、同前、

一総鞦常不可用、細々警固之時、正員一人之外停止之、

一諸国一二宮事、

本家幷領家職事、可停止其号之由、以前治定了、於社敷地、幷神職収公地頭跡者、被尋究可被停止之、至神領地頭職者、随事之体、追可有其沙汰矣、

一同国分寺事、

於料所者、任格制可致沙汰、至所職田地者、被尋究可有其沙汰矣、

建武元年五月七日

○八九　新田義宗太刀寄進状写△　○越後弥彦神社神官大矢文書

奉納

御太刀　二腰、武運長久願所、

新田左少将

義宗

建武元歳

五月七日

弥彦

御宝前

○九〇　雑訴決断所牒　○吉成成敏氏所蔵茂木文書

□（雑訴）決断所牒　　下野国衙

茂木左衛門尉知貞申当国東茂木（茂木郡）保事

□訴状

□具書

□（右、任）去三月十九日　綸旨、止濫妨、可沙汰居知貞於□　□

者、以牒、

建武元年五月八日　　少判事兼左衛門権少尉中原朝臣（章顕）（花押）

□□□（左少弁）藤原朝臣（高倉光守）（花押）

○九一　信濃国伴野庄領家方年貢注文　○山城大徳寺文書

（端裏書）「伴野庄年貢注文 領家地頭」

（異筆）「うけ給およひ候ふん、領け御ねんくハこのちやうにて候、

けんふくわん（建武元）年五月十日　　実真（水沼）（花押）」

信乃国伴野庄（佐久郡）領家方御年貢注文

一牛飼料　　段別三百文

一御年貢銭　段別百廿文

一黒袴分　　段別百七文

一牛腹帯　　一年両度、白布五十反、

一牛鞦皆具糸　一年両度、代五十貫、

一輿車代　百七十五貫充一年両度進之、

○本文書の裏に三二〇号文書がある。

○九二　信濃国伴野庄領家方年貢注文案　○山城大徳寺文書

（端書）「伴野庄領家御年貢以下注文案」

信濃国伴野庄（佐久郡）領家方御年貢以下注文事

一御年貢段別参百弐拾文

一牛飼料段別参佰文

一黒袴分段別佰柒文

一牛腹帯一年両度進之、

一牛鞦皆具糸一年両度進之、

一輿車代佰柒拾五貫文一年両度進之、

右、且注文如件、

○本文書は、年月日未詳であるが、恐らくは前文書の案文であろう。ま

た文書中央に裏花押がある。

○九三　武蔵国鶴見・寺尾郷図　○神奈川県立金沢文庫所蔵

（武蔵国久良岐郡）寺尾地頭阿波国守護小笠原蔵人太郎入道（長義）
（同国同郡）末吉領主三嶋東大□（夫ヵ）（伊豆国田方郡）
「（裏書）
建武元　五　十二
（相模国建長寺）正統庵領鶴□（見寺尾ヵ）図」

○建長寺正統庵末寺松蔭寺に伝来した絵図で、小笠原氏・三島東大夫・寺家の三領主の境界を示す。六紙よりなり、継目に花押がある。次頁トレース図参照。

○九四　左衛門尉某施行状案　○陸奥南部文書

当国倉見（都留郡）□□□（山在家）三宇、畠地町屋等事、任安堵綸旨可被存知状如件、
（建武元年）五月十三日　左衛門尉在判
甲斐国小目代殿

○九五　恩賞方番文幷記録所寄人注文

元弘四年・建武元年五月

恩賞方番文　○建武記
幷雑訴決断所定書

一番子辰申　東海道、東山道
吉田一位定房卿　（中御門）経季朝臣頭宮内卿
良定朝臣中院中将　（山城）兼光土佐守

二番丑巳酉　北陸道
（結城）親光太田判官
民部卿（九条）光経卿　（甘露寺）藤長蔵人右少弁
（中原）職政兵衛大夫判官　（中原ヵ）秀清佐渡大夫判官

三番寅午戌　畿内、山陽道、山陰道
別当（万里小路）藤房卿　（中御門）宗兼朝臣頭中将
（名和）長年伯耆守　（楠木）正成河内大夫判官

四番卯未亥　南海道、西海道
四条中納言隆資卿　（岡崎）範国左衛門権佐
頼元五条大外記　（三条）清原康基六位史

記録所寄人
四位左大史（小槻）冬直宿禰　清大外記頼元

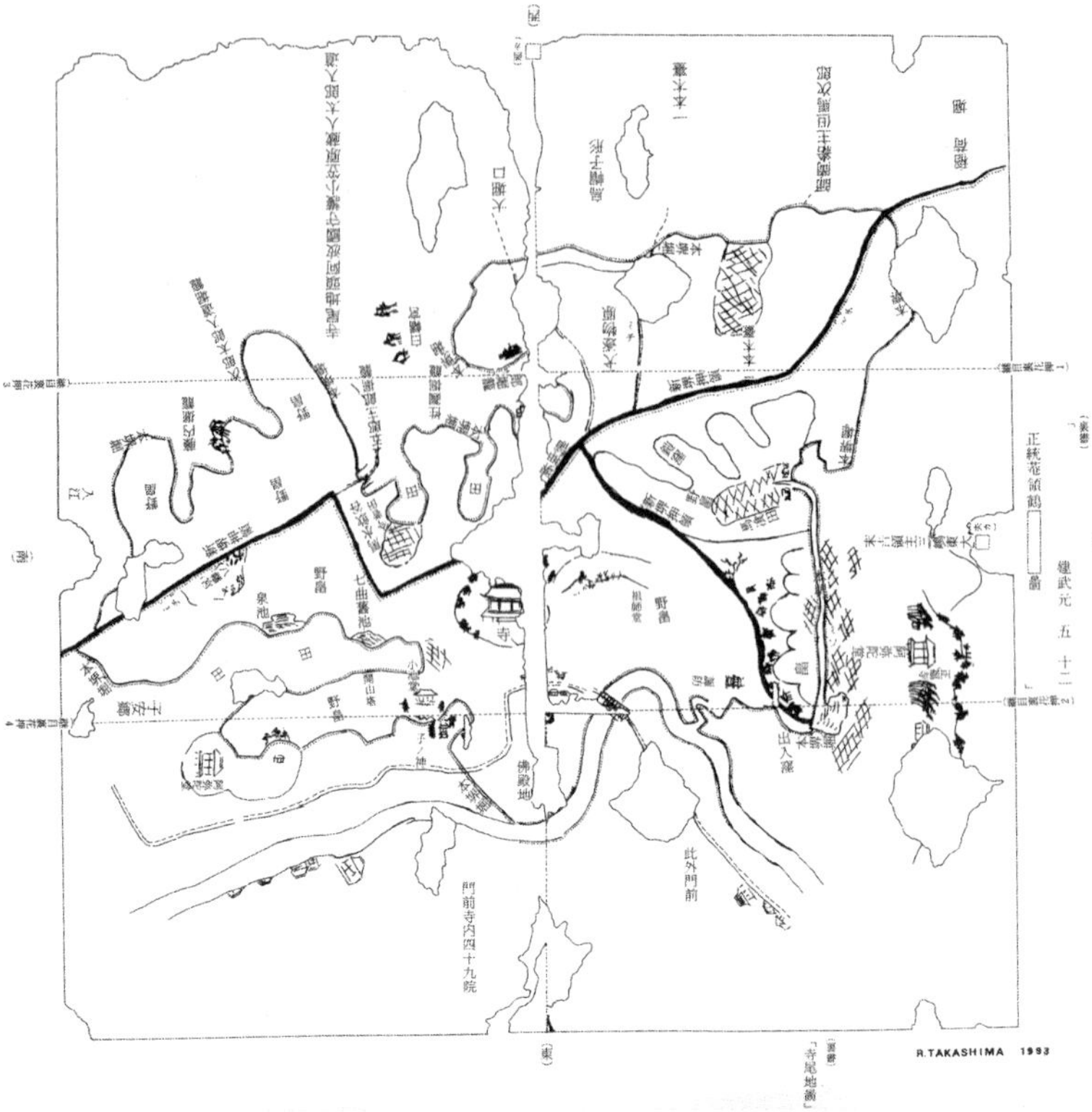

武蔵国鶴見・寺尾郷図（高島緑雄氏作成トレース図）

弼大外記（中原）師利　　新大外記（中原）師治
大判事（坂上）明清　　主計大夫判官（姉小路）明成
兵衛大夫判官職政　　佐渡大夫判官秀清
土佐守兼光　　河内大夫判官正成
伯耆守長年

雑訴決断所

一沙汰刻限事
春夏自辰刻至于午刻　　秋冬自巳刻至于未刻

一出対難渋輩事
於在京輩者、及廻文三ケ度、不参決者、就奉行人之注進、有評定、被副別奉行人、以召次幷両奉行人之使者、被尋問難渋実否、以後以注進状重経評議、可有裁定、至于在国輩者、可被下牒於国司守護、過有限之行程、論人不参洛者、評定日召国司守護代官於当所、尋執達之実否・難渋之有無、則召置注進、可有沙汰、

一訴陳日数事
不可及訴陳之由、先度雖被定其法、対問之時、或互帯証験、可審察事理之類、或事渉疑似、旁区（叵カ）断後訴之輩、於雑務事者、召整訴陳、可有沙汰、尋下訴状之後、十五ケ日不弁申者、可被点置論所、其後難渋及十箇日者、可被裁許訴人、訴人又遁避、重申状過十ケ日者、可被棄捐訴訟、至于糺断事者、召置両方同時事書、可被断定矣、

一依訴陳難渋幷参決遁避被裁許事
本訴縦雖有其理、不可聴越訴、但其罰不可及嗣、

一詐欺官私輩事
或以不知行之地称当地（知）行、或冒名当給人、号闕所掠賜之、皆是朝議之煩、諸国之奸、職而由斯、不可不誡乎、如此之族、有所領者、勘合所掠賜之分限、可被収公本知行之所領、於無所帯輩者、任本条可有科坐之沙汰乎、

一反坐事
誣告之反坐、文法已稠重、宜任本条被加厳禁、当所衆幷国司・守護・上使等挾私緯参差者、其科同前、

一堺相論事
打越他領之条、糺決之日無所遁者、任所見被直定牓示之後、

所押領之年紀一倍以所打越之町段、可被付押領輩知行地於
訴人、但於新給人者、両方裁断以後猶違犯者、其科同前、
一当所論人、無左右不可直訴記録所事
云記録所、云当所、可有沙汰条々、已被定其法畢、若有参
差事者、当所庭中幷越訴之時、可申所存、沙汰未断之最中、
於令直訴之輩者、注置訴人之名字、於当所雖為理訴、三ケ
月不可及其沙汰乎、
一違背勅裁、拒捍国司守護上使等、構城墎(郭)及合戦輩事
守先度御事書固可有遵行之沙汰、
一諸国行程事
近国十日、中国二十日、遠国五十日、
已上往反行程之外、論人上洛可判待之日数、近国七日、中
国十五日、遠国二十日、
建武元五十八治定畢、

○九六　駿河国国宣写　○駿河志料巻八十一所収浅間新宮神主所蔵文書

所被補駿河国(安倍郡)新宮神主職也、恒例御神事無懈怠可被致其職之(ママ)
由、依国宣執達□(如件ヵ)、
建武元年五月廿一日　　散位（花押影）
謹上　如意王殿

○九七　雑訴決断所牒案写　○京都大学総合博物館所蔵烟田文書

雑訴決断所牒　　徳宿彦太郎幹宗所
常陸国鹿島郡徳宿郷内鎌田・鳥栖・富田・大和田四箇村地
頭職事
右、当知行不可有相違者、以牒、
建武元年五月廿四日　　少判事中原朝臣(章顕)在判
左中弁藤原朝臣(中御門宣明)在判

○九八　雑訴決断所牒　○鹿児島県歴史資料センター黎明館所蔵岡元文書

雑訴決断所　□(牒)　□
相摸国吉田(高座郡)上庄上深屋村内北尾屋敷田畠在家立野、美作
国河会(英多郡)庄十町南村内土志谷村田畠在家、薩摩国入来院中
村内副田村田畠在家等事

右、当知行不可有相違者、以牒、
建武元年六月三日
左中弁藤原朝臣(中御門宣明)（花押）　少判事中原朝臣(章顕)（花押）

○九九　雑訴決断所牒　○長門熊谷家文書

雑訴決断所牒熊谷小四郎直経
武蔵国熊谷(郷脱カ)(大里郡)内恒正名・同国木田見郷(多東郡)、安芸国三入本庄(安北郡)、美濃国倉(金)光寺(方県郡)半分地頭職事
右、当知行不可有相違者、以牒、
建武元年六月十日　大外記中原朝臣(師利)
左中弁藤原朝臣(中御門宣明)（花押）

○一〇〇　北畠顕家袖判御教書　○陸奥南部文書

（花押）(北畠顕家)
一当郡内凶徒逃散輩有其数歟、心苦敷被思食、先以静謐之条、□(自カ)是態欲被仰之処、条々注進之趣、具披露畢、併奉行高名候、方々注進被取愸(整)、可被経御　奏聞候、定可有　叡感歟、凡郡内事、如先々被仰、被憑思食之上、弥可被致無弐之忠節候、凶徒余類等、心之所及、可被加捜索也、
一工藤三郎兵衛尉間事、河村依聞出之、捜取之□(条)神妙候、時(中)長(条)未及委細注進、沙汰之時ハ可得此御意候也、件三郎兵衛尉父子事、召進之条有事煩、御辺相共可計沙汰之由、被仰中条畢、随而御辺ニも其趣被仰候き、先日便宜不被申御返事、御不審之間、重欲被仰候つ、而時長申云、件三郎兵衛尉就謀叛、与同輩事有申旨、猶可召進国苻(府)之由、重雖申之、路次間も非無其煩、所詮両御使相共尋問、載起請詞可注進、於其身、両人相談、猶可計沙汰之由被仰畢、得其意、可被加催促、御辺所被預之両人事、子細同前候也、
一闕所地事、注進披露畢、於土民等者、不可有罪科、先令安堵、不可荒地下之由、可被相触、忩雖可被付給人、奉行器用猶可被廻御思案、且御辺も可被差申便宜之地、何村も当郡内有所望者可申歟、
一当郡給主等中参御方輩、注進同披露畢、一戸(陸奥国糠部郡)新給人横溝孫次郎浅野太郎跡・三戸(同郡)新給人工藤三郎会田四郎三郎跡・八戸(同郡)給主工藤孫

四郎・同孫次郎等名字不見、何様振舞候乎、可被注進候、注進外三戸新給人岩沢大炊六郎入道跡大瀬二郎、津軽凶徒与同候也、可被得其意候、

一津軽事、石川（平賀郡）楯無為責落候、目出候、持寄城静謐無御心元候、尤被打向彼城之条雖可宜、郡内事無左右、又難被閣之間、未被仰候也、且可被随事体歟、中条ニハ早可向之由被仰了、

一外浜明師状入見参畢、重々述懐申歟、式部卿宮と自称候し悪党人、最前相憑之由、載白状間、雖不能御抽賞、如今令申者、致忠節之所存候歟、然者争無別御沙汰哉、且云当時、云向後、可致忠之由、内々猶可被加教訓候、去春ハ偏被任御使注進之間、実又参差御沙汰も候つらん、然而地下事、いかにとして委細ハ被知食候はんそ、一往先被任御使注進て、有懇申之輩者可被改、此上御使私曲露顕者、可被罪科ニて候、物御沙汰之法也、更非公方之御私曲、可被察申歟、所詮向後殊存忠節者、尤以神妙候歟、

一安藤五郎（家季）二郎事、所存之趣、旁以非無疑胎（殆）候、所詮外浜ヲ押領之志候歟、足利方へハ自国方預由ヲ申、国方へハ自足利方預之由構候歟、彼蜜（密）事、一箇条も旁不審無極候、京都へハ具被申畢、忠重間事、先度被仰畢、相構被失候はて可被召進候、且自京都も被召事も候歟、猶々必可被進候也、就之、五郎二郎も別心候ハて存報国之忠者、外浜等事も、公家へも足利方へも被申談ハ、なと一方ヲモ無御計之道候哉、而如当時いかさまニも有異心歟、然而湊孫次郎（祐季）幷明師等不同心合力者、家季一身無指事歟、内々得此意、可被廻方便歟と思食候也、多田（貞綱）ハ彼堺事不知案内歟、平賀ハ多田ニも不和、結句又安藤五郎二郎とも不和事出来歎之由其聞候之間、被召返候歟、所詮当時安藤一族、強無異心之色歟、而家季一身造意非無疑、国之御大事ニ候へは、能々可被廻思案候、如何さまニも明師・祐季ヲ能々可被誘仰歟之由、思食候也、忩以飛脚可被方便候、

条々猶被仰落事候歟、所詮悪党人等事、能々致沙汰可被属静謐也、罪科露顕無異儀之輩事者、只速可計沙汰、国苻（府）へ召進之条、有事煩之上難義多候也、

久慈郡(陸奥国)并東門(糠部郡)事、当給人辞申候、仍未差遣代官歟、無沙汰
之条、以外之次弟(第)也、当時有御問答之子細、猶辞申候者忩
可被付給人候、当郡内三浦▨▨介入介入道(時継)并結城七郎(朝祐)等代官ハ
不参候哉、注進之面ニ不見、御不審候、事々又追可被仰之
由候也、恐々謹言、
(建武元年カ)六月十二日　大蔵権少輔清高

○一〇一　雑訴決断所牒　○本間美術館所蔵市河文書

雑訴決断所牒　信濃国守護所
城興寺(山城国紀伊郡)領当国倉科庄(埴科郡)雑掌申、屋代下条一分地頭彦四郎以下
輩、押領下地責取年貢由事
解状具書
牒、為糺明、宜召進彼輩之状、牒送如件、故牒、
建武元年六月十六日　左大吏(史)小槻宿禰(匡遠カ)(花押)
右少弁藤原朝臣(甘露寺藤長)(花押)

○一〇二　市河助房等着到状　○本間美術館所蔵市河文書

「承了(証判)(花押)」
着到
市河刑部大夫助房
同大炊助倫房
同左衛門十郎経助
右、各為致忠勤馳参候之処、叔母新野大良入道女子去廿四日他界之間、
依為禁忌最中、先進上難波太郎左衛門尉助職於代官候、恐惶
謹言、
建武元年六月廿五日

○一〇三　尾張国国宣　○相模円覚寺文書

(端裏書)「篠木庄野口石丸最初和談、目代施行一通并国宣。請取一通」
(花押)
尾張国篠木庄(春日部郡)内石丸保・野口村国衙所務事、為請所、円覚寺(相模国鎌倉郡)
領知、更不可有相違、於御年貢者、任員数、無懈怠可被致其
沙汰之由、国宣所候也、仍執達如件、

建武元（年脱）六月卅日　散位光延奉

円覚寺僧侶御中

〇一〇四　良胤譲状写　〇下総円福寺文書

譲渡

下総国海上三崎庄本庄郷之内、飯沼寺之別当職事

右、件之別当職者、自盛胤田地在家共ニ、良胤限永代譲給処也、仍別当職於孫犬丸ニ譲渡処也、此寺領者、本庄殿・辺田殿・高上殿有御領内、又寺中者、東北ハかさ松大ほりをかきり、南ハ円高根をかきり、西ハ当寺炎上之時本尊影向の閼伽井をかきる、此内皆寺中也、有子孫は不及申、若子なくハ、一族中ニ器用之仁を弟子分として、此別当職を相続あるへき也、若女子ニ寺領内を譲事あらは、一期分たるへし、永代の事は努々不可有、たとへ有男女之子わけもつとも、造営之時ハ随田地ニ可致修造、又父祖之菩提も如此たるへし、仍為末代譲状如件、

建武元年六月日　良胤（花押影）

〇一〇五　尾張国目代施行状　〇相模円覚寺文書

（花押）

尾張国篠木庄（春日部郡）内石丸保・野口村国衙所務事、為請所地、円覚（相模国鎌倉郡）寺可令領知之由、国宣如此候、殊可令存知給之由仰下候也、仍執達如件、

建武元年七月一日　雅楽允宗遠奉

謹上　加賀法橋御房

〇一〇六　後醍醐天皇綸旨案　〇相模円覚寺文書

（異筆）「□正了、」（校）

当寺領尾張国富田（海東郡）・篠木（春日部郡）両庄事、早止中分之儀、守済例可済領家年貢者、

天気（後醍醐天皇）如此、仍執達如件、

建武元年七月十一日　左中将（中院具光）

（相模国鎌倉郡）円覚寺長老（大川道通）禅室

〇紙継目裏には、足利直義の奉行人美作守康有の花押がある。

○一〇七　良意大番用途請取状　○相模覚園寺所蔵戌神将胎内文書

七月大番用途事
参百文者
右、伊北殿御分、且所請取如件、
建武元年七月十一日　良意（花押）

○一〇八　尾張国国宣　○相模円覚寺文書

（花押）
円覚寺（相模国鎌倉郡）知事契智申、当国富田（尾張国海東郡）・篠木（春日部郡）両庄事但、除国領分、早任綸旨（後醍醐天皇）、可致其沙汰之由、可令下知給之旨、国宣所候也、仍執達如件、
建武元年七月十三日　散位光延奉
謹上　尾張国御目代殿

○一〇九　尾張国目代施行状　○相模円覚寺文書

（花押）
円覚寺（相模国鎌倉郡）知事契智申、当国富田（尾張国海東郡）・篠木（春日部郡）両庄事、任綸旨（後醍醐天皇）幷国宣之旨、可致其沙汰之由所候也、仍執達如件、
建武元年七月十三日　雅楽允宗遠奉
□（謹）上　加賀法橋御房

○一一〇　足利尊氏施行状　○長門熊谷家文書

熊谷小四郎直経申、武蔵国熊谷郷（大里郡）内恒正名・木田見郷（多東郡）内田在家等事、早任決断所牒、可被沙汰付于直経之状如件、
建武元年七月十四日　尊氏（足利）（花押）
宮内少輔太郎入道殿（一色範氏）

○一一一　後伏見上皇院宣　○相模円覚寺文書

長講堂（山城国）領尾張国篠木庄（春日部郡）事、任永仁院宣（後深草上皇）、為地頭請所、年貢無懈怠者、不可有改動儀之由、御気色（後伏見上皇）所候也、以此旨可申入広義門院（後伏見院女御、藤原寧子）給、仍執達如件、
建武元年七月廿日　（花押）（高階雅仲）
謹上　右兵衛督殿

○一一二　法眼善尊書状　○陸奥新渡戸文書

誠如仰未入見参候、以事次申承候之条、尤本望候、抑京都状
給預候了、倉見山（甲斐国都留郡）安堵　綸旨案文加一見了、御用之時者承存
候へく候、恐々謹言、
（建武元年ヵ）七月廿日　　法眼善尊（花押）

○年次比定は九四号文書による。

○一一三　藤原某下知状　○駿河大石寺文書

南条太郎兵衛尉高光母儀与由井四郎入道妻女相論、駿河国
富土（士）上方（富士郡）上野郷内左近入道在家一宇事
右、以南条二郎（時光）左衛門入道大行自筆、正中三年二月八日、所
譲与明競（鏡）上者、所被付于高光母儀也者、依仰下知如件、
建武元年七月廿一日
藤原（花押）

○一一四　一色範氏ヵ施行状案　○相模円覚寺文書

（端裏書）「一色殿施行案」
正続院（相模国建長寺）末寺長福寺雑掌祖広申、武蔵恩田（大里郡）御厨内田嶋郷田在家
事、上壁屋左衛門次郎背沽券・下知状、致乱妨云々、為事実
者、招其咎歟、所詮奈良六郎太郎（綱長）相共莅彼所、鎮狼籍（藉）、沙汰
付于下地於祖広、可被執進請取之状、若使節令緩怠者、可有
其咎由候也、仍執達如件、
建武元年七月廿七日　　沙弥（一色範氏ヵ）在御判
平戸四郎太郎（光行）殿

○一一五　良意大番用途請取状　○相模伊沢文書

七月大番用途事
陸佰捌拾参文者、
右、伊北殿御分、皆納如件、
建武元年七月廿七日
良意（花押）

○一一六　一色頼行寄進状　○相模明王院所蔵法華堂文書

寄進　上総国北山辺郡森郷内藤大夫名田地六反半畠壱反事
右所領者、為勲功之賞頼（一色）行所拝領也、然者割分彼田畠、為現

当二世、永代所寄進于相摸国鎌倉大蔵南小路聖天堂也者、早
為灯油仏請(餉)之料足、守先例致其沙汰、可有祈禱精誠之状如件、

建武元年八月三日　　右馬権助源朝臣(一色頼行)（花押）

○一一七　陸奥国国宣　○陸奥南部文書

(北畠顕家)（花押）

阿曾沼下野権守朝綱代朝兼申遠野保(陸奥国)事、申状如此、子細見状、
所詮不日追却面懸左衛門尉以下輩、可沙汰付朝兼、使節遅引
者、可有其咎也者、依　国宣(北畠顕家)執達如件、

建武元年八月三日　　大蔵権少輔清高奉

南部又二郎殿

○一一八　後醍醐天皇綸旨　○相模覚園寺文書

伊予国新居(新居郡)西条庄内得重・得恒・福武・稲満等四ケ村、為相
模国覚園寺(鎌倉郡)領、知行不可有相違之由、
天気(後醍醐天皇)所候也、仍執達如件、

建武元年八月五日　　左衛門権佐(岡崎範国)（花押）

如日上人(暉山鑒恵カ)御房

○一一九　平戸光行打渡状　○相模円覚寺文書

正続院(相模国建長寺)末寺武蔵国長福寺雑掌祖広申、同国恩田(大里郡)御厨田嶋郷内
田在家事、任七月廿七日御施行之旨、奈良六郎太郎(綱長)相共、今
月十日打莅彼所、鎮上壁屋左衛門次郎乱妨、於下地者、任沽
券・下地(知)状、渡申寺家新(雑)掌祖広候畢、仍渡状如件、

建武元年八月十日　　藤原光行(平戸)（花押）

○一二〇　奈良綱長打渡状　○相模円覚寺文書

正続院(相模国建長寺)末寺長福寺領武蔵国恩田(大里郡)御厨内田嶋郷田在家事、任被
仰下旨、平戸四郎(光行)太郎相共莅彼所、相触上壁屋左衛門次郎之、
任下知状旨、於下地者、奉渡寺家雑掌祖広之候畢、仍渡状如
件、

建武元年八月十日　　藤原綱長(奈良)（花押）

○一二一　出雲孝時譲状　○出雲千家文書

（端裏書）「孝時ヨリ清孝ヘ譲状二通ノ内」
ゆつりあたふ（譲与）
こくさうしき（国造職）ならひにきつき（杵築）大しや（社）かんぬししき（神主職）所たいら（帯）
の事
右くたん（件）のりやう所く（八）孝時ちうたいさうてん（重代相伝）せしむるところ
なり、しかれハしんふ（親父）やすのり孝時にゆつりたふしやうニま
かせて、きよのり（清孝）ちきやう（知行）せしむへきしやうくたんのことし、
建武元年八月十日　国造兼大社（神主脱カ）出雲孝時（花押）
（裏書）「称禅光手記孝宗備進之処、為謀書由貞孝代申之、
貞和五年五月十四日　（諏訪）円忠（花押）
（矢野）貞倫（花押）」

○一二二　後醍醐天皇綸旨案　○伊勢結城文書

駿河国須津庄（富士郡）内須津河郷事、不可混惣庄之上者、可被全知行
者、天気（後醍醐天皇）如此、悉之、以状、
建武元年八月十一日　宮内卿（中御門経季）在判
結城上野入道（道忠、宗広）館

○一二三　色部長倫軍忠状写　○市立米沢図書館所蔵古案記録草案所収色部文書

越後国色部惣領秩父三郎長倫申、
瀬波郡謀叛人小泉（本庄）左衛門二郎持長・大河彦次郎将長・同立嶋
彦三郎不知実名以下輩事、任勅命、且依守護御代官屋蔵与一催促、
長倫・子息宝童丸一族相共、七月十二日押寄持長城、誅落彼
党類等訖、次将長楯籠大河樺沢（岩船郡）城之間、任守護御代官原大弐
房不知実名相催（催促脱カ）一族、今月十日馳向大手陣頭、始自一木戸、打破
所々城郭、終日終夜合戦、依追罰将長以下凶徒等、各々抽軍
忠之処、長倫郎等新保彦三郎安長、被射通左小肘畢、凡合戦
之次第、軍奉行人染屋孫七入道覚忍悉知之間、不可有其隠候
者、以此旨可有御披露候、恐々謹言、
建武元年八月十二日　平（色部）長倫
進上　御奉行所

○一二四　千葉貞胤書状案　○下総香取田所家文書

年記沽却地事、如使庁之法者、遂結解、買主及半倍令所務者、
沽主返領不可有子細候、負物事、同以半倍可致其弁候、向後
守此法可有成敗候也、謹言、
(建武元年)八月十三日　(千葉)貞胤在判
円城寺(貞政)図書右衛門入道殿

○一二五　香取神宮神官・衆徒等申状案※　○下総香取田所家文書

一建武元年八月十五日、於　宮、吉原又四郎以千葉妹秘計、
書模御事書案文持来、少々披露之間、神官衆徒等申合、以
申状言上之、其状案云、
(下総国香取郡)香取太神宮神官衆徒等謹言上、
欲早任御新法旨、蒙御成敗、奉致御祈禱、沽却田畠等事、
件条自京都被仰下御徳政之由、承及之上者、任御事書之旨、
欲預御書下、而彼田畠等者、皆以厳重之神祭料所也、所詮如
元可返付于本主之旨、賜御書下、弥為奉祈禱御宝算、恐々言
上如件、
以此正文、神人正判官代子三郎二郎、鴂子又二郎、八月晦
日持参了、

○一二六　足利尊氏御教書　○伊豆三島大社文書

伊豆国(田方郡)三嶋社正神主盛親申神領当国(同郡)北中村・(同郡)安富・(同郡)鶴喰・(同郡)糠
田以下事、四郎盛行致濫妨云々、早任　綸旨並決断所度々牒、
可致沙汰付于盛親之状如件、
建武元年八月十五日　(足利尊氏)(花押)
宮内少輔四郎入道殿

○一二七　後醍醐天皇綸旨　○山城大徳寺文書

信濃国(佐久郡)伴野庄内高柳郷、被下継義　綸旨、所被召返也、如元
為寺領、管領不可有相違者、
(後醍醐天皇)天気如此、仍執達如件、
建武元年八月廿一日　(岡崎範国)左衛門権佐(花押)
(山城国)大徳寺(宗峰妙超)長老方丈

〇一二八　官宣旨　〇山城大徳寺文書

左弁官下　龍宝山(山城国)大徳禅寺

応永為一円不輸寺領、停止国司・守護使幷役夫工米諸役、
信濃国伴野庄(佐久郡)・下総国遠山方御厨(埴生郡)・播磨国浦上庄(揖西郡)・同小宅
三職方・同三方西郷・紀伊国高家庄(日高郡)等事
右、得彼寺住持沙門妙超(宗峰)今月日奏状偁、皇帝陛下(後醍醐天皇)、伏乞、儻
蒙宣慈、賜之官符、妙超、不勝幸願、所謂当寺不臺(啻カ)為尋常、
聖運廓開之梵宇、宝祚万歳之勝概也、因茲、寺冠五山、位為
上藍、而令法久住、利済億劫、偏以食輪為最、昔日吾仏、以
仏法付嘱国王・大臣・有力檀越、実是所有以也、妙超、専要
信州伴野庄・下総国遠山方御厨・播州浦上庄・同小宅三職
方・同三方西郷・紀州高家庄四箇村等、各停止国司・守護
使幷役夫工米、為一円不輸之寺領、至未来際無転変儀、須資
僧衆止住、早被下公拠、備将来亀鑑、然則王法与仏法永昌、
皇風与祖風鎮扇者、権中納言藤原朝臣公泰宣、奉　勅依請者、
寺宜承知、依宣行之、
建武元年八月廿一日　大史小槻宿禰(冬直)（花押）
右中弁藤原朝臣(正経)（花押）

〇一二九　長井広秀ヵ奉書　〇吉成成敏氏所蔵茂木文書

「(追筆)□小山下野守(秀朝)已遂其節了間、此御教書者、
□渡、仍正文帯之者也、」
□茂木左衛門尉知貞代祐恵□
□国(下野)東茂木(茂木郡)保事、重訴状如□
□綸旨幷牒、可沙汰付祐恵之由、□
□儀仰下之処、于今不事行者□
□不日可被遂其節、若尚有□
□任法、可加治罰、使節又進□
□処罪科之状、依仰執達如件、
建武元年八月廿二日　大膳権大(長井広秀ヵ)□
大内山城入道殿

〇一三〇　左兵衛尉某打渡状　〇反町英作氏所蔵村山文書

越後国頸城郡内薗田保地頭職事、任　綸旨(後醍醐天皇)・国宣之旨、所打

渡村山弥次郎隆義状如件、

建武元年八月廿三日　左兵衛尉（花押）

〇一三一　下野国衙在庁官人連署打渡状　〇吉成成敏氏所蔵茂木文書

□（下）野国東茂木（茂木郡）保事、任　建武元年三月十九日　綸旨（後醍醐天皇）并御牒及
御教書旨、依□綸旨法、打渡茂木三郎□（左）衛門尉殿候畢、仍渡
状如件、

建武元年八月廿六日

下国分代国宗（花押）
さい所代行吉（花押）
大炊助代有貞（花押）
掃部助代長清（花押）

〇一三二　後醍醐天皇綸旨　〇下野皆川文書

下野国長沼庄（芳賀郡）并小薬郷（都賀郡）、陸奥国長江庄（会津郡）南山内古々布郷・湯原
郷等地頭職、五条東洞院（山城国）西南角地等、可令管領者、
天気（後醍醐天皇）如此、悉之以状、

建武元年八月廿八日　左衛門権佐（岡崎範国）（花押）

長沼越前権守（秀行）館

〇この文書は同家文書に案文があり、文書の袖に「校正了」の三字がある。また三八四号の案文と三八三号とともに一巻に収められている。

〇一三三　足利直義寄進状　〇相模円覚寺文書

山内庄（相模国鎌倉郡）秋庭郷信濃村事、所令寄附当院也、宜被領知之状如件、

建武元年八月廿九日　左馬頭（足利直義）（花押）

正続院（同郡建長寺）

〇一三四　兵庫助氏政打渡状　〇駿河別符文書

武蔵国別府尾張権守幸時申、勲功地上野国下〇佐貫内（邑楽郡）羽禰継
刑部権大輔入道々準（摂津親鑒）跡事、任　綸旨（後醍醐天皇）・国宣、即施行之旨、今月廿五日莅彼
所打渡于幸時代員忠畢、仍状如件、

建武元年八月廿九日　兵庫助氏政（花押）

○一三五　結城宗広代惟秀申状案　○伊勢結城文書

結城上野入道(宗広)々忠代惟秀謹言上
欲早任　綸旨(後醍醐天皇)、被成御牒於国司・守護方、被打渡下地於
道忠代、令知行駿河国(富士郡)須津庄内須津河郷地頭職間事
副進　一通　綸旨案八月十一日
右、当庄内須津河郷地頭職者、道忠相伝所領也、仍不可被混
惣庄之闕所之旨、就申子細、預勅裁畢、然早被遵行彼　綸旨、
被成下御牒於国司・守護方、於下地者、被打渡道忠代官、為
全知行、粗言上如件、
建武元年八月　日

○一三六　市河助房・同朝房着到状　○本間美術館所蔵市河文書

「(証判)□□(承了)（花押）」
着到
市河刑部大夫助房
市河大炊介朝房
右、越後国御発向之間、為供奉、今月十六日馳参候、仍着到
如件、
建武元年八月　日

○一三七　雑訴決断所結番交名写　○静嘉堂文庫所蔵南朝文書

建武元八
一番五畿内山城、大和、河内、和泉、摂津、　一日、二日、五日、中庭十一日、十二日、十三日、廿二日、
廿五日、越訴隔月
今出河前右大臣兼季公　別当藤房卿
前源宰相国資卿　頭宮内卿経季朝臣(中御門)
五条大外記頼元　正親町大夫判官章有
佐渡大夫判官秀清(中原カ)　三条少外記清原康基
宇津宮兵部少輔公綱　土佐守兼光(山城)
富部大舎人頭信連　河内大夫判官正成(楠木)
飯尾彦六左衛門入道覚民　三宮孫四郎入道道守

二番東海道伊賀、伊勢、志摩、尾張、三河、遠江、駿河、伊豆、甲斐、相模、武蔵、安房、上総、下総、常陸、
一日、庭中二日、三日、十二日、十三日、十六日、廿二日、
廿三日、越訴隔月
久我前右大臣長通公
右大弁宰相（坊門）清忠卿
蔵人民部太輔
定親（藤原）
弼大外記
師利奉行
洞院
左衛門督実世卿
左中弁
宣明朝臣（中御門）
官長者四位大夫
冬直宿禰（小槻）
四条坊門太夫判官
章世（中原）
常陸前司
時知奉行（小田）
町野加賀前司
信宗
布施彦三郎入道
道乗（三善カ）
是円房
道昭（中原カ）
上杉兵庫入道
勲道勤（憲房）
庄左衛門尉
藤原長家
三番東山道近江、美濃、飛騨、信濃、上野、下野、陸奥、出羽、
三日、四日、八日、庭中十三日、十四日、廿三日、廿四日、
廿五日、越訴隔月
洞院
内大臣公賢公
堀河大納言具親卿
中御門前中納言冬定卿
右大弁宰相（左カ）実治卿（九条）

頭中将
宗兼朝臣（藤原）
壬生大夫史
匡遠
冷泉太夫判官
章興
藤原宗成
長井左近大夫将監
高広
佐々木佐渡入道
如覚
高参河権守
師直
斎藤四郎左衛門尉
藤原基夏
諏方大進房
円忠
四番北陸道若狭、越前、加賀、能登、越中、越後、佐渡、
四日、五日、六日、庭中十四日、十五日、十六日、廿四日、
廿五日、越訴隔月
吉田
儀同三司定房卿
前藤中納言実任卿（三条）
日野前宰相資明卿
甘露寺右少弁
藤長
蔵人判官
藤原清藤
主税頭算博士（ママ）
言春
三条大外記
師右
大宮大夫判官
章方
二階堂外記
中原重尚
二階堂出羽入道
道蘊
佐々木信濃判官
高貞
飯尾左衛門大夫
貞兼
海老名五郎左衛門尉
藤原経則
飯河播摩房
光瑜
五番山陰道丹波、丹後、但馬、因幡、伯耆、出雲、隠岐、石見、

六日、七日、十五日、庭中十二日、十七日、

万里小路
一位宣房卿　　坊城
大弐経顕卿

前宮内卿(平)範高卿　　葉室新宰相
長光朝臣

右中弁
(藤原)
正経　　弼大外記
(中原)
師治

博士大夫判官
則成　　勢多大夫判官
章兼

真恵是円舎弟(房イ)　　道要

越中権守
成藤　　伯耆守
(名和)
長年

雅楽左近将監
藤原信重　　雑賀隼人佐入道
西阿

六番山陽道播磨、美作、備前、備中、備後、安芸、周防、長門、

七日、八日、九日、庭中十七日、十八日、廿六日、廿七日、

廿八日、越訴隔月

葉室前大納言長隆卿　　押小路(平)
大蔵卿惟継卿

六条
前平宰相宗経卿　　式部権大輔
(坊城)
在登

(勢多)
章香　　三条前大炊頭
師香

高倉新大夫判官
章頤　　前大史(盛宣イ)
安倍成定

信濃入道
道大　　大田加賀大夫判官
(結城)
親光

津戸出羽権守入道
道元　　宇波太郎
大江貞重

門真玄蕃左衛門入道
寂意

七番南海道紀伊、淡路、阿波、讃岐、伊予、土佐、

九日、十日、十一日、庭中十九日、廿日、廿八日、

九条
民部卿光経卿　　中御門前宰相経宣卿

吉田前宰相資房卿　　(高倉左少弁)
光守朝臣

大判事
(姉小路)
明清　　泰尚

権大外記隼人正
藤原康綱　　佐々木備中大夫判官
時信

長井丹波前司
宗衡　　行円

対馬民部大夫
行重　　三須雅楽
倫篤

国年

八番西海道筑前、筑後、豊前、豊後、肥前、肥後、日向、大隅、薩摩、壱岐、対馬、

十日、十一日、十九日、庭中廿日、廿一日、廿九日、

侍従中納言公明卿　　(隆資)
四条前中納言

堀河前宰相光継卿　　(左)
蔵人右衛門佐
(岡崎)
範国

近衛大夫判官
(中原)
職政　　高倉大夫判官
章緒

（少）左大史
高階俊春

小田筑後前司
貞知

佐々木佐渡大夫判官
道誉（導）

明石民部大夫
行連

飯尾兵部右衛門尉（左衛門権少尉カ）
頼連

引田
妙玄

○一三八　二条河原落書写　○建武記

口遊去年八月二条河原落書云々、元年歟

此比都ニハヤル物、　夜討、強盗、謀綸旨、
召人、早馬、虚騒動、　生頸、還俗、自由出家、
俄大名、迷者、　安堵、恩賞、虚軍、
本領ハナル、訴訟人　文書入タル細葛、
追従、讒人、禅律僧、　下克上スル成出者、
器用ノ堪否沙汰モナク、　モル、人ナキ決断所、
キツケヌ冠、上ノキヌ、　持モナラハヌ笏持テ、
内裏マシハリ珍シヤ、　賢者カホナル伝奏ハ、
我モ〳〵トミユレトモ、　巧ナリケル詐ハ、
ヲロカナルニヤヲトルラム、　為中美物ニアキミチテ、
マナ板烏帽子ユカメツヽ、　気色メキタル京侍、
タソカレ時ニ成ヌレハ、　ウカレテアリク色好、
イクソハクソヤ数不知、　内裏ヲカミト名付タル、
尾羽ヲレユカムヱセ小鷹、　手コトニ誰モスヱタレト、
鳥トル事ハ更ニナシ、　鉛作ノオホ刀、
太刀ヨリオホキニコシラヘテ、　前サカリニソ指ホラス、
ハサラ扇ノ五骨、　ヒロコシ、ヤセ馬、薄小袖、
日銭ノ質ノ古具足、　関東武士ノカコ出仕、
下衆、上臈ノキハモナク、　大口ニキル美精好、
鎧、直垂、猶不捨、　弓モ引エヌ犬追物、
落馬、矢数ニマサリタリ、　誰ヲ師匠トナケレトモ、
遍ハヤル小笠懸、　事新キ風情也、
京鎌倉ヲコキマセテ、　一座ソロハヌヱセ連歌、
在々所々ノ歌連歌、　点者ニナラヌ人ソナキ、
譜第、非成ノ差別ナク、　自由狼藉ノ世界也、
犬田楽ハ関東ノ、　ホロフル物ト云ナカラ、
田楽ハナヲハヤル也、　茶、香、十炷ノ寄合モ、

鎌倉釣ニ有鹿ト、　都ハイト、倍増ス、
町コトニ立篝屋ハ、　荒涼五間（法量五間横三間イ）、板三枚、
幕引マワス役所鞆、　其数シラス満（々イ）ニタリ、
諸人ノ敷地不定、　半作ノ家是多シ、
去年火災ノ空地共、　クワ（ソイ）福ニコソナリニケレ、
適ノコル家々ハ、　点定セラレテ置去ヌ、
非職ノ兵仗ハヤリツヽ、　路次ノ礼儀、辻々ハナシ、
花山桃林サヒシクテ、　牛馬華洛ニ遍満ス、
四夷ヲシツメシ鎌倉ノ、　右大将家ノ掟ヨリ、
只品有シ武士モミナ、　ナメンタラニソ今ハナル、
朝ニ牛馬ヲ飼ナカラ、　夕ニ変（賞イ）アル功臣ハ、
左右ニオヨハヌ事ソカシ、　サ（ナイ）セル忠功ナケレトモ、
過分ノ昇進スルモアリ、　定テ損ソアルラント、
仰テ信ヲトルハカリ、　天下一統メツラシヤ、
御代ニ生レテサマ〲ノ、　事ヲミキクソ不思議共、
京童ノ口スサミ、　十分一ヲ（ソイ）モラスナリ、

○一三九　沙弥蓮一奉書案　○下総香取田所家文書

依御徳政事、自下総守殿（千葉貞胤カ）御状如此、此趣を社家へ有披露、可
被下知之由、所候也、仍執達如件、

建武元年九月三日　沙弥蓮一（円城寺カ）在判

香取政所殿留守所

私云、依之、同四日巳時到来、不日（本カ）午剋奉付政所御留守了、同申剋、
神人正判官代沽地酒田一反作稲、買主中村又三郎後家尼御前、
以代官大進ゝ（房カ、下同ジ）六郎二郎以下之人数輩苅取之間、為制止行向之
処、散々被致刃傷狼籍（藉）籍了、翌日ニ為訴申三郎二郎等参時、
買手等令同心合力　神敵、殊後藤左衛門入道善心・三河ゝ・大
進ゝ等走参于千葉依掠申之、自執事又為買方被成御書下了、
次神官等訴訟不被聞入之間、後日以去永仁法、帯具書等雖申
之、猶以不承引、如返答者、京都可令注進事由云々、

○一四〇　飯野八幡宮造営注文　○飯野八幡宮所蔵飯野家文書

一別当庁屋伍間　絹谷村（陸奥国）佐竹上総入道（道源、貞義）同彦四郎入道両人役所也、

一同庁屋参間　馬目村孫四郎入道(勝義、豊間義熙)役所也、
　好嶋村地頭彦太郎(好嶋)泰行
　東目村地頭岩城弥次郎隆兼
　西方預所伊賀三郎(盛光)為神主職令支配也、
　庶子等地頭方寄合進(造)也、
一西庁屋五間　富田村地頭三郎次郎隆経与并預所寄合造進也、
一神子屋伍間内　三間田富村地頭小三郎入道役所也、
　一間八立村地頭岩城次郎入道願真役也、
　一間末次村預所領役也、
一禰宜屋三間　東方禰宜等西方禰宜等寄合自作、
一神人屋三間　同前
右、御造営注文次第、租(粗)如斯、
　建武元年九月七日

○一四一　後醍醐天皇綸旨　○静岡県立中央図書館所蔵大宮司富士家文書

駿河国富士郡上方、所被寄附浅間宮也、条々任請文、致社家
興行、可専御祈者、
天気(後醍醐天皇)如此、悉之、
　建武元年九月八日　民部権大輔(甘露寺定親)（花押）
　大宮司館

○一四二　足利尊氏施行状写　○武蔵大井文書

大井千代寿丸申武蔵国荏原郡(大脱カ)森・永富郷地頭職事、悪党人々
為妨云々、早任決断所条(牒カ)、可被沙汰千代寿丸之状如件、
　建武元年九月八日　在御判(足利尊氏)
宮内少輔(一色範氏)太郎入道殿

○一四三　雑訴決断所牒案　○伊勢結城文書

雑訴決断所牒駿河国守護所
　結城上野入道々忠(宗広)申当国須津河郷(富士郡)地頭職事副解状具書
牒、任綸旨(後醍醐天皇)、可被沙汰居代官於庄家者、以牒、
　建武元年九月十一日　左大史小槻宿禰(冬直)
従一位源朝臣(久我長通)　前加賀守三善朝臣(町野信宗)在判
権中納言左衛門督藤原朝臣(洞院実世)在判　左中弁藤原朝臣(中御門宣明)

参議右大弁藤原（坊門清忠）朝臣在判

〇一四四　結城宗広所領注文写※　〇伊勢結城文書

結城上野入道々忠（宗広）知行所領事
米村郷（陸奥国）　大村郷　下大村郷　競石郷　船田郷　板橋郷　青
沼　北高倉　熊倉　白坂　高奈良　栃本郷内田在家　荒野
　狩倉等
出羽国余部内
　尾青村　清河村
　同国狩河郷内田在家
駿河国須津（富士郡）庄内
　須津河郷
　同国鮎沢（駿東郡）御厨内大沓間田屋敷
備中国
　荏原条（後月郡）　草間条（英賀郡）
　京都（山城国）屋地四条東洞院
右、注文如件、

〇前号文書と関連があるので、ここに収める。

〇一四五　雑訴決断所牒　〇前田育徳会尊経閣文庫所蔵尊経閣古文書纂所収東寺宝菩提院文書

雑訴決断所牒　駿河国衙
久遠寿量院（相模国鎌倉郡）別当坊雑掌申当国内谷郷（志太郡）事副解状具書
牒、止悪党之濫妨、可被沙汰居雑掌於地下者、以牒、
　建武元年九月十二日　　前加賀守三善朝臣（町野信宗）（花押）
従一位源（久我長通）「朝臣」（自署）　　左大史小槻宿禰（冬直）
権中納言兼春宮権大夫藤原（洞院実世）朝臣　　左中弁藤原（中御門宣明）朝臣
参議右大弁藤原（坊門清忠）朝臣（花押）

〇一四六　雑訴決断所牒　〇前田育徳会尊経閣文庫所蔵尊経閣古文書纂所収東寺宝菩提院文書

雑訴決断所牒　駿河守護所
久遠寿量院（相模国鎌倉郡）別当坊雑掌申当国内谷郷（志太郡）事副解状具書

牒、止悪党之濫妨、可被沙汰居雑掌於地下者、以牒、
建武元年九月十二日
前加賀守三善(町野信宗)朝臣（花押）
従一位源(久我長通)「朝臣」(自署)　左大史小槻宿禰(冬直)
権中納言兼春宮権大夫藤原朝臣(洞院実世)　左中弁藤原朝臣(中御門宣明)
参議右大弁藤原朝臣(坊門清忠)（花押）

○一四七　後醍醐天皇綸旨　○山城大徳寺文書

播磨国(揖西郡)浦上庄事、於半分者可支配一族之由、先度被申之間、被下　綸旨於為景(浦上)了、而一人知行之、剰有寺家敵対之所存云々、頗令参差之間、被召返　綸旨畢、為葛西御厨(下総国葛飾郡)替、為寺領之上者、相計早可被支配彼輩恩賞之由、
天気(後醍醐天皇)所候也、仍執達如件、
九月十六日(建武元年)　左衛門権佐範国(岡崎)
宗峯上人(妙超)禅室

○一四八　平重時打渡状　○長門熊谷家文書

熊谷小四郎直経申、武蔵国熊谷(大里郡)(郷脱カ)内恒正名半分・同国木田見郷(多東郡)内田在家半分事、任被仰下之旨、直経沙汰付候畢、仍渡状如件、
建武元年九月廿二日　平重時（花押）

○一四九　祐禅打渡状　○伊豆三島大社文書

伊豆国狩野庄(田方郡)三福郷内田五町在家壱宇事、任被仰下之旨、為三嶋宮御神領奉打渡之処状如件、
建武元年九月廿三日　僧祐禅（花押）

○一五〇　雑訴決断所牒写　○信濃島田記雑二—二

雑訴決断所牒　神長有実
信濃国上社(諏訪郡)御頭造宮神領神田、諸宮公事造立可致成敗職也、
右、守往古其(之カ)下知、(不脱カ)可(有脱カ)相違者、以牒、
建武元年九月廿六日　左近将監(長井高広)
大江朝臣
大納言陸奥出羽按察使源朝臣(堀河具親)

正二位平朝臣(惟継)

左大夫(史)小槻宿禰(壬生匡遠)御判
右少弁藤原朝臣(甘露寺藤長)御判
参議左大弁藤原朝臣(九条実治)

○一五一　足利尊氏随兵次第写　○近江朽木文書

建武元年九月廿七日、(足利尊氏)等持院殿供奉、賀茂両社行幸、帯刀廿

一番

武田八郎次郎信明
佐々木備中前司時綱
千葉太郎胤貞　大高□(左衛門尉重成)
佐々木源三左衛門尉秀綱　小笠原七郎□(頼氏)
野本能登四郎朝行　土肥佐渡二郎□(兵衛氏平)
宇津宮(都)遠江守貞泰　上杉蔵□(人朝貞)
二階堂信濃三郎左衛門行広　嶋津□(下野三吉師忠)
三浦因幡前司□(貞連)
小原七郎次郎頼長　田□(代豊前次郎)

橘佐渡弥八公好　小早川又四郎□(亮景)
小早川弥太郎　浅利大□(郎家継)
香川四郎五郎　二階堂□(丹後三郎)
同　左衛門尉頼□(行)　□
南部弥六政氏　三浦□(秋庭平三秀重)
隠岐守兼行　海老名□(彦四郎秀家)
荻原四郎基仲　荻原七郎□(三郎重仲)
日田次郎永敏　河野新左□(衛門尉通増)
足立安芸守遠宣　嶋津三郎左衛門尉
山名近江守兼□(義)　土岐□(近江守貞経)
細川帯刀直俊　吉見□(三河守頼隆)
富士名判官雅清　伊勢□(山城守元貞)

○欠損部分は次号文書で補う。

○一五二　足利尊氏随兵次第写　○長門小早川家文書小早川家証文四

(賀茂)両社行幸供奉次第

汲兵　大概

武田八郎次郎信助　三浦因幡前司貞連
長井丹後前司宗衡　小笠原七郎頼氏
佐々木源三左衛門尉秀綱　二階堂信濃三郎左衛門尉行広
佐々木備中前司時綱　野本能登四郎朝行
佐々木近江前司貞継　土肥佐渡二郎兵衛氏平
千葉太郎胤貞　嶋津下野三吉（本書之通）師忠
宇都宮遠江守貞泰　南右衛門尉宗継
大高左衛門尉重成　上杉蔵人朝定
右兵衛佐満義　高参河前司師直

帯刀

左　右

佐野四郎左衛門尉資村　二階堂丹後三郎
小笠原七郎次郎頼長　同左衛門尉頼行
田代豊前次郎　佐原平四郎
橘佐渡弥八公好　南部弥六政氏
小早川又四郎亮（祐）景　三浦秋庭平三秀重
小早川孫太郎（清忠カ）　隠岐守兼行

浅利太郎家継　海老名彦四郎秀家
香河四郎五郎　萩原四郎基仲
御馬等持院殿（足利尊氏）　白田（日田歟）二郎永敏
萩原七郎三郎重仲
富永四郎左衛門尉高兼
左大将経通（一条）
右大将通教（九条）
河野新左衛門尉通増
足立安芸守遠宣　伊勢山城守元貞
嶋津三郎左衛門尉助久　富士判官雅清
土岐近江守貞経
山名近江守兼義
吉見三河守頼隆
細川帯刀直俊

〇一五三　雑訴決断所牒　〇反町英作氏所蔵三浦和田文書

雑訴決断所牒　和田左衛門四郎茂長女子平氏

越後国(蒲原郡)奥山庄内鍬柄・塩谷・塩沢三箇村事

牒、当知行不可有相違者、以牒、

建武元年九月廿九日　三善朝臣(飯尾貞兼)(花押)

内大臣藤原(吉田定房)(自署)「朝臣」　左衛門少尉平朝臣(花押)

正二位藤原朝臣(三条実任)(花押)　采女正中原朝臣(重尚)(花押)

正三位藤原朝臣(日野資朝)(花押)　散位宇佐宿禰(花押)

左衛門大尉中原朝臣(章方)(花押)

大外記兼主税頭中原朝臣(師右)(花押)

前伊勢守小槻宿禰(言春)(花押)

右少弁藤原朝臣(甘露寺藤長)(花押)

○一五四　紀某・沙弥某連署奉書写　○水戸彰考館所蔵吉田神社文書

吉田宮(常陸国吉田郡)大祝大舎人家恒代円教申、被語阿佐孫三郎久恒、押寄家恒在所見河村(同郡)、被放火・大袋・苅田、令押領吉田屋敷由事、為有其沙汰、来廿日内談以前、可被具参交名人弥次郎・五郎次郎等、若令違期者、任御事書之旨、為有沙汰、遣使者候也、仍執達如件、

建武元年十月十日　沙弥(花押影)

紀(花押影)

吉田宮権祝弥七殿

○一五五　雑訴決断所牒　○駿河別符文書

雑訴決断所牒　西条弥太郎盛光所

武蔵国(埼玉郡)犬塚村内屋敷田畠幷東江袋村(幡羅郡)内屋敷田畠・阿弥陀寺

田畠等事

牒、当知行之地、不可有相違者、以牒、

建武元年十月十二日　前加賀守三善朝臣(町野信宗)(花押)

従一位源(久我長通)(自署)「朝臣」　左大史小槻宿禰(冬直)(花押)

権中納言兼左衛門督藤原朝臣(洞院実世)　左中弁藤原朝臣(中御門宣明)

参議右大弁藤原朝臣(坊門清忠)

○一五六　足利直義安堵状写　○土佐国蠹簡集残篇

大慈寺(相模国鎌倉郡)新釈迦堂供僧職事、如元不可有相違之状如件、

建武元年十月十六日　左馬頭(足利直義)(花押影)

三位律師(実修)御房

○一五七　雑訴決断所牒案　○豊後詫摩文書

雑訴決断(所脱)牒　相摸国衙

大友詫磨別当太郎宗直申当国大友郷(足柄上郡)内田地壱町屋敷等事

右、止矢田与一濫妨、可沙汰居宗直於当所者、以牒、

建武元年十月十六日　左衛門少尉中原(師利カ)在判

従一位源朝臣(久我長通)　前常陸介藤原朝臣(小田時知)在判

権中納言兼春宮権大夫藤原朝臣(洞院実世)　左中弁藤原朝臣(中御門宣明)

参議右大弁藤原朝臣(坊門清忠)在判

○本文書には、もと冒頭合点の右傍に「校正了」とあったと思われる。

○一五八　御産御祈目録　○続群書類従所収御産御祈目録

建武元年十月十六日中宮(珣子内親王)新室町院七ケ月云々御着帯、加持道昭僧正、

金剛童子法通昭僧正、左近衛督尊氏(足利)沙汰、七ケ日以後成供、正月廿八日於御所成法、

聖観音法円満院宮尊快・一位宣房(吉田)、同前、

薬師古摩(護、下同ジ)慈厳僧正、権大納言公泰、一旬以後成供、二月五日於御所成法、

六字供十楽院宮道煕、御当月成古摩以聖恵僧正於本房令修之、

愛染王供教寛僧正、御当月於御所成大法修之、

訶梨帝十五童子供俊禅僧正、御当月御所、

已上御着帯日於本坊始行七壇也、

七仏薬師法座主宮尊澄、公家御沙汰、二月十日、(建武二年)

孔雀経法大覚寺宮性円、二月廿九日、

尊星王法聖護院宮覚助、公家、、、二月廿九日本坊、

如法尊勝法青蓮院宮慈道、義貞(新田)、、、二月十日、

如法愛染王法教寛僧正、仙洞、、、二月十八日、

如法仏眼法慈厳僧正、長隆沙汰、二月十日、

六字法円満院宮、中務卿親王、、、二月十日、

金輪法檀那院宮尊胤、公家、二月十日、

五壇中壇山十楽院宮道煕、宣政門院、、、二月五日、

降、、寺乗伊僧正、久我前右府、

軍、、山仲円僧正、前内府、

元弘四年・建武元年十月

大、、（東）隆雅法印、中宮大夫公宗、

金、、、（山）桓豪法眼、按察入道、

愛染王法成助僧正、二月九日、四条中納言隆資、

六字法道意僧正、二月十日、今出川前右府、

薬師法慈快僧正、二月五日、権大納言公泰、

千手法実静僧正、二月十二日、永福門院御、、、自五日始供、今日成法、

仏眼法信助僧正、二月十日、具光、　烏瑟沙摩法俊禅僧正、二月五日、右府、

如意輪法栄海僧正、二月十八日、行房朝臣、

北斗法仙宗僧正、二月十六日、宮庁、

八字文殊法公厳僧正、二月十八日、左府、

准胝法道賢僧都、二月十日、侍従中納言公明、

五大虚空蔵経厳僧正、二月十六日、入道弾正宮、

尊勝法東南院宮聖珍、二月十六日本坊、　同法桓守僧正、二月十五日、准后、日吉社、

延命法益守僧正、二月十六日東寺、　薬師法常寿院宮尊円、二月十日本坊、

如意輪法道祐僧正、二月十日若宮社、　仏眼法上乗院宮益性、二月廿五日本房、

葉衣法慈勝僧正、二月廿八日本房、

孔雀経古摩仁和寺宮寛性、二月廿九日、

普賢延命古摩青蓮院宮、二月十六日、

大般若経古摩増基僧正、二月十六日、

不動古摩良昭僧正、二月五日、範国、

如意輪古摩良性僧正、二月十六日本房、

薬師護摩隆寿律師、二月廿一日近辺壇所、

五尊合行古摩隆意法印、二月十日長増心院、

尊星王古摩良慶僧正、二月十日大吉祥院、

愛染王古摩実助僧正、二月十一日、宣明朝臣、

六字古摩聖恵僧正、十楽院宮与奪、

如意輪古摩覚雅法印、二月十六日本房、

普賢延命古摩慈勝僧正、二月廿八日本房、

冥道供慈厳僧正、二月十八日三ケ夜、入道右府、

炎摩天供道賢僧都、二月十日、　最勝太子供慈厳僧正、二月十六日、

双身供俊禅僧正、二月晦日、庁沙汰、　聖天供栄海僧正、

八幡宮本地供幷大威徳護摩増照僧正、通清・陶清沙汰、

同宮大般若御読経通清法印奉行、

賀茂社愛染王護摩親海僧正、神主信久沙汰、

鴨社不動古摩増覚僧正、禰宜沙汰、春日社覚円僧正沙汰、
日吉社本地供恒守僧正、同社本地供隆勝僧正、
東大寺八幡宮愛染王古摩信聡法印、
北野社本地弁毘沙門供慈快僧正、
祇園社本地供良雅僧正、
東寺所断仁王経転読不動護摩毎日御影供弘真僧正、
法勝寺円堂不断愛染王供弘真僧正、
蓮花王院毎日三十三壇観音供弘真僧正、
長谷寺十一面供増照僧正、
清水寺不断観音供弘真僧正、
不動洛叉御念誦并八千枚二壇教覚法印、安養院、隆勝僧正、葛川、
尊勝陀羅尼御念誦二月十九日始之、諸僧結番毎日勤之、
大般若経御読経慈能僧都奉行、二月十一日、
放光仏供養法印恵性・法印憲守・権大僧都雲禅、二月六日、
八万四千基石塔供養、景繁朝臣沙汰、二月十七日、
御受戒座主宮、二月十六日奉授之、慈厳僧正御着帯以後毎月、
三十三所観音御誦経

丹後国成相寺伊勢大夫判官親光(結城)、
近江国観音寺佐渡大夫判官入道道誉(佐々木京極導誉)、
同袋懸近衛大夫判官職政(中原)、同石山勢多大夫判官章兼、
丹波国穴太近藤左衛門尉為重、
法性寺観音堂壱岐前司康雄、
美濃国谷汲土岐伯耆入道存孝、
紀伊国三井寺三川権守師直(高)、
那智如意輪寺宇津宮左馬権頭公綱、
和泉国真木尾高次郎右衛門尉師久、
粉川寺尾張権守師康、行願寺紀(春日部)滝口左衛門尉重行、
播磨国清水寺東市正長年(名和)、中山能登兵衛尉信高、
播磨国神呪寺伯耆判官義高、
乙訓吉峯寺周防左衛門尉知清、
河崎但馬滝口左衛門尉宗尚、
清水寺安芸滝口左衛門尉行賢、
六波羅密寺高倉大夫判官章興、
六角堂下野孫左衛門尉康兼、

興福寺南円堂佐渡大夫判官秀清、
同西金堂美濃大夫判官全職、　勝尾寺伊与権守重成（大高）、
同惣持寺大内紀行光、
醍醐如意輪寺安芸右馬頭時実、
同岩間飛驒左衛門尉行賢、
東大寺法花堂肥後守頼職、
元興寺石見大夫判官入道重知、
長谷寺大蔵少輔兼光、　龍蓋寺雅楽将監入道道光、
天王寺金堂小笠原兵衛蔵人頼貞、
河内国高井寺大外記頼元（五条）、
（建武二年）三月十四日卯刻御産、　皇女、

○一五九　石塔義房打渡状　○伊豆三島大社文書

（伊豆国田方郡）三嶋社御寄進駿河国（駿東郡）土狩郷内田参町畠壱町事、任被仰下之旨
所渡進之状如件、

建武元年十月十七日　沙弥（石塔義房）（花押）

○一六〇　雑訴決断所牒　○羽生誠氏所蔵鹿島大禰宜家文書

雑訴決断所牒　常陸国衙
当国鹿嶋（鹿島郡）太神宮大禰宜高親（中臣）申、同国行方郡内加納十二ケ郷
并内小牧村・用重名以下社領、地頭等濫妨彼下地、抑留神
用物由事副申状
右、於神用物者、令致其弁、至下地事者、相鎮濫妨、為尋問
子細、来月廿日以前可参洛之由、相触交名人等、可被申散状
者、以牒、

建武元年十月十八日　散位平朝臣（花押）
参議右大弁藤原朝臣（坊門清忠）（花押）　左大史小槻宿禰（冬直）（花押）

○一六一　雑訴決断所牒写　○建武記

雑訴決断所牒　其国衙
諸庄園郷保地頭以下所領等御年貢并仕丁役事
副下御事書一通
牒、諸庄園郷保地頭職以下所領等、御年貢并仕丁役事、任御

事書之旨、不論本領新恩、当時管領田地分、任実正令注進之、
以正税以下色々雑物等、所出廿分之一、守参期、可進納御倉
之由、相触国中、急速可申散状者、牒送如件、以牒、
建武元年十月日　　　　　　　　　　　、、―――――
、、―――――　　　　　　　　　　　、、―――――
、、―――――　　　　　　　　　　　、、―――――
、、―――――

諸国庄園郷保地頭職以下所領等御年貢事

一員数事
不論本領新恩、当時管領田地之分、任実正不日可注進之、
以後正税以下色々雑物等、所出廿分之一（於料所并課役勤仕之地、非此限）可進
済御倉、但至貢金貢馬等之類者、可守先例、若注進之田数
以下減少之条、支証出来者、於余田者、可被収公也、

一参期事
随国遠近、被定其期畢、守彼時分、可進納御倉、若致懈怠
者、参期以後、三箇月中、以一倍可進済、此上猶令難渋者、
可被付当年所務於他人、

一難渋輩事
或称無催促、或隠密管領之地、令難渋御年貢者、随指申之
仁出来、可被改易所職矣、

一仕丁役事
以十町田地、毎年一箇日役、可令勤仕也、

○一六二　足利直義安堵状　○神奈川県立金沢文庫保管称名寺文書

当寺住持職事、如元不可有相違之状如件、
建武元年十一月十六日　　　　左馬頭(足利直義)（花押）
(武蔵国久良岐郡)金沢称名寺長老(釼阿)

○一六三　細川頼春施行状案　○相模円覚寺文書

(端裏書)「小栗掃部助殿」
(相模国鎌倉郡)建長寺正続院僧子印申、常陸国宮山村(真壁郡)田壱町七段、屋敷二ケ
所事、申状如此、宮山孫次郎(幹氏)背御下知狎(押)領云々、佐竹上総入(道源、貞義)
道相共、守子印所帯御下知状、沙汰付下地、可執進請取状、
不承引者、可分召所領三分一之由、可仰含之、使節遅引者、

可有其咎之状、依仰執達如件、

建武元年十一月十六日　刑部大輔（細川頼春）

小栗掃部助（重貞）殿

○一六四　足利直義カ施行状案　○豊後詫摩文書

校正了、

大友詫磨別当太郎宗直申相模国大友郷（足柄上郡）内田地壱町・屋敷壱所事、矢田余一致濫妨云々、早任綸旨幷牒、可被沙汰付于宗直之状如件、

建武元年十一月十八日　在御判（足利直義カ）

上杉左近蔵人（頼成）殿

○一六五　雑訴決断所牒　○相模円覚寺文書

雑訴決断所牒　尾張国衙

円覚寺（相模国鎌倉郡）雑掌申当国富田（尾張国海東郡）・篠□（木）（春日部郡）両庄事

牒、任今年七月十一日綸旨、止中分之儀、守済例、可弁領家年貢之由、可令下知者、以牒、

建武元年十一月十八日　左衛門権少尉中原朝臣（師利カ）（花押）

従一位源（久我長通）「朝臣」（自署）　前常陸介藤原朝臣（小田時知）（花押）

参議右大弁藤原朝臣（坊門清忠）（花押）　左中弁藤原朝臣（中御門宣明）（花押）

○一六六　中務権大輔某奉書案△　○竹内文平氏所蔵文書

足利治部大輔尊氏・新田太郎義貞以下凶徒等追罰事、自関東所蒙仰也、早相催一族、可被致合戦之忠、於有功者、可為恩賞状、依仰執達如件、

建武元年十一月十九日　中務権大輔在判

尾藤伊与殿

八木四郎左衛門入道殿

平野又次郎殿

尾藤弥五郎殿

同彦五郎殿

同孫五郎殿

○一六七　太政官符写　○宮内庁書陵部所蔵壬生家文書

(端裏書)「中院大納言通純卿以御記調之、珍重々々、

慶安三年六月八日御室戸寺官符

左大史小槻忠利（花押影）」

太政官符御室戸寺(山城国宇治郡)

応永為尊星王護摩料所、当寺領武蔵国中茎郷(足立郡)領家職事、

右、得彼寺衆徒等去月日奏状偁、謹考旧記、当寺者、観音大士利生之霊場、千手眼之尊容懸日月、光仁天皇勅願之精舎、五百年之聖跡積星霜、加之長和聖主(三条天皇)者、建法華堂、賜以田地、久安禅閣(閤)(藤原忠実)者、起常行堂、寄以庄園、従爾以来、王隻(侯)卿相之帰仰、連綿屢臻、高才碩徳之紹隆、喜摸(嘉)多着、爰園城寺隆明大僧正者、忝為寛治聖皇(堀河天皇)御持僧、宛如不動明王之化現、其顕密之功労、修験之徳行、挙世尊崇、誰不知之、彼僧正以当寺為住所、故号御室戸僧正、然間、承暦四年白河院御願、園城寺中被建立一院、尊星王為本尊、号羅惹院、而康和年中、彼本尊道具等、悉以被渡当寺訖、幷院主隆明大僧正伝持之仏像経典、同安置之、所謂行歩三足不動尊・生身三伝之釈迦像、無双之霊異、末代之奇特也、聖代明時、叡願之厳重無上、智行兼備、護持之効験猶存、伏惟、吾君陛下、道超三五、徳照祖宗、継絶興廃之政績、偏敷海内、帰仏敬神之徳化、広被天下、親遇尽善尽美之洪業焉、豈非自門他門之大幸哉、因茲満寺衆徒等、深帰皇猷、旁仰聖化、内尽御願成就之精禱、外励凶徒追罰之忠烈、至誠忽通、効験云顕、叡感尤甚、充賜料所、所謂武蔵国中茎郷領家職是也、望請天裁、以此地為彼羅惹院尊星王護摩料所、尽未来際、長日不退、令相続勤行、可奉祈朝家之由、殊下賜官府(符)宣、幷当寺往古四至、東限多多領、西限―(大和)大―(道)、南限羽戸山路、北限伊賀大道、以此境同被載之、以備将来公券者、仏日再耀、弥添九天之聖明、梵風永扇、更祝万歳之叡算者、正二位行権大納言藤原朝臣実忠(三条)宣、奉　勅、依請者、寺宜承知、依宣行之、府(符)到奉行、

修理左宮城使従四位上行左中弁兼春宮亮藤原朝臣(中御門宣明)（花押影）

修理東大寺大仏長官正四位下行大炊頭兼左大史小槻宿禰(冬直)（花押影）

建武元年十一月廿日

○本文書の文面に四つの印影がある。

一六八　尾張国国宣　○相模円覚寺文書

（花押）

円覚寺（相模国鎌倉郡）雑掌申、当国富田（尾張国海東郡）・篠木（春日部郡）（庄）両郷事、決断所牒如此、早任今月十八日牒之旨、可令下知給之由、国宣所候也、仍執達如件、

建武元年十一月廿二日　　散位光延奉

謹上　尾張国御目代殿

一六九　足利直義安堵状　○相模証菩提寺文書

（足利直義）
（花押）

山内（相模国鎌倉郡）新阿弥陀堂供僧職壹口大堀（同郡）方事

右、三位律師実修、不可有相違之状如件、

建武元年十一月廿四日

一七〇　足利直義安堵状写　○島原図書館所蔵寺院証文二

当寺住持職幷寺領上総国北山辺郡内堺郷事、如元不可有相違之状、如件、

建武元年十一月廿四日　　左馬頭（足利直義）（花押影）

浄光明寺（相模国鎌倉郡）長老

一七一　後醍醐天皇綸旨　○豊後入江文書

豊後国香賀地（国東郡）庄地頭職三分弐河越安芸入道跡、為勲功賞、可令知行者、

天気（後醍醐天皇）如此、悉之、以状、

建武元年十一月廿五日　　左衛門権佐（岡崎範国）（花押）

大友豊前六郎（田原貞広）館

一七二　太田貞宗寄進状　○鎌倉国宝館所蔵神田孝平氏旧蔵文書

寄進

上野国山上保（勢多郡）葛塚村諏方両社上下神事幷灯油等料田事

右、当保田部村新平三入道作田屋敷幷葛塚村和泉房作田屋敷、源六入道跡田屋敷河ハタ田等、限年紀沽却訖、年紀以後、所寄進当社也、以件得分、神事料田不足之時、且令勤行祭祀、且可備当社灯油也、為祝管領可勤彼役也、仍寄進状如件、

建武元年十一月廿七日

前美作権守貞宗(太田)（花押）

○一七三　大友貞載施行状　○豊後草野文書

豊前七郎貞挙(田原)申、勲功地豊後国香賀地庄(国東郡)地頭職参分壱河越安芸入道跡事、任今月廿五日綸旨(後醍醐天皇)、都甲弥次郎入道相共可被沙汰付候也、仍執達如件、

建武元年十一月廿八日　左近将監(大友貞載)（花押）

竹田津諸次郎(道景)入道殿

○一七四　大友貞載施行状写　○豊後竹田津文書

豊前六郎貞広(田原)申、勲功地豊後国香賀地庄(国東郡)地頭職三分弐河越安芸入道之跡事、任今月廿五日綸旨(後醍醐天皇)、都甲弥治(次)郎入道相共可致(被カ)沙汰付候也、仍執達如件、

建武元年十一月廿八日　左近将監(大友貞載)判

竹田津諸次郎(道景)入道殿

○一七五　豊後国国宣　○豊後竹田津文書

当国香賀地庄(豊後国国東郡)地頭職三分弐河越安芸入道跡・同三分壱同跡、豊前六郎貞広(田原)・七郎貞挙(田原)等為勲功賞拝領、任綸旨(後醍醐天皇)之趣、早莅彼所可令沙汰居貞広・貞挙等於庄家給之由、国宣給候也、仍執達如件、

建武元年十一月卅日　散位長兼奉（花押）

竹田津諸次郎(道景)入道殿

○一七六　豊後国国宣　○豊後草野文書

□(当)国香賀地庄(豊後国国東郡)地頭職三分弐河越安芸入道跡・同三分壱同跡、豊□(前)六郎貞広(田原)・七郎貞挙等為勲功賞拝領、任綸旨(後醍醐天皇)之趣、早莅彼所可令沙汰居貞広・貞挙等於庄家給之由、国宣所候也、仍執達如件、

建武元年十一月卅日　散位長兼奉（花押）

都甲弥次郎入道殿

○一七七　中務大輔某奉書案△　○竹内文平氏所蔵文書

可誅伐足利治部大輔高氏・新田太郎義貞以下凶徒之由、自関東所被成御教書也、早相催一族、可馳参、依(節脱カ)忠可有恩賞者也、

仍執達如件、

建武元年十一月晦日　中務大輔在判

八木八郎殿
八木大炊左衛門尉殿
八木刑部左衛門尉殿
一通無名所
八木若一殿
八木三郎左衛門尉殿
八木源内左衛門尉殿
八木九郎殿

〇一七八　千葉胤貞譲状案　〇下総中山法華経寺文書

ゆつりわたすそりやうの事

右ひせん(肥前)の国小城郡、下総国千田(香取郡)・八幡(葛飾郡)両庄内知行分のそうりやう職、嫡子たるによて、孫太郎胤平に、限永代所譲渡也、庶子に分譲分は、かの状にまかせて、いらんあるへからす、仍譲状如件、

建武元年十二月朔日　胤貞(千葉)判

〇一七九　日祐・日樹申状案※　〇下総中山法華経寺文書

日蓮聖人門弟日祐・日樹等謹言

請殊蒙　天裁、且任仏法正意、且依賢王佳例、禁止念□(仏カ)・真言・禅律等誹謗法華諸宗、被弘通　諸仏一大事□□(因縁カ)妙法蓮華経簡要、灑法雨於一天、扇淳風於四海状

右謹検旧規、翻邪帰正聖代之善政也、捨権入実諸仏之正意□(也)、其実者　妙法蓮華経是也、然則、正直捨権之実説本地深□(奥カ)付属、現当祈願天下泰平、宜在于此、而世皆背正法、人悉行邪途、□(故カ)善神含恨捨国、悪鬼得便致難、因茲、先師(日蓮)為如来使、匪啻顧先□(難カ)、又兼勘後災、於関東度々雖令諫暁、敢無許容之間、不達□□□(微望空カ)遷化畢、嗚乎、近年之間多日之程、天下之災・世上之乱、既以越前代、是併依無禁制国中謗法也、先師所勘、宛如符契、夫知未萌者、六正之聖臣、弘法華者、諸仏之使者也、凡仏法雑乱之□□□(時、被糺)邪正者例也、是以彼天台大師者、於陳主正殿、破十師之僻見、此伝教大師者、於桓武御前、

拉六宗之邪義、就中、先師得生於此土、豈不思吾国哉、是偏為身不申之、為君為国申之、所詮委細被□□□（尋聞食）、若相貽御不審者、早任漢土・本朝先規、召合諸宗学徒等、遂一決、被禁邪義、賞正法者、凶徒悉退散、国土□（自）安穏耳、

○本文書以下二通は、日祐作の「一期所修善根記録」より建武元年のものと推定されるので、ここに収める。また本文書は二通あり、文言が若干異なる。

○一八〇　日祐・日樹申状案※（○下総中山法華経寺文書）

日蓮聖人門弟日祐・日樹等謹言

請殊蒙　天裁、且任仏法正意、且依賢王佳例、禁止念□（仏）・□□（真言）・禅律等誹謗法華諸宗、被弘通　諸仏一大事因縁□□□（妙法蓮）華経簡要、灑法雨於一天、扇淳風於四海状

右謹検旧規、翻邪帰正聖代之善政也、捨権入実諸仏之□□□（正意也カ）、其実者　妙法蓮華経是也、然則、正直捨権之実説、本地深□（奥カ）付属、現当祈願天下泰平、宜在于此、而世皆背正法、［　　］（人悉行邪途、故カ）善神含恨捨国、悪鬼得便致難、因茲、先師（日蓮）為如来使、匪啻□□（顧先カ）難、又兼勘後災、所謂集諸経之要文、造一巻之書名名曰立正安国□□（論、去カ）文応元年於関東雖令備進之、敢無許容之上、剰依□［　　］（謗カ）讒言、弘長元年伊豆国・文永八年佐土嶋、蒙両度之勘気畢、法□（華）経云而此経者、如来現在猶多怨嫉、况滅度後、又云数々見擯出［　　］、先師為如来之使者事、無疑者歟、其後如勘申後災並起競［　　］驚怖之、雖被赦免、於法邪正者、無糺明之間、不達微望空遷化□（畢カ）、嗚乎、近年之間多日之程、天下之災・世上之乱、既以越前代、是□□（併依無カ）禁制国中謗法也、先師所勘、宛如符契、夫知未萌者、六正之聖□□（臣、弘カ）法華者諸仏之使者也、凡仏法雑乱之時、被糺邪正者例也、是以□（彼）天台大師者、於陳主正殿、破十師之僻見、此伝教大師者、［　　］（於桓武御前カ）、拉六宗之邪義、就中、先師得生於此土、豈不思吾国哉、是偏為身不□□（申之カ）、為君為国申之、所詮委細被尋聞食、若相貽御不審者、早任［　　］（漢土・本朝）先規、召合諸宗学徒等、遂一決、被禁邪義、賞正法者、［　　］（凶徒悉退散）、国土自安穏耳、

○本文書は二通あり、文言が若干異なる。

〇一八一　栄憲大番用途請取状　〇相模覚園寺所蔵戌神将胎内文書

明年正月大番用途請取事

合伍佰陸拾伍文者

右、伊北殿分、皆納如件、

建武元年十二月十二日　栄憲（花押）

〇一八二　海老名通貞譲状案　〇京都府立総合資料館所蔵東寺百合文書ミ函

ゆつりわたす（譲渡）、そむくす（尊楠）かところ、さかミの国下海老名（高座郡）かうの中、通貞（海老名）か知行分田畠やしき、播磨国矢野庄（赤穂郡）内那波浦地頭職ならひにかまくら（鎌倉）のおほまちまつうらのまへのやち、くち（口）四けん、おく（奥）ゐ六けん、通貞か知行分所々においてハ、そんくす丸をちやくしとして、ゆつりあたふるもの也、又したい（次第）さうてん（相伝）のてつき（手継）、代々のゆつりしやう、あひともにとらする所也、ふしん（不審）あらせしかために、しひつ（自筆）をもてかきおくものなり、よて後日のためにゆつりしやう、くたんのことし、

建武元年十二月十三日　源通貞（海老名）判

〇一八三　津軽降人交名注進状　〇陸奥南部文書

（包紙）「師行建武元年十二月十四日」
師行献書草稿

一被留置津軽（陸奥国）降人交名事

●工藤左近二郎子息孫二郎義継

●同孫三郎祐次

若党分

矢部彦五郎

弥彦平三郎

四方田彦三郎

〇高橋三郎右衛門入道光心

長尾孫七景継

長尾平三入道

荻原七郎

山梨子弥六入道

〇気多孫太郎頼親

〇同子息三郎重親

〇新開又二郎

●乙辺地小三郎光季
●秦五郎四郎是季
●野辺左衛門五郎　十一月廿三日死去了
●野内弥九郎光兼
恵蘇弥五郎死去了、以上十七人安藤又太郎預之、
曾我郷房光円　小河弥二郎入道預之、
●内河三郎二郎
同又三郎右真　両人滝瀬彦二郎入道預之、
工藤治部右衛門二郎貞景死去
安保弥五郎入道預之、
○同舎弟孫次郎経光　安藤五郎二郎預之、
気多二郎太郎員親　大沼又五郎預之、
小国弥三郎泰経　結城七郎左衛門尉預之、
当参工藤左衛門次郎義村　和賀右衛門五郎預之、
吉良弥三郎貞郷　都築彦四郎入道預之、
工藤六郎入道道光
同三郎二郎経資　中務右衛門尉両人預之、

金平別当宗祐
弟子智道　両人武石上総介代預之、
曾我左衛門太郎重経　十二月一日死去了、
子息彦三郎　浅利六郎四郎預之、
曾我太郎兵衛入道道性
同兵衛太郎　両人弾正左衛門尉預之、
●殖松彦二郎助吉　倉光孫三郎預之、
相馬入道子息法師丸　毘沙門堂式部阿闍梨預之、
小河六郎三郎　小河二郎預之、
笠原彦四郎宗清
同四郎長清　両人二宮治部左衛門太郎預之、
工藤四郎二郎　中村弥三郎入道預之、
○村上孫三郎政基
○同八郎入道真元
朝坂掃部助入道理顕
内記七郎入道妙覚
道正房　以上五人、安藤孫二郎預之、

工藤又三郎　工藤六郎預之、
在富八郎宗広　十一月廿三日死去了、
小出左衛門尉　十一月廿一日死去了、
了息太郎　高下供注置之、
小松中務入道　同供注置之、
当参
曾我孫二郎貞光・同子息与三　貞綱預之、
右、粗降人等交名注進如件、
建武元年十二月十四日

〇一八四　日静書状　〇上総藻原寺所蔵金綱集紙背文書

「雖然明春者、必定可致急速参上、
一二品親王(護良)御遠流定披露候歟、御供奉被召籠之処、日記先度令進候間、備御覧候ぬらん、此人々今月十三日、於六条河原(山城国)被切候、言語道断之事令見物、凡哀者何れも大方の事に候中、南部次郎殿最初に被切候こそ、都目もあてられす、なにしにいて丶親たりうき作法見聞仕候哉と覚て候けれ、はら殿御心察申候、九日より京中以外騒動候、阿□(賀)河に朝敵充満し、山崎(山城国乙訓郡)よりせめいり候間、宇□(津)宮・赤松入道(円心)賜打手、早速追返候了、仍仁定寺に構城墎(郭)、引籠候を、宇津宮(都)ついて責候、即昨日(十五日)、其打落頸数令持参候、是大塔殿(護良親王)御所為候也、其外京中処々ニて日々被召取人数、難及言語候、禅僧二人押寄て、在々処々御共の雑談息延さこそ被思出候ハ丶、いよ〱徒然もまさり、心もうかれ候はんと被案候、如此捧巨細状候条、尾籠無申□□(計候カ)、自然之至に候、可有御免候、千日殿・秋山□(殿カ)内裏門前ニして対面之時、伯耆律師御房、自鎮西御上候て、是に御座候と申候しハ丶、よも無存之間、不及遂面謁候、
一下山(甲斐国巨摩郡)之南方闕所に治定候て、或ハ壁書にをし、或ハ恩賞のそミ申人々多候事、随分歎申て罷過候、かく存候とハ、此方々ハよも思食候ハし、自然事も候ハ丶、謗法之地と成候ハん事悲敷覚候、一人も被誘候て、闕所たるましき由をも申開、安堵をもなと不被申候哉と存候、愚身等か一族の中にも申者多き中に、縁者こそ多候へとも、ミな謗法者にて

候間、下山の方々におも□かへ存候所存なく候、此段者御
在京之時も、大方令申候しと存候、但随世習に候へハ、愚
身か名字ハかりハ可預御穏（隠）密候歟、但又訴訟何もさうなく
達候ハん事も、又ありかたく候、人々申候事ハ如此候、恐
惶謹言、

（建武元年）十二月十六日　　僧日静（花押）

○一八五　渋谷鬼益丸代藤原家綱和与状　○鹿児島県歴史資料センター黎明館所蔵岡元文書

和与
渋谷平六重氏今者死去女子等与同重躬子息彦次郎重時今者死去・舎
弟鬼益丸相論重氏跡所領等相模国吉田庄（高座郡）内上深屋北尾屋敷
田畠立野、美作国河江（会）庄（英多郡）内亀石・土師谷田畠山野、阿波国
大野新庄（那西郡）内八分壱、薩摩国入来院内下副田村田畠在家山野
等事
右、所々者、為重氏死去之跡間、鬼益丸雖帯大塔宮（護良親王）令旨并
吉田一位（定房）御牒、所詮以和与之儀、至永代子々孫々、止彼所々
望上裁違乱、付女子方畢、此上為後証、一族等所令加連署之
判形也、随而重躬子息鬼益丸、所令拝領令旨・御牒等正文、
一通不残、女子方令渡進畢、若猶以後日、云重躬子息等余流、
於致沙汰者、以一族一同之儀、被経　上裁、罪科可被行申者
也、仍為後代亀鏡、和与之状如件、

建武元年十二月十九日

鬼益丸代藤原家綱（花押）
沙弥定重（渋谷祐重）（花押）
平重文（岡元）（花押）
平重親（東郷）（花押）
平重躬（花押）
平重房（花押）
沙弥定円（渋谷重基）（花押）

○一八六　尼妙蓮譲状写　○上野正木文書

□□□（ゆつり）わたすみなもと（源）のとよわう（土用王）との（殿）ゝところ
□□□（一かう）つけのくに（上野国）（新田郡）につたのしやう（新田庄）のうちなりつかのかう（成塚郷）

□□《をな》しきかなやのむら《金谷村》、をなしきすかしほのむら《菅塩村》
□□□《一せん》さいのかう《千裁郷》のうちにいしま《新島郷》のかうのさいけ《在家》
□□《一を》なしきいわまつ《岩松》のひんかし《東》のやしき、を□□《なし》きふたこつか《二子塚》
かの上・下
□□《一下》つさのくに《総国》みなみさうま《南相馬》のうちふちこゝろ《藤意》□□《のか》う、おな
しきてかハんふん《手賀半分》ひんかしかた、い□ひむら《岩井村カ》、ふせのむら《布施村》
□□《右か》のところ〳〵ハ、あまめうれん《尼妙蓮》かおさな□□《とよ》わうか
せんそさうてん《先祖相伝》のそりやう《所領》なり、しかるを□しるによつて
とよわうとのをやうしとして、□□《代々》のてつき御くたしふみを
あいそへて、ゑいたい□□《ゆつ》りわたすところしちなり、たのさ
またけなく□うせられへきしやうくたんのことし、
けんむくわんねん《建武元年》十二月廿一日　あまめうれん判

○一八七　尼妙蓮譲状写　○上野正木文書

ゆつりわたすやうし三郎たゝく□□《に》しよりやうの事
一かうつけのくに《上野国》につた《新田》のしやう《庄》の中なりつか《成塚郷》のかう、かな《金
やのかう《谷郷》、すかし《菅塩》をの□□《かう》
一をなしきくにせんさいのかう《千裁郷》の中、にいし《新島》□《ま》かうのさいけ
一をなしきいはまつ《岩松》のひんかし《東》のや□□《しき》
一をなしきくにふたこつか《二子塚郷》のかう上・下
一下つさのくに《総国》みなみさうま《南相馬》の中ふち心《藤》のかう、てか《手賀》は《ん脱》ふん
ひかしかた《東方》、ふせの《布施》□□《かう》
一さぬきのくによしのゝかう
みきのところ〳〵ハ、あまめうれん《尼妙蓮》かおさな□《な》とよわうか
ちうたいさうてん《重代相伝》のしよりやう《所領》なり、しかるにこなきあいた、
たゝくに《直国》□《を》やうし《養子》として、たい〳〵のてつき御下ふみをあい
そへて、なかくゆつりわたすところしち也、たのさまたけあ
るへからす、よつてのちのためにゆつり上《状》く五ト《如》たんのし、
けんむくわんねん十二月廿一日　あまめうれ□《ん》
○前号文書の「とよわう」と「たゝくに」は同一人物である。

○一八八　栄憲大番用途請取状　○相模覚園寺所蔵戊神将胎内文書

ミやうねん正月御わうはんようとうの事

合　二百八十三文者
みき(右)、いほうとの(伊北殿)、ふん、所納如件、
建武元年十二月廿四日　栄憲（花押）

○一八九　足利直義安堵状　○相模明王院所蔵法華堂文書

右大将家(源頼朝)法花堂(相模国鎌倉郡)禅衆職事、如元不可有相違之状如件、
建武元年十二月廿六日　左馬頭(足利直義)（花押）
刑部僧都(重契)御房

○一九〇　足利直義安堵状　○相模明王院所蔵法華堂文書

右大将家(源頼朝)法花堂(相模国鎌倉郡)禅衆職事、如元不可有相違之状如件、
建武元年十二月廿六日　左馬頭(足利直義)（花押）
大夫阿闍梨御房

○一九一　中臣高親社領幷神祭物等注進状案　○常陸塙不二丸氏所蔵文書

目安
鹿島大禰宜(常陸国鹿島郡)高親(中臣)申当社領幷神祭物等注文
一加納十二ケ郷内
山田郷(行方郡、下同ジ)一瀬九郎　因幡小外記
籠田余一(幹貫)入道　鹿嶋荒次郎跡
高岡郷内飯田又次郎等、建長寺(相模国鎌倉郡)領雑掌伊賀法橋
幷高桑宮御知行分
大崎郷内繁昌彦太郎(幹高)・六郎太郎跡(助幹)・鳴井彦七入道等・
松船津余一太郎入道・中根五郎跡
四六郷内惣領四郎次郎　刷沢三郎
杉十郎跡
石神内四郎入道跡・大外記跡・麻生太郎跡・
太田村嶋崎五郎
相賀郷内惣領手賀四郎入道・青沼次郎入道・
倉河三郎入道
右、数輩地頭等、日次御供料物抑留之、給主分下地押領之、
一大枝郷(南郡)栗俣・岩瀬・本郷
三ケ村
右、嘉禎年中折中之地也、而本郷幷栗俣村地頭野本能登四郎(貞光)
左衛門尉跡、社家分下地押領之、神祭物抑留之、
次本郷一分地頭益戸下野守、子細同前
次岩瀬村地頭大期上総入道跡、同前
然間社家当知行、最狭少也
一大賀村　大生弥太郎入道々円濫妨事

一用重名田畠等
大畠内畠大　同田三段小鎌田上　大様(掾)押領之、
次詔宮前畠三段余　詔宮脇賀村屋敷二段余　宮本地頭押領
之、
次新仏屋敷《平三ニ又ハサミ》詔辻　畠四段幷田一町詔町　同雀大夫《平四郎カウシ》畠三段
萩原三郎次郎入道押領之、
次助阿闍梨跡畠三段詔　小幡六郎太郎入道押領之、
次定額跡坊地　同修行跡　大地蔵堂前辻禰宜跡屋敷
一下生村用重名内
孫三郎禰宜跡屋敷以下在家等。吉岡重親館田三段小嶋坊下湯屋田　馬渡入道押領之、
橋本東田三段中神橋本西田四段内二段則仲二段次郎太郎判官代
米町三段萩原三郎次郎入道　河鰭弥次郎禰宜屋敷
一南三昧院用重名内
敷地・田畠　三鳥居下大弐房跡阿古　新三郎今者則仲母儀
新左衛門尉　小三郎跡等地頭押領之、　法楽寺下田六段中村地頭押領、
三鳥居南　東条地頭小野押領之、　藤七禰宜跡屋敷

一塙寺領用重名内
狭間田三段小則仲押領、　田三段明石掃部郎従矢田部兵衛太郎押領、　同田小五郎神
屋敷一所宮崎又太郎押領之、　三郎次郎神屋敷同類地在後　小中太屋敷
一二重佐古村(鹿島郡)用重名内　則幹息女押領之、
一息須賀郷(同郡)用重名内　萩原三郎次郎入道・同舎弟押領之、
右、当名所々者、一円之社領也、而如此面々押領之、
一行方郡内　内小牧村十郎次郎幹勝押領之、
右、件神領等、大概注進如件、
建武元年十二月　日

○一九二　洛中宿人在所注文断簡※　○竹内文平氏所蔵文書

一宇　蔵人右少弁殿候人滝口左衛門尉
一宇　戒心　宿人富部大舎人頭手者掃部助
同京極六角以南東頬
一宇　了善　宿人千葉介(貞胤)手者一宮孫太郎
四条坊門櫛笥以東北頬
一宇　楠木判官(正成)手者

一宇　同猪熊坊門以北東頬
一宇　願心　　宿人洞院(実世カ)殿御手人三河守
　　　同西頬
一宇　輔大納言殿御手波多野彦次郎
一宇　洞院殿御手土岐宮内允
　　　同猪熊以東北頬
一宇　北畠(親房)殿御手原田彦五郎
一宇　伯耆守(名和長年)手者刑部左衛門尉
　　　同堀河坊門以北西頬
一宇　　浄妙　　宿人笠和彦四郎
　　　同油小路以東北頬
一宇　左近三郎　宿人葦名手者田中五郎
一宇　左衛門三郎　宿人宇都宮手者平井四郎
一宇　行一　　宿人新田(義貞)殿手者井(一井カ)二郎
　　　同西洞院以東北頬
一宇　四郎　　宿人北畠殿御手五太院縫殿子息
一宇　五郎三郎　宿人三浦安芸(時続)二郎左衛門尉

一宇　同町坊門以北西頬
一宇　石女　　宿人千葉介一族大須賀

○本文書は年月日未詳。本文中にみえる人名から建武元年頃のものと考えられるので、便宜ここに収める。なお、延元元年三月十九日の千葉貞胤代官雅英軍勢宿所注進状断簡（四二二号文書）とともに、嘉元四年六月十二日の昭慶門院所領目録の紙背に書かれている。

建武二年（西紀一三三五）

〇一九三　釼阿授与記　〇神奈川県立金沢文庫保管称名寺文書

比丘素叡依密素之懇切深、去嘉暦元年十二月六日、授三宝院（山城国醍醐寺）之灌頂訖、其後経年序、去元徳二年九月廿六日、依給仕之功、授西院伝法畢、登壇以後貞記六通、別記三代相副口決稟承事修訖、其後経歳暦、或諸尊秘旨、或一宗骨目、更以無所残、剰許五部職位与写瓶印信懇切之蓄壊、依運志也、重染短毫、粗記子細、令授与者也、須貴冥応之至抽紹隆之志而已矣、

建武二年正月一日木曜室宿

現前大阿闍梨釼阿廻年七十五法歳四十七

〇一九四　日静書状　〇上総藻原寺所蔵金剛集第六巻裏書

先度預御札、開喜悦之間、雖捧御返報、参着有無、将不審無極候、

抑先此間、何条御事渡らせ坐候哉、便風遠絶之間、久不磬（啓）案内之条、大背所望候、如何仕候ても、年中企登山、可候御影御宝前之由、乍挿心中候、依万事無力、思之外在京、朝夕併潤袖於悲涙候、いつとても今の□（しカ）きは、うき身をさらぬ不思議之秘□（事カ）已（芒ノ仮字亡カ）然為体、東国諸人一同候、雖然難堪者、只殊限愚身等一人に候気□と、覚えて候き、されとも、不思議存命候へは、早々罷下、企登山候はんと、被急候、

一南部殿可向飯守（盛）城（紀伊国那賀郡）之由、蒙勅□（定カ）、雖上表候、及度々間、難叶して、去極□（月）廿七日被向候き、三井孫三郎□□被立寄候間被下候、中野殿共十騎まて□候はす、無勢無申計候、及ぬ其身に候へとも、いたわしとこそ、存候けれ、小田殿（時知）、西谷殿御事は、中々申におよはす候、便宜候は、、現当共乍恐憑由申入てと、丁寧に□□大晦早旦、自城中懸出□（候）て、数剋合戦、互尽忠功候ける中、今度之打手中には、宗々の者少々、常陸前司（小田時知）蒙疵候、其外多軍兵等、或被討或負□（手）候ける後、朝敵等成悦、又城之内ゑ引籠□□、自件城上洛人

語申候、愚身者、南部殿御事こそ、承度候て、雖尋申、さる御名字は、未承及しと申候、凡此城、以外強候間、路（洛カ）中煩只此一事に候、其外者、諸国静謐了、女性の御方様には、都無事体、可有御披露候、大方は無勢と申、城之体と申、此方□御すゝとさと申、いつよりも都無心本存候、いま一し□（ほカ）も、御祈禱丁寧にと存候て、如此申入候、定可有御意得候歟、小田殿、西谷殿状したゝめ、於属便宜可進、御物語候しかは、定可然候はん歟、

一出羽入道（二階堂道蘊、貞藤）、山城入道（兼藤）、去廿八日、於六条（山城国）河原被切□（候カ）、誠以不慮外に候、心事期後信候、恐惶□□（謹言）、

（建武二年）正月八日　　僧日静（花押）

○一九五　長岡宣政譲状　○常陸真壁長岡古宇田文書

（端裏書）「長岡又次郎譲状」

ゆつりわたす

ひたちのくに（常陸国）まかへ（真壁郡）のこをりなかをか（長岡郷）のかうのうちの田さいけのミやうし（名字）つほつけ（坪付）をのする事

三段水口、二段ミすミ田、一段やたくゝり、一段くつれ、大まちのミなミにならへて三段、ゆいゐん二郎太郎かうちつき一ちやう、あはせて二ちやう一う、ゆいゐん二郎太郎ならひにゑんきやう（円鏡）寺さかいの事、ひんかしくつれのさわのなれ（か脱カ）、ちさうたうのにしをかきる、ミなミさいゑんかミなミ二郎さへもん入道きたのミち、水口のさわのなかれ、にし水口かくねをかきる、きたこれよりこ（小）はた（幡）さかい

右、田さいけらハ、宣政ちうたいさうてん（重代相伝）のしりやうたる二よんて、しやてい（舎弟）れうちんはう（了珍房）（長岡妙幹）、をなしきやうたひ（兄弟）のなか二もこゝろさしあさからさるあひた、ゑいたいをかきりてゆつりわたすところしちなり、たのさまたけあるへからす、よんてゆつり状如件、

けんむ二年正月十八日

平宣政（長岡）（花押）

○一九六　常陸国長岡郷内田在家坪付　○常陸真壁長岡古宇田文書

坪付事

二段　そりまち　源平太作
二段　五段田内　教智作
二段　　　　　　竹王作
二段　つふしり
二段　八段田内
　　合壱町
三段　五段田内
三段　即号三段田
二段　そりまち
二段　籠町
　　合壱町
在家
　壱宇　　弥三郎入道内
　壱宇　　光心内
右、坪付状、如件、
　　　　　　　　平宣政（長岡）

建武弐年正月廿五日　　　　尼妙心

○一九七　後醍醐天皇綸旨　○山城臨川寺文書

甲斐国牧庄（山梨郡）号高橋庄東方（二階堂貞藤）道蘊跡除恵林寺領、所被寄附臨川寺也、為
常陸国佐都庄（久慈郡）并西岡田（同郡）領家職・同東岡田（同郡）地頭領家替、可令管
領給者、
天気（後醍醐天皇）如此、仍執達如件、
　　建武二年正月廿五日　　　　左中将（花押）
　夢窓（疎石）和尚方丈

○一九八　賀茂部神社社宝注進状案　○常陸加茂部文書

一八幡殿薙刀一枝
一大将殿扇作御□（太刀カ）一□（振カ）
一菊作刀一腰
一金御酒器、同盤
一銀銚子鍉一具
一西明寺（最カ）（北条時頼カ）殿鱗形作□刀一振

右、注進如件、

建武二年一(ママ)月　日

〇一九九　平長胤軍勢催促状　〇本間美術館所蔵市河文書

朝敵人散在当国(信濃国)事

両通　綸旨如此、任被仰下旨、相触庶子等、可被馳参候、若令延引者、可注進交名之由所候也、仍執達如件、

建武二年二月五日　　平長胤（花押）

市川刑部(助房)大夫殿

〇二〇〇　千葉貞胤安堵状　〇下総中山法華経寺文書

(下総国葛飾郡)八幡庄若宮戸村内法花寺堂(地脱カ)敷并畠事、如本不可有相違之状如件、

建武二年二月六日　　貞胤(千葉)（花押）

大輔(日祐)阿闍梨御房

〇二〇一　後醍醐天皇綸旨　〇山城大徳寺文書

信濃国伴(佐久郡)野庄出羽(伴野)弥三郎以下輩濫妨事、奏聞之処、事実者不可然、早止其妨、可令全所務給之由、

天気(後醍醐天皇)所候也、仍執達如件、

(建武二年カ)二月八日　　左衛門権佐範国(岡崎)

宗峯(妙超)上人禅室

〇二〇二　日護願文　〇下総中山法華経寺所蔵木造釈迦如来・多宝如来坐像内納入文書

所願不虚、応於現世得其福報、

南無多宝如来

南無妙法蓮華経　　日護

南無釈(迦脱カ)牟尼仏　摂津

建武二年二月九日

〇本文書には、裏花押がある。

〇二〇三　某願文　〇下総中山法華経寺所蔵木造釈迦如来・多宝如来坐像内納入文書

得其福報

建武二年二月

南無多宝如来

南無妙法蓮花経

南無釈迦牟尼仏

建武二年二月九日

某（裏）（花押）

○二〇四　佐竹貞義代左衛門尉胤道請文案　○相模円覚寺文書

（押紙、モト端裏書カ）「佐竹上総入道（道源、貞義）代注進状」

（相模国鎌倉郡）建長寺正続院僧子印申、常陸国宮山村（真壁郡）田壱町七段・屋敷二ケ所、宮山孫次郎幹氏背御下知押領由事、去年建武元十一月十六日御教書幷今年正月廿一日御施行、謹拝見仕候畢、任被仰下之旨、為沙汰付件田屋敷於子印、今月七日令入部候之処、幹氏如申者、彼田屋敷者、祖母尼静妙為一期（期）ミ領主令管領候、雖為未来領主、当時者不相綺云々、可為何様候哉、以此旨可有御披露候、恐惶謹言、

建武二年二月十日　　左衛門尉胤道請文

進上　平沢四郎左衛門尉殿

○二〇五　某制札△　○武蔵鷲宮神社文書

制札

一明神（武蔵国埼玉郡）御近辺軍勢甲乙人、入乱監（濫）妨停止之事、

一御神地間、殺生禁断事、

一所々浦々御神領之内、天役守護役等一切有間敷事、

右、旨趣、於違失之輩者、重而可注進者也、

建武二年二月十日　　（花押）

○二〇六　右馬允政季打渡状　○相模極楽寺文書

御寄進于極楽寺（相模国鎌倉郡）新宮社武蔵国足立郡箕田郷内岩佐七郎知行地事、任被仰下之旨、金井八郎相共莅彼知行分、所奉打渡百貫文地今富西方村於当寺僧道戒上人御房之状如件、

建武二年二月十四日　　右馬允政季（花押）

○二〇七　足利尊氏軍勢催促状案写　○水府志料

属一族惣領之手、相催軍勢、発向野州、可抽忠勤、依戦功可
有恩賞之状如件、

建武二年三月五日　源朝臣(足利尊氏)御判

石川中務少輔殿

先達青龍寺一族中

○二〇八　報国寺記※　○相模報国寺文書

□三十三歳□□(元徳二年)之二月到浄妙寺(相模国鎌倉郡)、開堂「誕法」(異筆、下同ジ)□(指三門日推門)者多、抜関者少、即今要抜関瘞□、此語天下称絶妙、正統庵(相模国建長寺)瓜瓞軒之内□之先廬也、仏国(高峰顕日)下十八員之一数也、上杉「左京亮重兼道」序庵主、建武元年建立報国寺、□山東諸山第二番也、開山(天岸慧広)寿六十三、臘四十九、建武「二年」乙亥之三月八日辰刻入滅、香山(伊豆国香山寺)者譲嫡嗣虎渓(元義)師、令為開山、虎渓追基万休庵、□令節旦望、一衆到此諷経、曰準開山、依之開山像無可安之地、安僧堂聖僧龕裏、称聖僧、故旦望四節、就于方丈諷経、掛真於殿上之中間、置高□献茶湯・香華・灯燭、諷経了鳴堂前鐘、赴万休庵諷経、雖然三月八日開山忌、鋪設法□、法座上安木像、無巡見儀式、中間設祭筵、至晩宿忌鳴鼓、献特為茶湯、「臨斎鳴大」小鐘集衆、

打鼓点供、鳴鈸東西両班出班上香、鳴鈴三下、一衆大展三拝、達磨忌、仏光(無学祖元)・仏国両忌、大低同、就方丈一衆斎筵、只開山忌、日前一衆晩飧献粥「点心設異」之、十二月五日、虎渓忌、万休庵有斎、八月十二日、檀那忌、一衆晩炊、献粥点心熱麵、斎会一番座了鳴堂前鐘、僧衆赴円成寺開山塔摠持院諷経、此時沙喝年中之活楽也、正月・十二月、有一衆渡諷経、五月廿二日、々輪寺殿(北条高時)年忌、迨(逮)夜半斎、同檀那忌、法堂中間祭筵、一衆就方丈有斎、

一万休庵、虎渓師道場也、擬開山塔、其事見前、師位只住報国爾、浄智寺(相模国鎌倉郡)帖到来、固辞不就、故金竜石室(善玖)大禅匠、賛師像云、辞浄智名重諸方、雖然開山祖付以的伝衣、嗣承旨無可疑歟、上古皆如此、韜光以勤謙譲、専道徳行徳才徳、不為位次、今也行学都無者、百計千謀、上高位、不管僭上譛(謗カ)、

因茲行学日廃哉、師姓菅家、名元義、号虎渓、才智優長、禅機独脱、会下尤者四員、一広本、字立翁、住浄妙寺、塔曰瑞竜庵、一広喜、字咲花、塔曰永明庵、住清見寺（駿河国）、一広鞏、字石牛、開山宝寿寺、一自欽、字喝岩、位至建長、塔曰呑月庵、報国祖亦有四聖、在中（広衍）・在天（天用広運）・虎渓・東洲（妙昕）、此等皆住持一方、播誉四裔、其外雖多不抜群、少林亦四得、孔門亦四科、「何其然哉、」

〇本文中「」の部分は、現在欠損しているので、鎌倉市史史料編第三に拠って補入した。なお原本にある返点・送仮名は省略した。

○二〇九　日俊願文　〇下総中山法華経寺文書

南無多宝如来　　伊与
南無妙法蓮華経
南無釈迦牟尼仏　　日俊
建武二年大才乙亥三月九日

○二一〇　雑訴決断所牒　〇伊豆三島大社文書

雑訴決断所牒　　伊豆国衙
三嶋（田方郡）社神主盛親代実法申、当社領北中村（同郡）・安富（同郡）・鶴喰（同郡）・糠田（同郡）・御薗（君沢郡）・長前（田方郡）弁宮倉（君沢郡）神護以下社辺敷地等事副重解状具書
牒、当社神主職幷社領等、先度盛親所預　勅裁（後醍醐天皇）也、而資盛々行等令濫妨云々、太不可然、早止彼等之妨、宜沙汰付盛親者、以牒、
建武二年三月十二日　　前加賀守三善朝臣（町野信宗）
刑部卿源（久我長通）「朝臣」（自署）　　和泉守藤原朝臣（小田時知）（花押）
大外記中原朝臣（師利）（花押）
参議右大弁藤原朝臣（坊門清忠）（花押）　　左中弁藤原朝臣（中御門宣明）

○二一一　藤原某奉書　〇桜井市作氏所蔵色部文書

越後国凶徒蜂起事、□新田□□也、早従□□（相）催一族等、可被□軍忠之由所候也、（仍）□執達如件、
建武二年三月十二日　　藤原□
色部三郎（長倫）殿

○二一二　某願文　○下総中山法華経寺文書

（異筆）
「建武弐年□（乙）亥三月十四日「
為奉納多宝如来「
釈迦・多宝二仏造「
たくまの常陸法印□「
大仏師因幡法橋殿円「
同播摩（磨）法橋応祐「
土佐成尊」
なむめうほうれん「　」
なむたほうによ（らい）「
なむめうほうれん「
なむたほうによら「
□「
の「
南無妙法蓮「

○二一三　某願文断簡　○下総中山法華経寺文書

南無「
南無「
南無釈迦「
□（南）無多宝「
二仏御身「
奉参「
□令成仏「
建武「

○二一四　脇屋義助願文写△　○駿河丸子神社・浅間神社文書

今度為鎌倉追討、当所（駿河国駿河郡カ）丸子神社天暦任霊（例）、行光造太刀一振寄進之、武運長久篠塚五郎承之、宮仕子神尾蔵人於神前永代祈禱可有者也、

建武二乙亥三月十五日

脇屋治部

源義助花押

丸児神社広前

○二一五　記録所寄人結番定書写　○建武記

記録所被定下寄人結番事

一番一日、二日、十一日、十二日、廿一日、廿二日

右小弁(少)正経朝臣(藤原)　左大史冬直宿禰(小槻)　新大外記師治(押小路)

佐渡判官代秀清(中原カ)　六位史清原康長(三条)

二番三日、四日、十三日、十四日、廿三日、廿四日

実夏朝臣(洞院)　清大外記頼元(五条)　大夫判官明成(姉小路)

時知(小田)

三番五日、六日、十五日、十六日、廿五日、廿六日

宣明朝臣(中御門)　匡遠(小槻)　近衛大夫判官職政(中原)

土佐守兼光(山城)

四番七日、八日、十七日、十八日、廿七日、廿八日

光守朝臣(高倉)　大外記師利　章香(中原)

正成(楠木)

五番九日、十日、十九日、廿日、廿九日、卅日

蔵人右少弁藤長(甘露寺)　大外記師右(三条)　大判事明清(豊前大夫判官)

伯耆守長年(名和)

右各守結番、毎日無懈怠可祇候当所、於評定一日、七日、十一日、十七日、廿一日、廿六日・庭中三日、十三日、廿三日・越訴八日、十八日、廿八日・対決九日、十九日、廿九日等日者、可皆参之由所被定也、各可被存知之状如件、

建武二年三月十七日

記録所庭中事、五畿七道被置式日了、一道三ケ日也、

○二一六　新阿弥陀堂供僧以下料田坪付注文　○相模証菩提寺文書

相模国山内(鎌倉郡)本郷新阿弥陀堂供僧以下料田坪付事

讃岐僧都行弁分屋敷本郷宇津尾堀大堀方

田二町　三段白山堂　五段柳坪　三段猪鼻　三段笠間　六段志比礼

大夫法印昭弁分　屋敷本郷田所讃岐房跡竹内

田二町　一町鍛冶谷口　四段白山堂　二段桂口　四段杜木

三位律師実修分　屋敷本郷桜井大堀方

田二町　一段白山堂　一段大加夫木　四段梅沢　五段飯嶋　二段小櫪町　三段岩瀬　三段鍛冶谷

承仕

明教分　屋敷本郷

田一町　一段岩崎　三段曾利町　二段桂入　二段櫪町　一段子神前

道円跡分　屋敷本郷在之

田一町　二段大桂入　一段西楼橋　二段小子神前　二段白山堂　二段加夫木

下部

鏡法分

田一町　二段後田　二段櫪町　一段具所　三段猪鼻　二段鍛冶谷口

建武二年三月十八日

〇二一七　竹田津道景打渡状　〇豊後竹田津文書

(端裏書)
「竹田津諸次郎入道請文」

豊後国香地庄(国東郡)地頭職参分弐(河越安芸入道跡)、豊前六郎貞広(田原)勲功事、去年十一月廿五日綸旨(後醍醐天皇)・同月廿八日任御施行(大友貞載)之旨、一方御使相共都甲弥次郎入道、去年正月十六日莅彼所、貞広沙汰付候

畢、以此旨可有御披露候、恐惶謹言、

建武弐年三月廿六日　沙弥道景(竹田津)請文（裏花押）

〇二一八　竹田津道景打渡状　〇豊後竹田津文書

(端裏書)
「竹田津諸次郎入道請文」

豊後国香地庄(国東郡)地頭職参分壱(河越安芸入道跡)、豊前七郎貞挙(田原)勲功事、去年十一月廿五日綸旨(後醍醐天皇)・同月廿八日任御施行(大友貞載)之旨、一方御使相共都甲弥次郎入道、去年正月十六日莅彼所、貞挙沙汰付候畢、以此旨可有御披露候、恐惶謹言、

建武二年三月廿六日　沙弥道景(竹田津)請文（裏花押）

〇二一九　足利尊氏寄進状案　〇相模宝戒寺文書

奉寄　円頓宝戒寺(相模国鎌倉郡)

相模国金目郷(淘綾郡)半分事

右、相模守高時(北条)法名崇鑑天命已尽、秋刑忽臻、是以、当今皇帝(後醍醐天皇)被施仁慈之哀恤、為度怨念之幽霊、於高時法師之旧居、被建円頓宝戒之梵宇、爰尊氏(足利)奉武将之鳳詔、誅逆徒之

梟悪、征伐得時、雄勇遂功、然間滅亡之輩、貴賤老幼男女僧
俗不可勝計、依之割分金目郷、所寄宝戒寺也、是偏宥亡魂之
恨、為救遺骸之幸也、然則
皇帝久施殷周之化、愚臣早固伊呂(伊尹・呂尚)之功、仍奉寄如件、
建武二年三月廿八日　参議源朝臣(足利尊氏)在御判
円頓宝戒寺上人(恵鎮)

○本文書は、七五八号文書と同紙に書かれている。

○二二〇　雑訴決断所牒　○斎藤実寿氏所蔵黒川文書

雑訴決断所牒　越後国衙
長井福河斎藤三郎実利法名円心申、和田彦四郎茂真、令押領当国
奥山庄(蒲原郡)内黒河条地頭職事
牒、円心帯譲状公験等、知行無相違之処、茂真元弘三年八月
以来、非分押領云々、太無其謂、早停止彼監(濫)妨、沙汰居円心
代、可被申散状者、以牒、
建武二年三月廿九日　三善(飯尾貞兼)(花押)
民部卿藤原(吉田定房)　左衛門尉平(花押)
右京大夫藤原朝臣(三条実任)(花押)　采女正中原(重尚)(花押)
正三位藤原朝臣(日野資明)(花押)　左衛門大尉中原朝臣(章方)(花押)
大外記中原朝臣(師右)(花押)
前伊勢守小槻宿禰(言春)(花押)
右少弁藤原朝臣(甘露寺藤長)(花押)

○二二一　市河助房着到状　○本間美術館所蔵市河文書

為対治　朝敵、可馳参之由、就被成御催促、去月廿九日、以
甥市河三郎助保為代官、馳参船山(信濃国埴科郡)、付御着到候畢、依之、今
月四日、市河刑部大夫助房・同舎弟左衛門九郎倫房・同左衛
門十郎経助、相具子息家人等、自善光寺(水内郡)奉馳付、同八日於常(同郡)
岩北条致軍忠、令破却城墎畢、将又就苻(府)中騒動、同十六日、
御発向之間、到于浅間宿(筑摩郡)同奉馳付候畢、仍着到之状如件、
建武二年三月　日
「承了(証判)(花押)」

○二二二　市河助房・同経助着到状　○本間美術館所蔵市河文書

着到

市河刑部大夫助房

同左衛門十郎経助

右、信濃国水内郡常岩凶徒等為対治、致軍忠候、幷至于苻(府)中

令馳参候畢、仍着到如件、

建武二年三月　日

(証判)「承了(小笠原兼経)(花押)」

○二二三　後醍醐天皇綸旨案　○長門佐々木文書

上総国武射(武射郡)北郷一円知行不可有相違者、

天気(後醍醐天皇)如此、悉之、以状、

建武二年四月三日　大膳大夫御判

佐々木(導誉、高氏)佐渡大夫判官入道館

○二二四　後醍醐天皇綸旨　○下野皆川文書

下野国長沼庄(芳賀郡)用水事、停止同国中村庄(同郡)地頭小栗掃部助重貞違

乱、任先例可全耕作業者、

天気(後醍醐天皇)如此、悉之以状、

(建武二年)四月十日　右中将(吉田宗房)(花押)

長沼判官(秀行)館

○二二五　越後国国宣　○斎藤実寿氏所蔵黒川文書

長井福河斎藤三郎実利法師法名円心申、和田彦四郎茂真、令押領

越後国奥山庄(蒲原郡)内黒河条地頭職事、決断所牒副申状如此、早任被

仰下之旨、停止茂真濫妨、可沙汰付円心代於当所之由、国宣(新田義貞)

所候也、仍執達如件、

建武二年四月十三日　左衛門尉(花押)

源(花押)

沙弥(花押)

謹上　御目代殿

○二二六　光信請取状案　○神奈川県立金沢文庫保管称名寺文書

（異筆）「同前」
銘云、御使伊北三郎所進之、　建武二　四　廿五

請取　東六郎盛義跡上総国周東郡下村西方三分壱・波多沢、
南東・子安・馬込・深谷・胡麻窪以下田畠在家山野等事
右、所々四至堺、任本御使伊勢弾正忠宗継所進目六帳等、自当御使伊北三郎常信・魚道七郎常綱方、今年二月十二日請取之処、同十七日、焼払代官住宅、立還而令押領之間、重申子細之刻、盛義子息弥六胤義無理庭中之間、同三月廿日、被召決両方於庭中御座、遂問答之処、被弃捐胤義申状、可被付下地於寺家之由、依被仰出之、重任御引付御教書等之旨、自先御使常信・常綱方、如元且所請取之如件、

建武二年卯月十九日　　金沢称名寺雑掌光信（在裏判）

○本文書は具書案で、一二三〇号文書の次に在り、紙継目裏に花押がある。

○一二二七　光信請取状案　○神奈川県立金沢文庫保管称名寺文書

（異筆）「同前」
銘云、御使魚道七郎所進之、　建武二　四　廿五

請取　東六郎盛義跡上総国周東郡下村西方三分壱・波多沢・
南東・子安・馬込・深谷・胡麻窪以下田畠在家山野等事
右、所々四至堺、任本御使伊勢弾正忠宗継所□（進目六）帳等、自当御使伊北三郎常信・魚道□（七）郎常綱方、今年二月十二日請取之処、同十七□（日）焼払代官住宅、立還而令押領之間、重□（申）子細之刻、盛義子息弥六胤義無理庭中□（之）間、同三月廿日被召決両方於庭中御座、遂問答之処、被弃捐胤義申状、可被付下地於寺家之□（由）、依（被脱カ）仰出之、重任御引付御教書等之旨、自先御使常信・常綱方、如元且所請取之如件、

建武二年卯月十九日　　金沢称名寺雑掌光信（在裏判）

○本文書は具書案で、前号文書の次に在り、紙継目裏に花押がある。

○一二二八　葉室光顕御教書写　○島原図書館所蔵寺院証文二

常陸国中郡（茨城郡）庄内栄福寺院主職事、旧誉当知行不可有相違由、
葉室宰相（光顕）殿所候也、仍執達如件、

建武二年四月廿二日　　前出羽守親兼

〇二二九　伊北常信請文案　〇神奈川県立金沢文庫保管称名寺文書

(異筆)「同前」
銘云、
御使伊比(北)三郎請文　　建武二　四　廿五

金沢称名寺(武蔵国久良岐郡)雑掌光信申上総国周東郡下村西方三分壱弁子安村事、可渡付□□(光信)之由、重被仰下之間、今月十九日魚道七郎(常綱)相共莅彼所、渡付光信、所令執進請取状也、次押領事、東六郎胤義不居住当所候之間、雖相触在所候、不出対之上者、押領有無不及尋承候、若是偽申(条脱)候者、可罷蒙　妙見八幡御罰候、以此旨可有御披露候、恐惶謹言、

建武二年四月廿五日　　平(伊北)常信　請文
在裏判

〇本文書は具書案で元徳二年五月二日の武蔵称名寺雑掌光信所領請取状案の次にあり、紙継目裏に花押がある。

〇二三〇　魚道常綱請文案　〇神奈川県立金沢文庫保管称名寺文書

(異筆)「同前」
(銘云)□
御使魚道七郎請文　　建武二　四　廿五

建武二年四月

金沢称名寺(武蔵国久良岐郡)雑掌光信申上総国周東郡下村西方三分壱弁子安村事、可沙汰付光信之由、重被仰下間、任御教書旨、今月十九日伊北三郎常信相共莅彼所打渡之、所令執進請取状也、次押領実否事、東弥六胤義不居住当所之間、以使者雖相触在所、不出対之間、押領有無不存知之候、此条若偽申候者、可蒙二所八幡御罰候、以此旨可有御披露候、恐惶謹言、

建武二年卯月廿五日　　平(魚道)常綱　請文
在裏判

〇本文書は具書案で、前号文書の次にあり、紙継目裏に花押がある。

〇二三一　斎藤実利・平氏連署譲状　〇斎藤実寿氏所蔵黒川文書

越後国奥山庄(蒲原郡)内黒河条地頭職者、円心かくへち相伝の所領也、しかるを実子なき上、女房平氏のおい(甥)たるによて、南保三郎右衛門尉重貞を養子として、未来所譲与也、但円心ならひに女房一この程ハ、此ところの得分半分、毎年ニ無未進沙汰しのほせて給候へ、残半分をハともかくも進退たるへく候、此所は嘉暦三年八月所労の時、女房ニてうとの証文を相副て、一円ニゆつりわたし候あいた、すてに外題安堵を申給候によ

て、此状ニ女房判きやうをくわへて、一期のうちは、一円ニ彼証文をあひそへ候て、知行さをいあるましく候、このほかいかなる人出来、子細を申候とも、此状ニ女房証判をのせ候上は、自余ハ其をりニ申おこなせ(は脱カ)給候へ、仍為後証自筆之譲状如件、

建武二年卯月廿七日　沙弥円心(斎藤実利)（花押）

平氏（花押）

○二三二　尼蓮一申状案写　○賜蘆文庫文書九所収称名寺文書

(端裏書)「尼蓮一申状　建武二四十」

海上中務入道理一女子尼蓮一言上

欲早任蓮一相伝証文幷安堵下知状蒙御成敗、金沢称名寺代官光信非分知行下総国(香取郡)東庄上代郷内田八段半、在家一宇事

副進　二通沽券状案

二通安堵下知状案

右、田在家等者、去正和参年九月十八日東六郎盛義沽却、同十一月二日安堵下知状、同四年十月十五日沽券状、同五年七月廿三日下知状、無相違之間、送知行年序之処、依盛義罪科、所領三分一、盛義被収召之、被寄進称名寺(武蔵国久良岐郡)之処、称有盛義渡残田地、致光信濫訴、閣盛義当知行、以蓮一沽却安堵地、掠申御使、及光信非分知行之間、為斎藤九郎兵衛尉基連奉行、可被返渡之由、被経沙汰最中、基連死去之間、為安威左衛門尉奉行、有其沙汰之刻、依世上動乱、未落居也、結句又始而在家一宇、自去年十月押領之条、旁以無謂次第也、然則被経沙汰、任蓮一相伝証文・下知状等、不日仰御使、被打渡彼田在家、為蒙御裁許、恐々言上如件、

建武二年四月　日

○二三三　美濃国茜部庄百姓等起請文　○大和雑輯東大寺文書

(端裏書)「茜部庄(美濃国厚見郡)百姓等起請」

敬白　記請(起、下同ジ)文事　再拝々々

右、件記請文元者、若以申状申上候之旨、御百姓等一言いとわりを申上候物ならハ、

奉驚上梵(天脱)・帝尺、下淡(琰)魔(閻魔)法王・五道大神・王城鎮守八幡大菩

薩、賀茂・春(日脱)・稲荷・北野・日吉山王七社、殊別ハ伊勢天照大神・熊野・白山・伊豆・古(宮)根・三嶋権現、当国鎮守南宮法性大菩薩、当庄鎮守八幡大菩薩、惣日本六十余州大小神御はちを、各身中八万四千毛穴毎、可罷蒙候、仍記請文之状如件、

建武二年四月　日

右馬入道（花押）　左近入道（花押）　右近入道（花押）
太夫次郎（略押）　孫左近（略押）　大夫太郎（略押）
六郎太夫（略押）　平次郎（略押）　得宮内（略押）
弥次郎権守（略押）左近五郎（略押）　新藤内（略押）
熊犬進士（略押）　大夫入道（略押）　源次郎（略押）
市熊入道（略押）　藤内入道（略押）　明心房（略押）
孫太夫（略押）　右馬次郎（略押）　三郎宮内（略押）
四郎入道（略押）　五郎次郎入道（略押）　宮内藤内（略押）

○「伊豆・古根・三嶋権現」とあるので、ここに収める。

○二二三四　湛睿書状　○神奈川県立金沢文庫所蔵華厳演義抄二上纂釈第四紙背文書

一忍性菩薩三十三廻(建武二年)之御仏事、一日以性心房被触申候了、兼令申候し用途十貫文、便宜の憶ニ候ハんにれん〱可替賜候、凡寺中。(寺外)惣別上下、相構御慎候て、真俗御興行、面々可令励給之由、可被加御詞候、恐々謹言、

五月二日　沙門湛睿（花押）

謹上　輪如御房

○本文書は墨線で紙面を抹消されている。なお忍性は嘉元元年（一三〇三）七月十二日に没している。

○二二三五　足利尊氏寄進状　○山城慈心院文書

(付箋)「等持院殿尊氏公」

奉寄　(山城国)清水寺

相模国(大住郡)糟屋庄豊部郷内雑色藤五跡田地事

右、為祈一天之太平、当家之長久、所寄附如件、

建武弐年五月七日　(足利尊氏)参議（花押）

○二二三六　信濃国国宣　○山城大徳寺文書

（花押）

(信濃国佐久郡)当国伴野庄地頭職濫妨事、綸旨案文(副妙超上人申状具書)如此、早任被

仰下之旨、可令尋沙汰之旨、国宣所候也、仍執達如件、

(建武二年カ)五月七日　散位景盛奉

謹上　信濃国目代殿

○二三七　尼妙円申状案　○長門佐々木文書

佐々木能登前司宗綱女子尼妙円謹言上

欲早成給国宣、備永代亀鏡全領掌、相伝当知行所領武蔵国(橘樹郡)太田渋子郷間事

副進

二通　譲状・御下知案

右、郷者、相伝当知行之地也、随而云当知行之実否、云支申之仁有無、被尋問証人佐々木能登五郎泰綱之処、請文無相違上者、早成給国宣、為備向後亀鏡、恐々言上如件、

建武二年五月十五日

(裏書)「任此状可被領掌之状如件、

建武二年六月十日

(足利尊氏)等持院殿様

御判」

○二三八　市河助房等着到状　○本間美術館所蔵市河文書

着到

市河刑部大夫助房

同左衛門九郎倫房

同左衛門十郎経助

右、所令馳参候也、仍着到如件、

建武二年五月十六日

(証判)「承了(小笠原兼経)(花押)」

○二三九　市河経助・同親房着到状　○本間美術館所蔵市河文書

着到

市河刑部大夫助房代舎弟左衛門十郎経助

同左衛門九郎倫房代子息弥三郎親房

右、所令馳参候也、仍着到如件、

建武二年五月十六日

「承了（証判）（花押）（吉良時衡）」

○二四〇　後醍醐天皇綸旨写　○賜蘆文庫文書九所収称名寺文書

円覚寺（相模国鎌倉郡）為住持職、宜致仏法之興隆、奉祝▨（王）道之泰平者、
天気（後醍醐天皇）如此、仍執達如件、

建武二年五月十八日　大膳大夫（中御門経季）（花押影）

大川上人（道通）禅室

○二四一　度会氏女代貞清売券写　○鏑矢伊勢宮方記

永沽却渡下総国相馬（相馬郡）御厨口入分内布代事、

合弐貫文者、但毎年分也、

右件口入職者、元松木長官後家也、而以去応長元年十月日、自僧春恵之手、親父淵貞神主買得、知行送年序畢、爰自彼御手、雖処分給之、為故親父負物弁償、限直銭拾参貫弐百文、馬上師阿闍梨御房仁相副処分状案并次第相伝証文、後家相共調連署、永所令沽却実正也、後日更不可有其煩、若違乱之事者、不謂年記、以本銭一倍、可令糺返、全不可及異論者也、仍為末代沽券之状如件、

建武弐年乙亥五月　日　一女子度会氏女代貞清在判

後家度会氏女判

○二四二　高師直副状　○埼玉県立文書館所蔵安保文書

今度於四条河原（山城国）、抽諸卒軽一命手柄之太刀打、無比類之働、則達　上聞、御感之　御書被成、御自筆・御太刀被下候、可備後証之旨也、如件、

建武二年六月三日　武蔵守師直（高）（花押）

安保肥前権守（直実）殿

○二四三　陸奥国国宣　○陸奥相馬文書

（花押）（北畠顕家）

行方郡（陸奥国）事、可令奉行条々、載事書被遣之、得其意、可被申沙汰者、国宣（北畠顕家）如此、仍執達如件、

建武二年六月三日　右近将監清高奉

相馬孫五郎（重胤）殿

○二四四　陸奥国国宣　○陸奥相馬文書

(北畠顕家)
(花押)

伊具(陸奥国)・曰(亘)理・宇多・行方等郡、金原保検断事、事書遣之、早
武石上総権介胤顕相共、守彼状可致沙汰者、国宣(北畠顕家)如此、仍執
達如件、

建武二年六月三日　右近将監清高奉
相馬孫五郎(重胤)殿

○二四五　新田義貞寺務職補任状　○上野長楽寺文書

上野国(新田郡)長楽寺々務事、任先例可令住持給候、謹言、
(建武二年)六月十日　治部大輔(新田義貞)（花押）
東栄寺(相模国鎌倉郡)長老了愚上人

○二四六　上野国国宣　○上野長楽寺文書

□(上)野国大胡郷(勢多郡)内野中村地頭職事、長楽寺(新田郡)了愚上人禅庵(新田)義貞寄
進被聞食了、不可有相違之由　綸旨如此、早可被沙汰付之旨、
国宣(新田義貞)所候也、仍執達如件、

建武二年六月十九日
平（花押）
源（花押）
沙弥（花押）

謹上　御目代殿

○二四七　後醍醐天皇綸旨　○山形大学所蔵中条家文書

越後国奥山庄(蒲原郡)中条村々、□(阿)波国勝浦山(勝浦郡)、相模国津村(鎌倉郡)□(已)下地頭
職、三浦和田三郎茂継□(如)元可令知行者、
天気(後醍醐天皇)如此、悉之、以状、

建武二年六月廿日　右少弁(甘露寺藤長)（花押）

○二四八　北畠顕家御教書　○飯野八幡宮所蔵飯野家文書

伊賀三郎盛光申陸奥国好嶋庄八幡宮造営事、訴状如此、子細
見状、当社回禄云々、所申無相違者、任先例可終造畢、若有
子細者、可弁申之状、仍執達如件、

建武二年六月廿九日　左近将監（花押）
好嶋庄東西地頭預所中

〇二四九　良意大番用途切符　〇相模覚園寺所蔵戌神将胎内文書

（端裏書）「いほうとの」
七月おほはん《大番》ようとう《用途》のきりふ《切符》
いほう《伊北》殿　六百八十六文　建武二年六月　日

〇二五〇　市河助房・同経助着到状　〇本間美術館所蔵市河文書

「承了」《証判》
着到
市河刑部大夫助房
同左衛門十郎経助
右、依国司御下向、所馳参、着到如件、
建武二年六月　日
「平顕直（花押）」
〇証判と同筆で、「国司侍所大夯《友カ》大炊五郎」との付箋がある。

〇二五一　良意大番用途請取状　〇相模伊沢文書

おさむ　七月大番用途事
建武二年七月
合陸百捌十六文者
みき、いほうとの《伊北殿》、御分かいなう《皆納》如件、
けんむにねん七月一日　りやうい《良意》（花押）

〇二五二　後醍醐天皇綸旨　〇相模円覚寺文書

以円覚寺《相模国鎌倉郡》舎利殿、可為開山《無学祖元》塔頭之旨、
天気《後醍醐天皇》所候也、仍執達如件、
七月八日《建武二年》　左中将具光《中院》
夢窓《疎石》和尚

〇二五三　後醍醐天皇綸旨　〇京都大学総合博物館所蔵古文書纂十二

山城国鳥羽殿領　伊与国宇和庄《宇和郡》
同国宇磨庄《宇摩郡》　周防国山代庄《玖珂郡》
河内国新開庄《河内郡》　同国池田庄《茨田郡》
播磨国太田庄《揖東郡》　丹波国時恒保
山城国桂新免《葛野郡》　宇治真木嶋《山城国久世郡》
摂津国富松庄《河辺郡・武庫郡》　同国吹田西庄《島下郡》同倉殿

肥後国山鹿（山鹿郡）庄　紀伊国仲村神浪郷（名草郡）同橋本河辺
近江国田中庄　下総国印東（印旛郡）庄
美濃国飛騨瀬庄　同国郡戸庄内下切
能登国一青（鹿島郡）庄　同大泉（羽咋郡）南庄
伊勢国日置（一志郡）庄　同国黒坂（度会郡）
阿波国田井（三好郡）庄　同浦（名西郡）庄
筑前国感多（鞍手郡）庄　備前国通生（児島郡）本庄
武蔵国榛谷（都筑郡・橘樹郡）御厨　駿河国小（楊カ）摂津（志太郡）御厨
下野国佐野（安蘇郡）庄　伯耆国稲積（久米郡）庄
筑前国楠橋（遠賀郡）庄　越前国富田（大野郡）庄

右、所々管領不可有相違者、依
天気（後醍醐天皇）言上如件、具光（中院）謹言、
建武二年七月十二日　左中将（中院具光）（花押）
進上　右兵衛督（西園寺公重）殿

○二五四　雑訴決断所牒　○山形大学所蔵中条家文書

雑訴決断所牒　越後国衙「守護」（異筆）
三浦和田三郎茂継申、当国奥山（蒲原郡）庄内中条地頭職事副中状具書
牒、任去六月廿日綸旨（後醍醐天皇）、可沙汰居者、以牒、
建武二年七月十二日
民部卿藤原（吉田定房）「朝臣」（自署）　左衛門尉平（花押）
散位宇佐宿禰
采女正中原（重尚）
右京大夫藤原（三条実任）朝臣（花押）　左衛門大尉中原朝臣（章方）（花押）
大外記中原朝臣（師右）（花押）
前伊勢守小槻宿禰（言春）（花押）
正三位藤原（日野資明）朝臣（花押）　右少弁藤原朝臣（甘露寺藤長）

○二五五　後醍醐天皇綸旨写　○甲斐久遠寺文書

妙顕寺（山城国）為勅願寺、殊弘一乗円頓之宗旨、宜凝四海泰平之精祈
者、天気（後醍醐天皇）如件、悉之以状、
建武二年七月十四日　民部権大輔（定親）
日像上人御房（妙顕寺）

○二五六　益田兼世証状　○東京大学史料編纂所所蔵益田文書

石見国益田庄（美濃郡）宇地村地頭尼是阿相伝文書等、為沙汰、被預置大内豊前権守長弘関東代官因幡法橋定盛之処、元弘三年五月廿三日動乱之時、定盛於鎌倉（相模国）死去之間、彼手継文書以下、六波羅下知等、悉令紛失之由事、承及候畢、仍為向後支証状如件、

建武二年七月十七日　　兼世（益田）（花押）

○二五七　足利尊氏袖判御教書　○足利市民文化財団所蔵文書

（足利尊氏）（花押）

足利庄（下野国足利郡）内簗田郷簗田平兵衛尉跡御得分事、被免許之由候也、仍執達如件、

建武二年七月廿日　　師直（高）奉

播磨局

○二五八　越後国国宣案　○山形大学所蔵中条家文書

建武二年七月

（異筆、校正了カ）「同前」

三浦和田三郎茂継申、越後国奥山庄（蒲原郡）内中条地頭職事

決断所御牒副申状具書案如此、早任被仰下之旨、可被沙汰居茂継於当所之由、国宣（新田義貞）所候也、仍執達如件、

建武二年七月廿日　　左衛門尉在判

源

沙弥在判

（墨引影）

『船田入道』
御目代殿（船田善昌、義昌）

○紙継目に門真寂意の裏花押がある。

○二五九　越後国国宣案　○山形大学所蔵中条家文書

（異筆、校正了カ）「同前」

三浦和田三郎茂継申、越後国奥山庄（蒲原郡）内中条地頭職事

決断所御牒副申状具書案如此、早任被仰下之旨、可被沙汰居茂継於当所之由、国宣（新田義貞）所候也、仍執達如件、

建武二年七月廿日　　左衛門尉在判

源

建武二年七月

『守護代』由良入道殿

沙弥在判

○二六〇　沙弥蓮一神馬寄進状　○香取芳忠家文書

(端裏書)「□　□」

敬白

香取(下総国香取郡)大明神御宝前引進神馬事毛鴾

右願者、付公私為息災安穏、但所奉仰神慮之冥助也、乞願垂
哀愍、立所令成就祈請給、仍引進神馬之状如件、

建武弐年七月廿九日　沙弥蓮一（花押）

○二六一　市河助房等着到状　○本間美術館所蔵市河文書

着到

市河刑部大夫助房
同左衛門九郎倫房
同子息五郎長房

右、諏方祝幷滋野一族等依企謀反、今月七建武二十三日、馳参
守護御方之処、同十四日、為保科弥三郎・四宮左衛門太郎大
将、押寄青沼(埴科郡)之間、奉付守護信濃守(小笠原貞宗)御手、追落之、同日八幡(更級郡)
河合戦幷篠井(同郡)・四宮河原合戦、毎度馳渡千熊河(千曲川)、懸先令対治
朝敵等畢、同十五日八幡河合戦同尽忠節候畢、将又於福井河(埴科郡)
原、助房被切落之間、倫房射落其敵之条守護御方御見知上者、
不可有御不審、随而至于同廿二日、村上人々相共致軍忠候畢、
仍状如件、

建武二年七月　日

「承了(証判)（花押）(小笠原貞宗)」

○二六二　東大寺年預五師顕寛請文土代　○東大寺図書館所蔵東大寺文書

(端裏書)「朝敵追討御祈禱請文土代　建武二八三」

信濃国凶徒頼重(諏訪)法師以下輩追討之間、可致懇祈之由事、七月
廿八日　賜預了、綸旨今日辰刻到来、此事忩可披露候之処、依興福寺
発向事、当寺失面目之間、老若悉交山林、不止跡於寺門候、
仍。雖無所于披露候、於少々相貽宿老等者、殊以此之趣可被洩披露候歟、可為何様候哉、恐惶謹言、

（建武二年）八月四日　　　年預五師顕寛

可致抽国家安全懇祈之由評定候也、

○二六三　陸奥国国宣　○伊勢結城神社文書

（北畠顕家）（花押）

結城摂津（盛広）入道跡事、与同坂東凶徒之由有其聞、落居之程、所被預置也、可被存知者、依　国宣（北畠顕家）執達如件、

建武二年八月九日　　　右近将監清高奉

上野入道（結城道忠、宗広）殿

○二六四　足利尊氏軍勢催促状写　○国立国会図書館所蔵有造館本結城古文書写

高時（北条）法師一族以下凶徒等事、為追罰所令発向也、早相催一族、不日可馳参之状如件、

建武二年八月十日　　　源朝臣（足利尊氏）（花押影）

那須下野太郎（資家カ）殿

○二六五　北条時行奉行人連署安堵状　○相模明王院所蔵法華堂文書

右大将家（源頼朝）法花堂（相模国鎌倉郡）禅衆清弁申相模国林郷（三浦郡）大多和村内田在家事、為寺領之処、有違乱之仁云々、甚無謂、所詮関東静謐之上者、如元可令知行、若於不拘制止輩者、就注申交名、可被処罪科状如件、

正慶三年（建武二年）八月十二日　　　宏元（花押）

貞宗（花押）

高泰（花押）

○二六六　雑訴決断所牒　○本間美術館所蔵市河文書

雑訴決断所牒　信濃国守護所

城興寺（山城国）所司等申当国倉科庄（埴科郡）事副下訴状具書

牒、就所司等之訴、欲被召決両方之処、如意寺僧正雑掌令遁避数ケ度出対、終以不及参決、此上判待之法、頗似無尽期歟、早可点置論所者、牒送如件、以牒、

建武二年八月十四日　　　修理進藤原

中務丞三善
右大臣藤原（洞院公賢）「朝臣」（自署）　散位菅原朝臣（花押）
大納言源（堀河具親）朝臣　散位藤原朝臣（宗成ヵ）（花押）
文章博士平（姉小路惟継）朝臣　左近将監大江朝臣
左衛門権少尉中原朝臣（花押）
大外記兼博士備中守清原真人
参議左大弁藤原（九条実治）朝臣（花押）　左少弁藤原朝臣

○二六七　某安堵状案　○常陸円密院文書

常陸国信太（信太郡）庄下条佐倉郷権現堂免田弐反・坊敷畠等事

僧祐海所

右、免田畠等者、任去正和三年三月十八日寄進状之旨、祐海令領掌彼田畠等、可致公私御祈禱精誠之状如件、

建武弐年八月十五日　在御判

○二六八　比野ヵ貞久打渡状案　○山形大学所蔵中条家文書

（異筆、校正了ヵ）「同前」

三浦和田三郎茂継申、越後国奥山庄（蒲原郡）内中条地頭職事、七月廿日之国宣（新田義貞）、同月廿四日任施行之旨、打渡候畢、仍渡状如件、

建武二年八月十五日　守護使貞久『比野九郎』　在判

○紙継目に門真寂意の裏花押がある。

○二六九　三浦時明寄進状　○相模鶴岡八幡宮文書

奉寄進　鶴岡八幡宮

上総国市東郡内年貢用途伍拾貫文事

右旨趣者、為天下安穏泰平、自身寿福長遠、息災康楽、子孫繁昌、奉寄進之状如件、

正慶三年（建武二年）八月十五日　若狭守時明（三浦）（花押）

○二七〇　足利尊氏関東下向宿次・合戦注文※　○国立国会図書館所蔵康永四年延暦寺申状紙背文書

足利宰相（尊氏）関東下向宿次

建武二八二進発

二日野路（近江国栗太郡）　三日四十九院（同国犬上郡）　四日垂井（美濃国不破郡）　五日同宿逗留

六日(尾張国中島郡)下津　七日(三河国碧海郡)八橋　八日(同国宝飯郡)渡津　九日(遠江国敷智郡)橋本合戦在之、
十日(同国豊田郡)池田　十一日(同国佐野郡)懸河　十二日(同国同郡)小夜中山合戦在之、　十三日(駿河国志太郡)藤枝
十四日駿川(河)国苻(府、下同ジ)合戦在之、　十五日(同国庵原郡)蒲原　十六日伊豆国(田方郡)□(府カ)　十七日(相模国足柄下郡)筥根合戦在之、
十八日相模川合戦在之、　十九日鎌倉下着、辻堂・片瀬原合戦在之、

合戦次第

九日、於橋本合戦在之、
千田太郎・安保丹後権守(光泰)等両人懸先高名之間、則浴恩賞了、
十二日、小夜中山合戦
分取高名人数
今河式部大夫入道(省誉、頼基)　佐々木佐渡判官入道(導誉、高氏)
宇津宮(都、下同ジ)参川権守(時綱カ)　宇津宮遠江前司(貞泰カ)
同兵庫助　長井治部少輔(時春)
凶徒大将備前新式部大夫入道(道源、貞義)佐竹上総入道打取之、
同侍大将宇津宮能登入道天野一族等打取之、参降人了、
十四日、駿河国苻合戦

分取高名人数
上杉蔵人修理亮(重顕)　細河阿波守(和氏)
高尾張権守(師兼)　大高伊与権守(重成)
高豊前権守(師久)　此外数輩在之、
高橋(駿河国庵原郡)・清見関(同郡)合戦同前、其夜興津宿(同郡)逗留、
凶徒大将尾張次郎自害
塩田陸奥八郎幷侍大将諏方次郎等生捕了、
十七日、筥根合戦
分取高名人数
一所水飲長井左衛門蔵人幷佐々木佐渡判官入道等高名、頸取輩在之、不知名字、
一々葦河上(所、下同ジ)(足柄下郡)大須賀左衛門尉懸先取頸了、頸取輩在之、不知名字、
一々大平下(同郡)武蔵国住人大類五郎左衛門尉以下一党高名、
一々湯本地蔵堂(同郡)片山兵庫以下御方数輩被疵了、云頸、云生捕、数輩在之、当所与宗之合戦也、
凶徒大将三浦若狭判官(時明)
今夜小田原(同郡)上山野宿(足柄上郡)

十八日、相模川合戦、今夜十間酒屋上野宿(高座郡)、

御方打死人数

今川式部大夫入道　小笠原七郎父子

小笠原彦次郎(長頼カ)父子　佐々木壱岐五郎左衛門尉

二階堂伯耆五郎(行脩)左衛門尉　同舎弟七郎(行登)

松本小次郎氏貞

此外流河死者数輩在之、

十九日、辻堂(高座郡)・片瀬原(鎌倉郡)合戦

御方打死人数

三浦葦名判官入道々円(盛員)　子息六郎(高盛カ)左衛門尉

土岐隠岐五郎(貞頼)　土岐伯耆入道孫(存孝、頼貞)兵庫頭、同舎弟、

味原三郎

手負人

佐々木備中前司父子　大高伊予権守

味原出雲権守　此外数輩雖在之、不知名字、

降人於清見関参之、

千葉二郎左衛門尉　大須賀四郎左衛門尉

海上筑後前司(師胤)　天野参川権守(貞村)

伊東六郎左衛門尉　丸六郎

奥五郎

諏方上宮祝三河権守頼重法師於大御

○二七一　大友貞載軍勢催促状　○出光佐三氏旧蔵宗像文書

依信濃国凶徒頼重(諏訪)法師已下輩反逆事、所被下綸旨(後醍醐天皇)御事書也、早任被仰下之旨、可被参洛候、仍執達如件、

建武二年八月廿日　左近将監(大友貞載)（花押）

○充所を闕く。

○二七二　小野寺顕通着到状　○上野小野寺文書

着到

下野国

小野寺八郎左衛門尉顕通

右、於武蔵国長井渡、十九日馳参候畢、仍着到如件、

建武二年八月廿日

「承了《証判》　（花押）」

○二七三　左衛門尉俊幸書状写　○常陸大宝八幡宮文書

校正了

此世上かうとおほして候しに、ふしきに如此候へ者、公私目出度存候、兼又代官にて候物、すてにちんしにあひ候へ□にて候けるに、たすけられまいらせて候よし承候へハ、此御をんいつのよまても申つくしかたく畏入候、この御をんいかにと仕候て、おくりまいらせ候へきと存候、身におき候てハ、はんしたのミ入まいらせて候、かい〳〵しく候ハすとも、これにての御ようハ、なに事にて候ともうけ給候へく候、代官をくたし候ハ、尚々も御ふちにあつかり候へく候、程もちかく候へハ、世上ちととりしつめ候て罷下候て、この思も申入候へく候、もしかまくらへ御のほり候ハヽ、御たつねにあつかり候へく候、石河左近入道殿御事、返々めてたく悦入て候、返々このたひの御心さしいかにと申入へきやらんわきまへす候、事々期後信候、恐々謹言、

（裏花押影）

建武二年八月

建武二《年脱カ》八月廿三日　左衛門尉俊幸在判

（裏花押影）

謹上　吉田別当御房（御坊）

（裏花押影）

○二七四　長沼朝実着到状　○陸奥長沼文書

「（花押）」《証判カ》

長沼安芸五郎朝実、為御方馳参候畢、将又惣領長沼大夫判官秀行為御方楯籠間、先立指遣代官成田五郎左衛門尉朝直以下若党候畢、可抽軍忠候、仍賜御一見状、為備後証候、注進如件、

建武二年八月廿四日　藤原《長沼》朝実

「承了《証判》　（花押）」

○二七五　一井貞政軍勢催促状△　○反町英作氏所蔵村山文書

信濃国凶徒蜂起之間、綸旨如此候、早相催一族、可被致軍忠之状如件、

建武二年八月廿六日　民部大輔貞政《一井》（花押）

建武二年八月

村山弥二郎（隆義）殿

○二七六　足利尊氏寄進状　○相模鶴岡八幡宮文書

寄進
鶴岡八幡宮
武蔵国佐々目郷（足立郡）美作権守知行分
右、為不冷座本地供料所、奉寄之状如件、
建武二年八月廿七日　源朝臣（足利尊氏）（花押）

○二七七　武石胤顕奉書　○飯野八幡宮所蔵飯野家文書

小平輩与同散在凶徒、楯籠安達郡（陸奥国）木幡山之間、相伴東海道勢、可対治之由、国宣如此候、仍明日廿九日可罷向候、相催一族、急速可被向候、仍執達如件、
建武二年八月廿八日　上総権介（武石胤顕）（花押）
伊賀式部三郎（盛光）殿

○二七八　後醍醐天皇綸旨　○柿沼幸衛氏所蔵小山文書

下野国可被国務者、
天気（後醍醐天皇）如此、悉之以状、
建武二年八月卅日　大膳大夫（中御門経季）（花押）
小山四郎（朝氏）館

○二七九　市河親宗軍忠状　○本間美術館所蔵市河文書

市河孫十郎親宗軍忠事
右、朝敵相模次郎（北条時行）幷信州諏方三河入道照雲（頼重）・同子息安芸権守時継以下凶徒等蜂起之間、去七月十三日、親宗最前馳参守護御方、属小笠原信濃守貞宗手、同十四日、於当国船山郷（埴科郡）青沼合戦手始、同日篠井河原（更級郡）・小四宮河原（同郡）合戦、同十五日八幡村（同郡）上河原合戦之時、致忠節候畢、而如此度々合戦致軍忠上者、賜御判備後証、恐々言上如件、
建武二年八月　日
「承了（証判）（花押）（小笠原貞宗）」

〇二八〇　陸奥国国宣写　〇秋田藩家蔵文書十岡本又太郎元朝家文書

『右近将監某奉書』
(北畠顕家)
(花押影)

伊達得江三郎蔵人頼景申、(陸奥国)岩崎郡徳宿肥前権守跡事、先度被仰之処、号庶子等支申、于今不打渡云々、何様事哉、不日莅彼所、守御下文之旨、可被沙汰付頼景代、使節及遅引者、可有其咎者、依(北畠顕家)国宣、執達如件、

建武二年九月六日　右近将監清高奉

加治五郎太郎殿

〇二八一　尼妙円申状案　〇周防佐々木文書

佐々木能登前司宗綱女子尼妙円謹言上

欲早成給国宣備永代亀鏡全領掌相伝当知行所領武蔵国太田渋子郷間事

副進

二通　譲状・御下知案

右郷者、相伝当知行之地也、随而云当知行之実否、云支申之仁有無、被尋問証人佐々木能登五郎泰綱之処、請文無相違上者、早成給国宣為備向後亀鏡、恐々言上如件、

建武二年九月十五日

(裏書)「任此状、可被領掌之状如件、

建武二年六月十日

等持院殿様
御判」

〇二八二　右京亮某施行状写△　〇武州文書十六所収教念寺文書

(畠山)阿波式部大□(夫カ)入道西蓮□(女)源氏申、上野国(甘楽郡)一宮内那波□田畠在家等事、早莅彼所、沙汰付源氏、可被執進請取状、使節緩怠者、可有罪科之状如件、

建武二年九月十六日　右京亮（花押影）

真下藤四郎殿

〇二八三　畠山氏系図※　〇武蔵教念寺文書

畠山阿波守――西蓮（阿波式部大夫入道）
├国清（阿波入道□）
├義深（尾張入道□率）――基国（右衛門佐）
├義清（左近大夫将監）（清義）――将監（左近将監貞清カ）
├国煕（播磨入道）（義カ）
└女子（号虎鶴法名幾阿弥陀仏、法名□（字カ）一房）（上野一宮内田地領主、本田道場寄進、）（教念寺）
尼生明（畠山阿波守室、女子母）

○二八四　朗覚書状案　○豊前到津文書

去七月神□□時、依豊前国々司□□□□年々取帳目録・寺家納帳返抄・国方納帳□幷代々宣旨・官苻（符）・府宣・国宣以下文書等相具、寺領沙汰人幷所司□洛之由、被仰下候之処、□□事候哉、縦御進程□□寺領沙汰人等帯文書、不被催促□条、緩怠之至□歟、寺領滅亡、寺家重事、争不可被驚申候哉、至九月廿日無音、不被申是非之御返事候条、御不審候、

一勝載所御年貢米事、於当年者、不被召借上候之間、不可有遅々儀候、来十一月中仁令京着候様ニ可被運上候、今年者潤月候間、不可似前々分候歟、若勝載所御年貢雖遅々候、以早出分、先借違可被進候也、御料米足仁被相当候之間、令遅々候者、御相折可闕如候間、如此被仰候、忩々可運上候也、兼又慥候ハんする下部御用御事候、可令尋進給候、御厩ニ被置草なんとをも被苅候、細々ニ被召仕候御料、相構可令尋進給候也、

一所司供僧任料等事、必可催促進上候、云御年貢米、云彼任料等、為催促被下御力者差申全力法師候、在国之間厨雑事、上洛之時衣裳・草手、任先例可被沙汰与候、（之由被カ）只仰下候也、

一関東も足利殿（足利尊氏カ）御下向候間、凶徒等悉被追落候、無為ニ鎌倉（相模国）へ御下着候間、諸方静謐無為、返々目出候、三浦介入道一族廿余人大船ニ乗天、尾張国熱田浦（愛知郡）ニ被打寄候処、熱田大宮司悉召捕之、一昨日京都へ令進候間、被刎首、被渡大路候後ニ、可被懸獄門之由、治定候、蒼宮被仰候、尚々云御

年貢米等、寺家文書幷沙汰人所司供僧等、忩々可被催促足（由カ）
被仰下也、事々期後便候、恐々謹言、
（建武二年）九月廿日　少別当朗覚
謹上　（豊前国宇佐郡宇佐神宮）弥勒寺留守豊前々司殿

○二八五　源某軍勢催促状　○反町英作氏所蔵色部文書

為悪党人退治、今日罷向候、相催一族等、不廻時剋、可被馳
参候岩船宿。（候）、仍執達如件、
建武二年九月廿一日　源（花押）
色部物領（長倫）幷一族御中

○二八六　市河経助軍忠状　○本間美術館所蔵市河文書

信濃国市河左衛門十郎経助軍忠事
右、薩摩刑部左衛門入道坂木（埴科郡）比（北）条仁相構城墎（郭）之処、先代与力
仁等多楯籠彼城之間、当国惣大将軍村上源蔵人殿御発。（向）之刻、
最前馳参御方、経助為大手致合戦忠、責落彼城、為大将軍御
眼前分捕二人打取畢、然早賜御判、為備後証、恐々言上如件、
建武二年九月廿二日
（証判）「承了　（付箋）「河内守」（花押）」（村上信貞）

○二八七　足利尊氏寄進状　○山城三宝院文書

寄進　（丹波国桑田郡）篠村八幡宮
上総国梅佐古粟飯原五郎跡事
右、為当社領守先例、可致沙汰者、奉寄之状如件、
建武二年九月廿四日　（足利尊氏）源朝臣（花押）

○二八八　足利尊氏寄進状　○伊豆三島大社文書

寄進　（伊豆国田方郡）三嶋社
伊豆国三（同郡）福郷事

右、為当社領守先例可致沙汰者、奉寄之状如件、

建武二年九月廿四日　源朝臣（足利尊氏）（花押）

○二八九　足利尊氏寄進状　○駿河大宮司富士家文書

寄進

富士浅間宮（駿河国富士郡）

遠江国石野弥六兵衛入道跡事

右、為当社領、守先例可致沙汰者、奉寄之状如件、

建武二年九月廿四日　源朝臣（足利尊氏）（花押）

○二九〇　足利尊氏下文　○小田部庄右衛門氏所蔵宇都宮文書

（足利尊氏）（花押）

下　三浦介平高継

可令早領知相模国大介職幷三浦内三崎・松和・金田・菊名・網代・諸石名、大磯郷（淘綾郡）在高麗寺、俗別当職、東坂間（同郡）、三橋、末吉（久良岐郡）、上総国天羽郡内古谷・吉野両郷、大貫下郷（天羽郡）、摂津国都賀庄（兎原郡）、豊後国高田庄（大分郡）、信濃国村井郷（筑摩郡）内小次郎知貞跡、陸奥国糠部内五戸、会津・河沼郡議（蟻）塚幷上野新田（三浦時継）父介入道々海跡本領事

右以人、為勲功之賞所充行也者、守先例、可致沙汰之状如件、

建武二年九月廿七日

○二九一　足利尊氏下文写　○山口県文書館所蔵今川家文書

（足利尊氏）大将軍

在御判

下　阿曾沼二郎師綱

可令早領知阿曾沼下野権守跡三分壱事

右人、為勲功之賞所充行也者、守先例可致沙汰之状如件、

建武二年九月廿七日

○二九二　足利尊氏下文写　○長門佐々木文書

（足利尊氏）等持院殿様

御判

下　佐渡大夫判官（佐々木導誉、高氏）　法師法名道誉（導）
可令早領知上総国畔蒜庄幷真壁彦次郎（幹重）跡伊豆国土肥（君沢郡）・戸田（那賀郡）
事
右人、為勲功之賞所充行也者、守先例可致沙汰之状如件、
建武二年九月廿七日
〇紙継目に某の裏花押がある。

〇二九三　足利尊氏下文　〇東京大学史料編纂所所蔵小笠原文書

（花押）（足利尊氏）
□（下）　□（小）笠原信濃守貞宗
可令早領知信濃国住吉庄（安曇郡）幷武田孫五郎長高跡・市河掃部六
郎跡事
右人、為勲功之賞所充行也者、守先例可致沙汰之状如件、
□（建）武二年九月廿七日

〇二九四　足利尊氏下文写　〇東北大学附属図書館所蔵倉持文書

故将軍（足利尊氏）　在御判
建武二年九月

下　倉持左衛門三郎入道行円跡
可令早領知信濃国香坂村（佐久郡）香坂太郎入道跡事
右為合戦討死之賞、所充行也者、守先例可致沙汰之状如件、
建武二年九月廿七日

〇二九五　足利尊氏下文写　〇代々御墨付写

（押紙カ）「爰二御判」
下　合屋豊後守頼重
可令早領知上野国吉田次郎跡事
右人、為勲功之賞、所充行也者、守先例、可致沙汰之状如件、
建武二年九月廿七日

〇二九六　足利尊氏下文写　〇広島大学文学部所蔵摂津四天王寺旧蔵如意宝珠御修法日記紙背文書

下　富樫介高家
可令早領知加賀国守護職幷遠江国西郷庄（佐野郡）小櫟孫四郎・同弥次郎・中原弥次郎跡
信濃深志介跡事

右人、為勲功之賞、所充行也者、守先例可致沙汰状如件、

建武二年九月廿七日

○足利尊氏の袖判があったと推定される。

○二九七　雑訴決断所牒　○山城大徳寺文書

雑訴決断所牒　信濃国守護所

大徳寺雑掌中倉沢弁房以下輩寺領当国伴野庄(佐久郡)濫妨事

訴状副交名注文

牒、早止彼妨、沙汰付雑掌於庄家、可召進交名之輩者、牒送如件、以牒、

建武二年九月廿九日　修理進藤原（花押）

民部少丞三善朝臣（花押）

散位藤原朝臣(宗成カ)（花押）

右大臣藤原(洞院公賢)「朝臣」(自署)　左近将監大江朝臣（花押）

大納言兼中宮大夫源朝臣(堀河具親)　左衛門権少尉中原朝臣(章興)（花押）

文章博士平朝臣(姉小路惟継)　大外記兼博士備中守清原真人(五条頼元)

参議左大弁藤原朝臣(二条実治)（花押）　左少弁藤原朝臣(甘露寺藤長)

○二九八　惟賢書下　○相模宝戒寺文書

光明寺(相模国淘綾郡)修理田壱町、可被付寺家候、相構造営之沙汰可候也、仍状如件、

建武二年九月卅日　惟賢（花押）

南方政所殿

○二九九　土岐頼貞寄進状　○相模円覚寺文書

(端裏書)「土岐伯耆入道殿寄進状」

奉寄進

常陸国玉作郷(行方郡)内田地参町事

右、彼田地者、永代所奉寄進先師仏光禅師(無学祖元)塔頭正続院(相模国円覚寺)也、仍寄進状如件、

建武弐年九月日　沙弥存孝(土岐頼貞)（花押）

○三〇〇　烟田幹宗・同時幹軍忠状写　○京都大学総合博物館所蔵烟田文書

目安
常陸国徳宿左近将監幹宗同子息又太郎時幹等申合戦忠節事
一去八月二（建武）十六日、馳参伊豆国苻（府）、属当御手畢、
一同十七日、葦（蘆）河（田方郡）合戦致随分忠節畢、
一同十八日、相模河（相模国足柄下郡）合戦仁旗差弥次郎男被射殺畢、
一同十九日、方瀬河（相模国）合戦仁家人鳥栖彦太郎幹安討死畢、
右、合戦次第、上野太郎殿（頼勝）・仁木三郎太郎殿（義照）同所合戦之間、
被見知畢、其上鎌倉御入之時令供奉、新御堂前役所勤仕之条、
不可及御不審候、然者賜御証判、可備亀鏡候、仍目安之状如
件、

建武二年九月　日

「承了（証判）（候イ）　（花押影）（佐々木導誉、高氏）」

○同文書所収の案文を以て異同を注した。同案文は、端裏に、「目安御感案文」、証判の上方に「佐土判官入道」、花押部分を「在判」としている。

○三〇一　結城宗広新恩所領注文写※

○楓軒文書纂九十所収白河証古文書

一建武二年以前新恩所領注文
石河庄（陸奥国白川郡）中畠松崎両郷　建武六「元」年四月六日国宣
金原保（同国）、建武二年十月五日綸旨、
白河庄（同国）内金沢「山カ」之郷、同日同前
不知行
依上（同国高野郡）、　同日同前
白河庄内上野民部五郎跡・同七郎跡・同彦三郎祐義跡・同
左衛門太夫広光之跡・同三郎泰重跡・同七郎朝秀跡・同弥
五三郎左衛門尉女子跡
建武二年十月一日、以　国宣（北畠顕家）拝領ス、
同年十一月十五日重被成下官符
岩城郡内大須賀二郎入道跡　建武二年五月十二日　国宣
同七戸（糠部郡）　同年三月十日　同前
同九戸（同郡）　元弘三年十二月十八日　同前
高野（高野郡）北方内
富国一分　小貫　野手嶋　紙石　大畠
玉野　印野　堤
以上八ケ村

彼所々者、為建武二年中先代与国之闕所伊達一族拝領之、而令相伝金原保内披保郷以下当知行之、爰彼本主等於京都為門真左衛門入道(寂意)・飯尾修理進入道(宏昭)・雑賀隼人入道(西義)等奉行訴訟在奉書之間、依上以下不知行之所領等渡給之後可避渡彼村々、当知行之地者被渡于人、不知行之地者於不渡給者、手者等可及餓死之条、難堪之由以代官依令番申、有其謂之旨、御沙汰最中也、然ハ可為様之間本主等、若違犯国令申子細者、可為曲事、不可及御沙汰者也、

同南方内

山本　手沢

以上二ケ村於京都御沙汰之条子細同前、

○三〇二　沙弥某奉書　○反町英作氏所蔵三浦和田文書

海老名又太郎忠文申、奥山庄(越後国蒲原郡)内荒居以下村々事、為有其沙汰、来十三日以前可被出対、若及遅引者、無叙用之旨、可注申之由候也、仍執達如件、

建武二年十月十日

沙弥（花押）

和田又四郎(章連)殿

○三〇三　大舎人久恒寄進状写　○常陸吉田神社文書

奉寄進　虚空蔵堂在家等事

合久恒以前堀内壱宇幷東内壱宇等者

四至　限東安主彦三郎知行分畠堺　限南禰宜四郎知行分□
　　　限西田所恒長知行分畠堺　限北彼堀内後大堀北□
　　　安主彦三郎畠引付此内虚空蔵堂等有之

右地者、常陸国吉田郷(吉田郡)分内宿戸吉田社権祝名内、久恒□(重)代相伝之地也、而間彼虚空蔵堂仏物銭七貫文請負□、依不弁彼銭、以件堀内幷東在家等、彼堂限永代所□寄進也、於彼堂内在家等者、僧朝円限永代可令知行給、若久恒子々孫々等中致違乱妨者、久恒跡不可知行、可被行罪科也、仍為後日寄進状如件、

建武弐年十月十一日

吉田社大祝大舎人久恒（花押影）

○三〇四　沙弥某奉書　○常陸真壁長岡古宇田文書

常陸国真壁郡正税并闕所除亀隈彦次郎入道跡所務事、為致其沙汰、国方使者入部之処、有違乱之輩云々、事実者、甚濫吹也、早正税以下為全所務、可令静謐狼藉人給之由候、仍執達如件、

建武二年十月十三日　沙弥（花押）

長岡又次郎（宣政）殿

○三〇五　豊後国国宣　○豊後森文書

豊前六郎蔵人貞広（田原）・同七郎蔵人貞挙等申、以勲功地豊後国香（国崎郡）地庄河越安芸入道跡、子息安芸小次郎治重謀作（後醍醐天皇）綸旨、率悪党人等、令濫妨当庄由事、訴状副具書如此、子細見状歟、此事先日治重号給安堵　綸旨、雖望申国宣、依為謀書、不及其沙汰之処、於地下致濫妨之条、所行企不当也、謀書之科不軽、所詮任被定置之法、可被召進治重幷与力人等之由、国宣所候也、仍執達如件、

建武二年十月十三日　散位長兼（花押）

竹田津諸次郎入道（道景）殿

○三〇六　大友貞載書下写　○豊後竹田津文書

（包紙ウハ書）「竹田津諸次郎入道殿　左近将監」

豊前六郎貞広（田原）・同七郎貞挙等申、豊後国香地庄（国崎郡）事、解状副具書如此、河越安芸小次郎治重引率伊美五郎四郎・長尾野蔵人房以下輩等、乱入当庄、濫妨所務、被（致カ）種々狼籍（藉）云々、早竹田津諸次郎入道（道景）幷都甲弥次郎入道等相共莅彼所、且相鎮指籠（狼藉）、且可召進交名輩之状如件、

建武二年十月十五日　左近将監（大友貞載）

守護代

○三〇七　大友貞載書下写　○豊後竹田津文書

豊前六郎貞広（田原）、同七郎（貞脱）挙等申、豊後国香地庄（国東郡）事、解状副具書如此、河越安芸小次郎治重引率伊美五郎四郎・長尾野蔵人房以下輩、乱入当庄、濫妨所務、致種々狼籍（藉、下同ジ）云々、早守護代幷都甲（弥脱カ）次郎入道相共莅彼所、且相鎮狼籍、且相進交名輩、宜令申誓文散状也、仍執達如件、

建武二年十月十五日　左近将監（大友貞載）（花押影）

建武二年十月

竹田津諸次郎（道景）入道殿

○三〇八　きやうい寄進状　○相模円覚寺文書

（端裏書）「□□屋敷」

きしん申候、さかみのくに（相模国）つおく（大住郡）のかう（津奥郷）の内山内女房のあと、ねうい御せんよりゆつりうる田三ちやう三たん、同やしきつきのはたけ、のはく（野畠）、一分ものこし候はす、てつきのほんゆつりあひそゑ候て、しゝやう（師匠）にて御わたり候うゑ、御心さしふかく候によんて、しんせいたう（岑西堂）の御たんちう（塔頭）ゑ、ゑゐたいきしん申候、なかく御りやく（利益）候やうニ御はからひ候て、ねうい御せんのほたい（菩提）、ならひニきやういかこせ（後世）をも御とふらひ候へく候、ことにハしそんのきたう（祈禱）をも、ねんころニして給へく候也、もしこの所ニおいて、すこし（少）にてもいらんわつらひをも申物候はゝ、こともの中ニも、きやういかためなかくふけう（不孝）として、身かあとを一分もしる（知）へからす候、後（の脱カ）ために状如件、

けんふ二年十月十六日　　きやうい（花押）

○三〇九　和田茂実着到状　○反町英作氏所蔵三浦和田文書

着到

三浦和田四郎兵衛尉茂実

一十月八日御方違に二階堂（相模国鎌倉郡）の東のらう（廊カ）を警固仕畢、

一十月十五日御所の御わたましに南惣門を警固仕畢、

一十月三日三浦長沢へ為与党人退治、侍所御代官被向之間、馳向候了、

一十月九日相模のはんにう（馬入）（大住郡）へ為与党人退治、侍所御代官被向候間、馳向候了、

右着到如件、

建武二年十月廿日

（証判）「承候了（花押）（高師泰）」

○三一〇　信濃国伴野庄年貢注文案　○山城大徳寺文書

（端裏書）「水沼惣年貢注進乃案」

注進　伴野庄（信濃国佐久郡）郷々村々御年員（貢）存知分事

合

警固用遣（途カ）馬佰文《麻商人》・人五十之由、水沼申之、商人皆出候、不似麻也、止公事旨申之、不審、

伴野上中下三ケ村　千貫文　　大沢村六貫佃一丁　二百五十貫文
二丁三貫五百佃、二丁一反三貫佃
野沢郷　千三百貫文　　野沢原　三百貫文
白子五百六十貫、佃二丁五反
小宮山　五百貫文　　春日郷　三百六十本目六、百六十上、　五百二十貫文止地検取五本廿本年貢
桜井郷　八百○五十余貫文佃二丁三貫五百　　懸沢　三百貫文七百貫
三塚郷　三百五十貫文白六　　臼田原佃無よし申、白云二百卅貫　百八十貫文
上臼田村佃一丁一反、此外九反六十歩手作、　三百貫文三貫佃地頭　　下臼田村佃無よし申之、　二百八十貫文佃在、上百十、下百卅
高屋木　八十貫文　　畑物村　百貫文
大日向田村佃無申　百貫文　　余地村同申無　六十貫文
保間　本畠二百五十貫文　　海野口本年貢　六十三貫文十七貫昔事也、
平沢村　八貫四貫文　　下懸田三百六十　大石　岩郡三ケ所ハ不知案内、
宿屋　八十貫文　　鷹野郷　八百余貫文
右、注進存知分如斯、　白子云千貫
建武二年十月廿一日　水沼刑部房実真
うら二判アリ、
○本文書は九一号文書の紙背に書かれている。
建武二年十月

○三一一　後醍醐天皇綸旨　○山城大徳寺文書
本院（花園上皇）御領等雖被進新院（光厳上皇）、於信濃国伴野庄（佐久郡）領家職者、先日載官
苻（符）被寄附之上者、更不可有相違者、
天気（後醍醐天皇）如此、仍執達如件、
建武二年十月廿三日　大膳大夫（中御門経季）（花押）
大徳寺方丈（宗峰妙超）

○三一二　三浦高継寄進状　○相模鶴岡八幡宮文書
寄進　鶴岡八幡宮（相模国鎌倉郡）
上総国真野郡椎津郷内田地壱町事
右、且為天長地久、現世安穏、子孫繁昌、至于子々孫々、於
此料田者、不可致其煩、仍寄進状如件、
建武二年十月廿三日　三浦介平高継（花押）

○三一三　土岐ヵ光家契約状　○京都府亀岡市文化資料館寄託遠山文書
契約
度々合戦恩賞事

右子細者、去元弘三年幷当年信州三坂山・八幡原・黒田林度々合戦恩賞事、雖及上奏、光家依為不階之身、在京難治之間、中津河小次郎(秀家)殿仁所令契約也、達訴訟上聞、令入眼者、充給所領三分一、所奉避渡小次郎殿也、永代可有御知行、若訴訟入眼之後、致光家妨者、光家充給所領一円不輸致知行之時、不可申一言子細候、仍為後日契約状如件、

建武二年乙亥十月廿九日　源(土岐カ)光家（花押）

○三一四　市河倫房・同助保着到状　○本間美術館所蔵市河文書

着到

市河左衛門九郎倫房

同子息三郎助保

右、自七月十三日御方馳参、於所々致軍忠、信州(小笠原貞宗)一見状給候畢、八月一日、押寄望月城(信濃国佐久郡)、致合戦令破却城墎之条、小笠原次郎太郎為同大将所被見知也、同自九月三日奉付守護御手(小笠原貞宗)、安曇・筑摩・諏方・有坂(小県郡)以下凶徒等対治之時、於所々城墎致軍忠了、同晦日、為国司(堀河光継)御迎信州浅間(筑摩郡)参向之間、助保同馳参、伊那郡為対治、小笠原四郎・同次郎太郎為大将発向之時、助保於横河城(伊那郡)先懸、追落凶徒等了、度々軍忠如此、早賜一見状・御判、為備後証、恐々言上如件、

建武二年十月　日

「承了(証判)（花押）(吉良時衡)」

○三一五　新田義貞御教書△　○上野善昌寺文書

凶徒尊氏(足利)追罰事、厳密可被致沙汰之状、如件、

建武二年十月日　義貞(新田)（花押）

舟田長門入道殿

○三一六　足利尊氏奏状写△　○太平記巻第十四

参議従三位兼武蔵守源朝臣尊氏(足利)誠恐誠惶謹言、

請早誅罰義貞(新田)朝臣一類致天下泰平状

右、謹考往代列聖徳四海、無不賞顕其忠罰当其罪、若其道違則讒雖建草創遂不得守文、肆君子所慎、庸愚所軽也、去元弘之初、東藩武臣恣振逆頻無朝憲、禍乱起于茲国家不獲安、爰

尊氏以不肖之身麾同志之師、自是定死於一途士、運倒戈之志、卜勝於両端輩、有与議之誠、聿振臂致一戦之日、得勝於瞬目之中、攘敵於京畿之外、此時義貞朝臣有忿雞肋之貪心戮鳥使之急課、其罪大而無拠逋身、不獲止軍起不慮、尊氏已於洛陽聞退逆徒之者、履虎尾就魚麗、義貞始以誅朝敵為名、而其実在窮鼠却嚙猫闘雀不辞人、斯日義貞三戦不得勝、屈而欲守城深壁之処、尊氏長男義詮為三歳幼稚大将、起下野国、其威動遠、義卒不招馳加、義貞嚢沙背水之謀一成而大得破敵、是則戦雖在他功隠在我、而義貞掠上聞貪抽賞、忘下愚望大官、世残賊国蠹害也、不可不誡之、今尊氏再為鎮先亡之余殃、久苦東征之間、佞臣在朝讒口乱真、是偏生於義貞阿党裏、豈非趙高謀内章邯降楚之謂乎、大逆之基可莫甚於是焉、兆前撥乱武将所全備也、乾臨早被下勅許、誅伐彼逆類、将致海内之安静、不堪懇歎之至、尊氏誠惶誠恐謹言、

建武二年十月日

○三一七　新田義貞奏状写△　○紀伊土屋文書

従四位上行左兵衛督兼播磨守源朝臣義貞(新田)誠惶誠恐謹言、

請早誅伐逆臣尊氏(足利)・直義(足利)等徇天下状

右、謹按、当今　聖主(後醍醐天皇)経偉天地、徳光古今、化蓋三五、所以神武揺鋒端、聖文定宇宙也、爰有源家末流之毘(昆)弟尊氏・直義、不耻散木之陋質、並蹈青雲之高官、聴其所功、堪拍掌一笑、太平初山川震動、略地拉敵、南有正成(楠木)、西有円心(赤松)、加之四夷蜂起、六軍虎窺、此時尊氏随東夷命、尽族上洛、潜看官軍乗勝、有意免死、然猶不快心於一偏、相窺運於両端之処、名越尾張守高家、於戦場堕命之後、始与義率(卒カ、下同ジ)軍丹州、天誅革命之日、忽乗鷸蚌之弊快為狼狽之行、若夫非義旗約京高家致死者、尊氏独把鉄鉞、当強敵乎、退而憶之、渠儂忠非彼、須羞愧亡率之遺骸、今以功微爵多、頻猜義貞忠義、剰暢讒口之舌、巧吐浸潤之譖、其愬無不一入邪路、義貞賜朝敵追伐　綸旨、初起于上野者五月八日也、尊氏付官軍殿攻六波羅同月七日也、都鄙相去八百余里、豈一日中得伝言哉、而義貞京洛听敵軍破挙旌之由、載于上奏、謀言乱真、豈禁乎、其罪一、尊氏長男義詮(足利)、才(ママ)率百余騎勢還入鎌倉(相模国)、六月三日也、義貞随百万騎士、

立亡凶党者、五月廿二日也、而義詮為三歳幼稚之大将、致合戦之由、掠上聞之条、雲泥万里之差違、何足言、其罪二、仲(北条)時・時益(北条)等敗北之後、尊氏未被　勅許、自専京都之法禁、誅親王之卒伍、非司行法之咎、太以不浅、其罪三、兵革後、蠻夷未心服、本枝猶不堅根之間、奉下竹苑於東国、已令苦柳営于塞外之処、尊氏誇超涯皇沢、欲歟立、僭上無礼之過、無所遁、其罪四、前亡与党纔存、揚蟷螂忿之日、尊氏申賜東八国管領、不叙用以往　勅裁、養寇堅恩沢、害民事利欲、違　勅悖政之逆行、無甚於是、其罪五、天運循環雖無不往而還、成敗帰一統、大化伝万乗(葉カ)、偏出于兵部卿親王(護良親王)智謀、而尊氏構種々讒、遂奉陥流刑訖、讒臣乱国、暴逆誰不悪之、其罪六、親王贖刑事、為押侈(ママ)帰正而已、古武丁放桐宮、豈非此謂乎、而尊氏奸仮宿意於公議外、奉苦尊体於囹圄中、人面獣心之積悪、是可忍也、孰不可忍乎、其罪七、直義朝臣却相模次郎時(北条)行軍旅、不戦而退鎌倉之時、窃遣使者、奉誅兵部卿親王、其意偏在将傾国家之端、此事隠雖未達　叡聞、世之所知、遍界何蔵、大逆無道之甚、千古未聞比類、其罪八、斯八逆者、乾坤且所不容其身也、若刑措不用者、四維方絶、八柱再傾、可無益噬臍、抑義貞一挙大軍、百戦破堅、万率死而不顧退逆徒於干戈下、得静謐於尺寸中、与尊氏付驥尾超険雲、控弾丸殺籠鳥、大功所建、孰与綸言所最矣、尊氏漸為奪天威、憂義士在朝、請誅義貞、与義貞傾忠心尽正義、為朝家軽命、先勾萠(ママ)奏罰尊氏、国家用捨孰与理世安民之政矣、望請、乾臨明照中正、加断割於昆吾利、可令誅罰尊氏・直義以下逆党等之由、下賜　宣旨、忽払浮雲擁弊、将耀白日之余光、義貞誠惶誠恐謹言、

建武二年十月　　臣義貞（花押影）

謹上

○三一八　雑訴決断所牒　○反町英作氏所蔵色部文書

雑訴決断所牒

色部蔵人長高代阿英与秩父孫太郎貞長代長秀相論、越後国小泉庄(岩船郡)牛屋条富次薬師丸内田畠在家事

副下貞長代和与状、

牒、件田在家者、於関東令和与、帯下知□(知)行之処、貞長去々年致苅田狼藉之由長高訴申之、仍有其沙汰之処、以和与之儀止訴訟、向後致違乱者、長高可申給貞長知行分之由、阿英・長秀今月三日出状訖、此上不及異義、各可守彼和与状者、以牒、

建武二年閏十月四日　大蔵少善(丞)三善(飯尾貞兼)（花押）

民部卿藤原(吉田定房)「朝臣」(自署)　左衛門大尉中原朝臣(章方)（花押）

右京大夫藤原朝臣(三条実任)（花押）　大外記中原朝臣(師右)（花押）

正三位藤原朝臣(日野資明)　左少弁藤原朝臣

○三一九　恵釼書状　○神奈川県立金沢文庫所蔵華厳五教章纂釈第四紙背文書

一結ニ十四合売候間、此にて取候へく候、知事方へ申候、止度候、心事期後信之時候、恐惶謹言、

(建武二年)閏十月八日　(異筆)「十五日到来」　恵釼（花押）

(下総国香取郡)東禅寺御侍者(湛睿)

○湛睿は嘉暦元（一三二六）年には東禅寺住持になったとみられており、以降暦応二（一三三九）年三月まで住持であり、その間の閏十月は建武二（一三三五）年であるので、ここに収める。

○三二〇　光厳上皇院宣　○山城大徳寺文書

信濃国伴野庄(佐久郡)、大徳寺知行不可有相違之由、新院(光厳上皇)御気色所候也、仍執達如件、

(建武二年)後十月十七日　参議経顕(勧修寺)

宗峯(妙超)上人御房

○三二一　良尊書状　○神奈川県立金沢文庫所蔵華厳五教章上巻纂釈第九紙背文書

入寺御免候者、恐悦令存候、存命仕候者、明春令参候て、委細可入申候、事々期参上之時候、恐惶謹言、

(建武二年)壬十月廿四日　沙門良尊（花押）

進上　(下総国)東禅寺御侍者(湛叡)

○三二二　沙弥円心・平氏連署起請文　○斎藤実寿氏所蔵黒川文書

越後国奥山庄(蒲原郡)内黒河条地頭職事、南保三郎右衛門尉殿ゆつりわたし候、此外よの人にもけいやく申候、(間敷脱カ)又他人わよにも、

この所をゆつり申候ましく候、此所半分を、おくぬきのひやうゑ三郎入とうかい（ママ）子息くにますを、やうしとかうして、へうりの状をたひて候へとも、いつしかゐしんをいたし、へんかい申候あひた、くゐ返して、円心ならひに女房一期のうちと、一円に譲渡畢、御方よりゐしんへんかいも候ハさらんにハ、こなたより、くゐかへし、へんかい申候ましく候、若此条いつはり申候はゝ、日本国中仏神、ことにハ八まん、すわ、ゑからの天神の、御はちを可罷蒙候、仍状如件、

建武二年潤十月廿五日　沙弥円心（花押）

平氏（花押）

○三二三　平氏契状　○斎藤実寿氏所蔵黒川文書

越後国（蒲原郡）をく山の庄のうち黒河条の地頭しきハ、円心かくへちさうてんの所領なり、しかるを、かりやく（嘉暦）三年八月のゝち円心所労の時、わらハにてうとのせうもんを相そへて、一円ニゆつりたひて（て脱カ）候、そに外題安堵を申給て、知行さをいなく候を、なんほの三郎ゑもんのくら人しけさた、をいたるうゑ、心さしあさからさるによて、さゝき入道のゆつり状ニ、はんをくハゑて、かの所を一ゑんニゆつり候ところ、又わらはの状をとりそへて、かさねてゆつり候、わらは一この外ハ、はんふんのねんくをさたして、上けてたひ候、ゐしんへんかい候ましき事ハ、しけさたのせい状のしやう二見へて候うゑは、心やすく候へく候、一このうちは、一ゑんニてうとの証文をあひそへて、知行さをいあるましく候、この外いかなる物出きたりて、しさいを申といふとも、とかく申をこなハれ候へく候、よつてしひち（自筆）の状如件、

けんむ弐年壬十月廿五日　平氏（花押）

○三二四　雑訴決断所牒案　○相模円覚寺文書

（端裏書）「□□□□（白山大山カ）」

雑訴決断所牒　尾張国衙

円覚寺（相模国鎌倉郡）雑掌申当国篠木庄（春日部郡）内大山寺幷白山円福寺住侶等苅田狼藉事副訴状具書

牒、為糺明、来月十五日以前可催上論人者、以牒、

建武二年閏十月廿六日
参議右大弁藤原朝臣（坊門清忠）
左衛門権少尉中原朝臣（師利ヵ）（花押）
左中弁兼春宮亮藤原朝臣（中御門宣明）（花押）

○三二五　足利直義軍勢催促状写　○国立国会図書館所蔵有造館本結城古文書写

可被誅伐新田右衛門佐義貞也、相催一族、可馳参之状如件、
建武二年十一月二日　左馬頭（足利直義）（花押影）
那須下野太郎（資家ヵ）殿

○三二六　散位某・高師泰連署奉書写　○前田育徳会尊経閣文庫所蔵尊経閣古文書纂所収天野文書

鎌倉（相模国）中入口内稲村崎警固事、一族相共可致厳蜜（密）之沙汰、若緩怠者、可被処罪科之状、依仰執達如件、
建武二年十一月六日　散位（花押影）
尾張権守（高師泰）（花押影）
天野安芸七郎（経顕）殿
建武二年十一月

○三二七　高師直奉書案　○中村岳陵氏所蔵文書

（異筆）「御施行案」
諏訪神左衛門尉頼貞申信濃国四宮庄内北条地頭職事、任去年六月十八日　綸旨之旨、可被沙汰付頼貞之状、依仰執達如件、
建武二年十一月九日　武蔵権守（高師直）在判
村上源蔵人（信貞）殿

○三二八　橘行貞打渡状写　○上野正木文書

武蔵国内矢野伊賀入道善久跡所領事
合
一所　小泉郷　男衾郡内
一所　須江郷　比企郡内
一所　片楊郷　足立郡内
一所　久米宿在家六間　多東郡内
右、任御下文幷御施行之旨、奉打渡岩松兵部大輔経家跡御代官頼円・定順等候畢、仍渡状如件、
建武二年十一月九日　橘行貞在判

○三二九　足利直義寄進状　○静岡県立美術館所蔵大宮司富士家文書

寄進
　富士（駿河国富士郡）浅間宮
　　遠江国（山名郡）富士不入斗安間弥六・同弥七・同余一・吉良右衛門二郎入道等跡事
右、為当社領、守先例可致沙汰者、奉寄之状如件、
　　建武二年十一月十日
　　　　　　　　源朝臣（足利直義）（花押）

○三三〇　足利直義下文　○相模帰源院文書

下　畠山上野孫太郎貞康
　可令早領知信濃国市村八郎左衛門入道跡事
右人、為勲功之賞所充行也者、守先例、可致沙汰之状如件、
　　建武二年十一月十日
源朝臣（足利直義）（花押）

○三三一　高清・師包連署進上文書目録写　○国立公文書館所蔵紀伊続風土記付録十三

所渡于在庁大夫殿文書等日記
一駿河国服織庄（安倍郡）上分米事訴状御教書等案嘉暦三十二
一同庄上分米未進申状幷注文嘉暦三
一同庄上分米収納幷下給注文等元亨二年分長行・高朝二人知行分年
一衆徒神官申状
一具書神物違乱事一巻
一服織庄地頭幷政所交名及年貢員数注文状
一高朝解状嘉暦三十二月日
一高朝解状同年月
一遠藤兵衛尉消息二通
一検校宮御施行一通
一関東御下知安堵一通
一和泉前司メシ分御教書二通
　　以上十四通
右、文書等、所奉渡于在庁大夫殿実也、仍為後日状如件、
　建武二年十一月十九日　　高清
　　　　　　　　　　　　　師包

〇三三三二　相馬重胤譲状　〇陸奥相馬文書

重胤《（相馬）》かしそく《（子息）》次郎ニ譲渡そりやう《（所領）》の事
陸奥国行方郡の内
おたか《（小高）》　たか《（高）》　めゝさわ《（目々沢）》　つゝみかや《（堤谷）》はま《（浜）》ともに　こやまた《（小山田）》
せきのさわ《（関沢）》
下総国相馬郡の内
ますを《（増尾）》の村　この村々のうち、ますをの村に彦四郎の給分の田在家一けん、いやけんし入道か田在家一けん、これをのそく《（除）》、おたかに九郎左衛門尉の給分の田在家一けん、矢河原の後家尼の田在家一けん、彦三郎入道の居内の田在家一けんのそく、つゝみかやにとう三郎か田在家一けん、たかにたかの蔵人の後家尼の田在家一けん、もんまの孫四郎の居内の田在家一けん、さうきやう房田在家一けん□□□《（のそく）》、このほかハちやくし次郎知行すへし、御公事ハ先例のことくたるへし、二郎子なくして、あとたうぬへくハ、二郎か跡をも松犬知行すへし、又松犬子なくして跡たうぬへくハ、松犬か跡をも二郎ちきやうすへし、いつれの子なりとも、此状をそむきて、違乱をいたさハ、不孝たるへし、その跡においてハ、男女子したい《（次第）》におつて《（追）》、わけちきやう《（分知行）》すへし、又女子のなかに子なからんふんハ、ちやくし《（嫡子）》しんたい《（進退）》たるへし、
一盤崎の後家尼御前の御りやう、はんのさき《（盤崎）》・はとハら《（鳩原）》においてハ、胤門《（相馬）》の譲状のことくハ、後家一こ《（期）》の後ハ、重胤知行すへき処也、しかれハ、この跡はのさき《（野崎）》の村ハおなしく次郎知行すへし、仍ゆつり状如件、

建武二年十一月廿日　　平重胤（花押）

〇三三三三　相馬重胤譲状案　〇陸奥相馬文書

重胤《（相馬）》かしそく《（子息）》孫次郎譲渡所領の事
陸奥国行方郡の内
おたか《（小高）》　たか《（高）》　めゝさわ《（目々沢）》　つゝみかや《（堤谷）》はま《（浜）》ともに　せきのさハ《（関沢）》
下総国相馬郡内
ますを《（増尾）》の村　この村の内彦四郎の給分田在家一けん、いやけんし入道か田在家一けん、これおのそく《（除）》、行方郡おたかの村

内、九郎左衛門尉の給分の田在家一けん、たかの村の内、もんまの孫四郎か居内の田在家一けん、さうきやうはう（房）か田在家一けん、たかの蔵人の後家尼の田在家一けんのそく、此ほかハちやくし（嫡子）次郎知行すへし、御公事ハ先例のことくたるへし、次郎子なくして跡たへぬへくハ、松犬知行すへし、また松犬子なくして跡たへぬへくハ、この跡おも次郎知行すへし、いつれの子なりとも、此状おそむきていらん（違乱）おいたさハ、不孝たるへし、その跡においてハ、男女子したい（次第）におつ（追）てわけちきやう（知行）すへし、又女子のなかに、子なからんふんハ、ちやくししんたい（進退）いたるへし、仍譲状如件、

建武二年十一月廿日　　平重胤

○三三四　相馬重胤譲状　○陸奥相馬文書

（相馬）重胤かしそく（子息）松犬ニ譲渡そりやうの事

陸奥国行方郡内

みゝかや（耳谷）、むらかみのはま、くきのゝ田在家やまかりくら（狩倉）、かくまさハのいよ房かやしき田在家、孫四郎の給分せきねのやしき田在家、おたかの矢河原後家尼の田在家一けん、彦三郎入道か居内の田在家、下総国相馬郡内あハの（粟野）・さつま（佐津間）の村、これをゆつる、この内ニさつまに山ふしうちの田在家一けん、かれをのそく（除）、このほかハ譲のことく知行すへし、御公事ハ先例のことくたるへし、松犬子なくして跡たえ（絶）ぬへく□（ハ）、次郎その跡をハちきやう（知行）すへし、又次郎子なくして跡たえぬへくハ松犬ちきやうすへし、いつれの子なりとも、いらん（違乱）をいたさハふけう（不幸）たるへし、その跡をハ男女子したい（次第）をおんてわけちきやう（分知行）すへし、

一盤崎の後家尼御せん（前）の御りやう、はとはらのむら（鳩原村）においてハ、たねかと（胤門）のゆつりのことくは、後家尼御せん一こ（期）ゆつるなり、こけ（後家）一このゝちハ、重胤□□（知行）すへき処也、しかれハはとハらのむらをハ、おなしく松犬知行すへき也、仍譲状如件、

建武二年十一月廿日　　平重胤（花押）

○三三五　相馬胤治譲状　○相馬市教育委員会寄託相馬岡田雑文書

ゆつりわたす、さうま(相馬)の七□(郎)たねはる(胤治)かあとの事、しもつさのくにみなミさうま(南相馬)のいつミのむらうち、せい太郎、まこ太郎かたさいけ、みつのくになめかたのこをり、おかたのむらのうち、いや二郎入たうかたさいけ、すんちうちたさいけ、いしんのこなきあいた、やうしのこにしてわう一(王ヵ)にゆつるところなり、御くうしはてんしゆ(田数)にまかせてつとむへし、仍ゆつりしやうくたんのことし、

けんむ二年十一月廿日　たねはる（花押）

〇三三六　後醍醐天皇綸旨　〇肥後阿蘇家文書

足利尊氏・同直義已下輩、有反逆之企之間、所被誅罰也、上嶋彦八郎惟頼令発向鎌倉(相模国)、可致軍忠者、

天気(後醍醐天皇)如此、悉之、

(建武二年)十一月廿二日　右中将(吉田宗房)（花押）

〇三三七　藤原光継ヵ奉書　〇肥後阿蘇家文書

相催一族、発向鎌倉(相模国)、可致合戦之忠、帰参之時、別可被行勧賞之由、所被仰下也、悉之、以状、

(建武二年)十一月廿二日　(藤原光継ヵ)（花押）

阿蘇大宮司館(宇治惟直)

〇三三八　後醍醐天皇綸旨　〇肥前松浦文書

足利尊氏・同直義已下輩、有反逆之企之間、所□(被)誅罰也、松浦小二郎入道蓮賀(相知連)、令発向鎌倉(相模国)、可致軍忠者、

天気(後醍醐天皇)如此、悉之、

(建武二年)十一月廿二日　右中将(吉田宗房)（花押）

〇三三九　後醍醐天皇綸旨　〇肥前来島文書

足利尊氏・同直義已下輩有反逆之企之間、所被誅罰也、大嶋次郎通秀令発向鎌倉(相模国)、可致軍忠者、

天気(後醍醐天皇)如此、悉之、

(建武二年)十一月廿二日　右中将(吉田宗房)（花押）

○三四〇　後醍醐天皇綸旨　○豊前上田文書

足利尊氏・同直義已下之輩、有反逆之企之間、所被誅罰也、
上田左衛門尉時貞令発向鎌倉(相模国)、可致軍忠者、
天気(後醍醐天皇)如此、悉之、
(建武二年)十一月廿三日　　右中将(吉田宗房)(花押)

○三四一　後醍醐天皇綸旨写　○太平記巻第十四

足利宰相尊氏・左馬頭直義以下一類等、誇武威軽朝憲之間、
所被征罰也、彼輩縦雖為隠遁身、不可寛刑伐、深尋彼在所、
不日可令誅戮、於有戦功者、可被抽賞者、綸旨(後醍醐天皇)如此、悉之、
以状、
建武二年十一月二十三日　　左中弁光守
武田一族中
小笠原一族中

○三四二　後醍醐天皇綸旨　○肥後阿蘇家文書

足利尊氏・同直義已下輩、有反逆之企之間、所被誅罰也、阿
蘇前大宮司惟時(宇治)令発向鎌倉(相模国)、可致軍忠者、
天気(後醍醐天皇)如此、悉之、
(異筆)「建武二年」十一月廿五日　　右中将(吉田宗房)(花押)

○三四三　後醍醐天皇綸旨写　○薩藩旧記雑録前編十七入来本田文書

足利尊氏・同直義以下輩、有反逆企之間、所被追討也、針原
孫二郎久兼発向鎌倉(相模国)、可被致軍忠者、
天気(後醍醐天皇)如此、悉之、以状、
(建武二年)十一月廿五日　　大膳大夫(中御門経季)(花押影)

○三四四　足利直義御教書　○伊豆三島大社文書

祈禱事、於当社可致精誠之状如件、
建武二年十一月廿六日　　(足利直義)(花押)
三嶋宮(伊豆国田方郡)大夫殿

○三四五　後醍醐天皇綸旨　○肥後阿蘇家文書

足利尊氏・同直義以下輩、有反逆企之間、所被追罰也、相催

一族、発向鎌倉(相模国)、可致軍忠者、
天気(後醍醐天皇)如此、悉之、
(建武二年)十一月廿八日　左少弁(甘露寺藤長)（花押）
阿蘇大宮司(宇治惟直)館

○三四六　市河親宗着到状　○本間美術館所蔵市河文書

着到
市河孫十郎近宗(親)
右、新田右衛門佐義貞可誅伐之由、自関東(足利直義)就被成□(下)御教書、
為軍忠、信州御方御手(小笠原貞宗)令馳参候、仍着到如件、
建武二年十一月廿八日
「承了(証判)（花押）(小笠原貞宗)」

○三四七　山内首藤通継譲状　○長門山内首藤家文書

（花押）(足利尊氏)
譲渡　所領事
一備後国津田郷(世羅郡)地頭職事
一遠江国飯田庄(周智郡)内加保村地頭職事
一伊賀国嶋原郡司職事
一京都西岸寺御堂事
右、件所領者、通継重代相伝私領也、雖然依無実子、他姓之孫嫡子里見土用鶴殿、為養子令改姓、号山内土用鶴丸所譲渡也、親父新田里見式部大輔義俊、当年六月中、於播磨国府中、自被堕命、以来令養育処也、雖為他姓、且云孫嫡子、且云養子、旁以其志深切之間、一円所譲与也、依為当歳子、雖有斟酌、自関東将軍家(足利尊氏)御上洛之由承及馳参于海道、向戦場之上者、存命不定者歟、仍先所渡譲状也、更不可有親類他人之妨、聊称通継之子孫、於彼所領、有望申輩者、可申行罪科者也、仍為後証、相副代々御下知証文、譲状如件、
建武二年十一月廿八日　藤原通継(山内首藤)（花押）
「(外題)任此譲状、可令知行状如件、
建武二(三)年六月廿三日　」

○三四八 後醍醐天皇綸旨 ○長門都野家文書

足利尊氏・同直義已下輩、有反逆之企之間、所被追討也、都野又五郎信保令発向鎌倉（相模国）、可致軍忠者、天気（後醍醐天皇）如此、悉之、

（建武二年）十一月廿九日　右中将（吉田宗房）（花押）

○三四九 高間行秀軍忠状 ○能登妙厳寺文書

（外題）「早発向鎌倉（相模国）、可致軍忠之由、所被仰下也、

大舎人頭（富部信連）（花押）」

大和国高間大弐房行秀申

去元弘三年、為　兵部卿親王（護良親王）家御手、抽度々軍忠、今年建武二八月北国蜂起之間、為誅罰凶徒、令発向畢、仍数ケ度之忠功、令至極者也、雖然下賜　綸旨、令発向鎌倉、重為抽合戦之忠、仍言上如件、

建武二年十一月　日

○三五〇 逸見有朝着到状 ○長門小早川家文書小早川家証文七

為誅伐新田右衛門佐義貞、逸見四郎源有朝馳参御方候、以此旨可有御披露候、恐惶謹言、

建武弐年十二月二日　源有朝（逸見）

進上御奉行所

「承了（証判）（花押）（武田信武）」

○三五一 波多野景氏着到状写 ○黄薇古簡集一所収波多野弥左衛門所蔵文書

（モト端裏書カ）「武田甲斐守殿（信武）一見状 于時兵庫助殿」

為誅伐新田右衛門佐義貞、伊勢国真弓御厨（飯高郡）地頭波多野彦八郎景氏馳参御方候、以此旨可有御披露候、恐惶謹言、

建武弐年十二月三日　藤原景氏

進上　御奉行所

「承了（証判）　在判（武田信武）」

○三五二 周防親家着到状 ○周防吉川家文書

着到

為誅伐新田右衛門佐義貞、宮庄（安芸国山県郡）地頭周防次郎四郎親家馳参御方候、以此旨可有御披露候、恐惶謹言、

建武二年十二月五日　　藤原親家（裏花押）

進上　御奉行所

（証判）「承了（武田信武）（花押）」

〇三五三　吉川師平着到状　〇周防吉川家文書

為誅伐新田右衛門佐義貞、吉河三郎師平今月七日馳参御方候、以此旨可有御披露候、恐惶謹言、

建武二年十二月七日　　藤原師平（裏花押）

進上　御奉行所

（証判）「承了（武田信武）（花押）」

〇三五四　足利尊氏寄進状　〇伊豆三島大社文書

奉寄　伊豆三嶋大明神（田方郡）

伊豆国長崎郷事（同郡）

右、所奉寄進之状如件、

建武二年十二月十一日　　（足利尊氏）（花押）

〇三五五　足利尊氏書状　〇上野正木文書

隠謀輩露顕事、早速令注申給候之状、悦入候、恐々謹言、

（建武二年）十二月十一日　　（足利）尊氏（花押）

（岩松経家）兵部大輔殿

〇三五六　狭間政直着到状案　〇筑後大友文書

着到　（田方郡）伊豆国佐野山御方馳参之時給之、

大友一族大炊四郎入道殿（狭間政直）正供

右着到如件、

建武二年十二月十二日

（証判）「承了　（貞連）三浦因幡守在判」

〇三五七　某書状　〇神奈川県立金沢文庫保管称名寺文書

御寺于今無別御事御坐候之由承候、目出度畏存候、又野七里（伊豆国田方郡）合戦、（建武二年十二月）今月十二日夜、京方被打劣（ママ）候て、昨日被落候、随鎌倉軍勢被責《セメ》上候、已《ニ》美濃国へ足利殿御上之由申候、奥州

○三五八　茂木知貞申状案※　○吉成成敏氏所蔵茂木文書

茂木越中権守入道明阿(知貞)申
下野国東茂木保(茂木郡)一円拝領事
一如建久三年八月廿二日本御下文者、茂木［　］被載之、而東茂木・西茂木為此御下文之［　］知行顕然也、西茂木者当御代賜安堵［　］、
一西茂木者、自元相続知行無相違、東茂［　］宝治之闕所也、東茂木建武元年以　綸旨、明阿拝領之時、［　］保と被載之、
一当御代建武二年十二月十日、於相模国関［　］明阿(于時知貞)拝領之時、東茂木保と被載之、同年十二月十四日掃部頭親秀、駿河国益(頭庄)［　］拝領之時、東茂木保替と被載之、那須下野太郎資宿拝領、当保之内二ケ村［　］四年九月也、以後年御下文、対明阿申［　］御使事、資宿不論申、

○本文書は年月日未詳であるが、文中の日付によりしばらくここに収める。

○三五九　後醍醐天皇綸旨　○肥後志賀文書

足利尊氏・直義等、有反逆之企間、所被追討也、大友志賀蔵人太郎能長発向鎌倉(相模国)、可致軍忠者、
天気(後醍醐天皇)如此、悉之、
十二月十五日(建武二年)　右中将(吉田宗房)（花押）

○三六〇　村山隆義置文案写　○歴代古案巻十二

村山弥次郎源隆義、信州乱ニ罷越時書置、
信州とう乱(動)ニよつて、罷向候之間、子息孫二郎・左衛門蔵人とも(供)仕候程ニ、もしいかなる事も候ハヽ、隆義所領越後国本党郡(頸城郡)南条物領分・同国薗田保(同郡)弁沼田保半分・今泉郷(魚沼郡カ)松岡弥三郎・同四郎入道跡半分事、彼所々三分二者、孫二郎母一後(期、下同ジ)程譲与訖、一後々左衛門蔵人女房半分譲あたへ候、所残半分者まん福寺・建徳寺弐分わけてまいらせて、隆義後生をとうへき也、但孫二郎義房・左衛門蔵人中一人もたすからハ、無子細知行すへし、爰まんふく寺田二町、建徳寺田二町、東女房薗田ニ八反、むまのせうかやしき者、い覧(違乱)あるへからす、

一隆義跡三分一者、東女房・建徳寺しうたん蔵主まいらせ候、
一後々者、同両寺よせまいらせ候、但子共中一人もいきて
候ハヽ、隆義無子細可知行候、仍為後日状如件、
建武二年十二月十七日　源隆義判

○三六一　湛睿書状　○神奈川県立金沢文庫保管称名寺文書

筥根山《（相模国足柄下郡）》合戦事、其後□被聞食候覧、返々無心本□《（候ヵ）》、委可示
給候、又妙見堂御読経□委細可被申候、恐々
謹言
極月《（建武二年）》十八日　湛睿
進之候、
（切封墨引）

○三六二　源某禁制　○越後佐藤文書

越後国千屋郡内田崎村事、於当村百姓等家々、不可致乱入狼
藉、若背此旨、於致違乱軍勢等者、可処其咎之状如件、
建武二年十二月十八日
源（花押）

○三六三　相馬行胤・同朝胤着到状案　○相馬市教育委員会寄託相馬岡田雑文書

「校正了」《（異筆）》
着到
右相馬孫次郎行胤、子息又五郎朝胤、相共馳参最初御方畢、
仍着到如件、
建武弐年十二月廿日
「承畢　御判」《（証判）》

○三六四　相馬胤康譲状　○相馬市教育委員会寄託相馬岡田文書

しも□《（つ）》さのくにさうまのこほり《（相馬郡）》いつみのむら《（泉村）》、みちのくに《（陸奥国）》
なめかたのこほり《（行方郡）》ゐんない《（院内）》、そしふん《（庶子分）》ハのそく、やつうさき《（八兎）》、
ゐゝとへやま《（飯土江山）》、たかきのはたや《（波多谷）》、くろかハのこほり《（黒川郡）》にいゐゝたの
むら《（新田村）》、しそく小二郎胤家にゆつりわたすしやうくたんのこと
し、

けんむ二ねん十二月廿日

平胤康（相馬）（花押）

〇三六五　高柳宗泰等着到状　〇東北大学文学部所蔵朴澤文書

（証判）「聞食了　（花押）（北畠顕家）」

着到

武蔵国御家人　高柳九郎三郎宗泰

同子息八郎朝行

同国御家人　高柳八郎四郎泰忠

陸奥国御家人　会津野尻助房真勝

建武二年十二月廿三日

〇三六六　忽那重清軍忠状　〇伊予忽那文書

（証判）「一見了　（花押）（洞院実世カ）」

伊予国忽那嶋（風早郡）東浦地頭弥次郎重清（忽那）致軍忠子細事

右、尊氏（足利）・直義（足利）為誅罰、自京都発向山道之処、小笠原信濃前司（貞宗）・村上源蔵人（信貞）以下凶徒等、為朝敵人之間、被誅伐之刻、去廿三日、於信州大井庄（佐久郡）致合戦了、且嶋津上総入道之手木村三郎入道・東条図書助等、見知之上者、不及子細、所詮被成下御判、為備弓箭之面目、言上如件、

建武二年極月廿五日

〇三六七　上島惟頼軍忠状　〇肥後阿蘇家文書

上嶋彦八郎惟頼申軍忠事

右、今月十一日於筥根山城（相模国足柄下郡）、攻寄垣楯際致合戦、惟頼被疵左肩上、腰骨、如此致軍忠上者、為後規、為給御一見状、言上如件、

建武二年十二月廿七日

（証判）「承訖　（花押）（菊池武重）」

〇三六八　宇治惟時一見状写　〇肥後阿蘇家文書

今月十一日於筥根山（相模国足柄下郡）、攻寄坂（垣カ）楯之際、致合戦忠節、両所被被（衍）疵候之条、令見知候畢、仍状如件、

建武二年十二月廿七日　(宇治)惟時花押

上嶋彦八(惟頼)殿

〇三六九　足利尊氏軍勢催促状写　〇長門熊谷家文書

新田右衛門佐義貞以下輩、没落之間、所発向京都也、相催一族、可抽軍忠之状如件、

建武二年十二月廿七日　(足利尊氏)(花押影)

熊谷彦四郎(直氏)殿

〇三七〇　沙弥行円軍勢催促状　〇飯野八幡宮所蔵飯野家文書

自奥州親王宮(義良親王)并国司(北畠顕家)為追伐、関東御発向之由、其聞候之間、奉懐取　親王宮、為被追伐国司已下凶徒等、相催当国軍勢候之処、御参御方之候、真実〳〵目出相存候、来月五日、為追伐国司、可罷立国候、御同道候者、尤本望候也、執達如件、

建武二年十二月廿八日　沙弥行円(花押)

式部伊賀左衛門三郎(盛光)殿

〇三七一　波多野景氏軍忠状写　〇黄薇古簡集一所収波多野弥左衛門所蔵文書

伊勢国真弓(飯高郡)御厨地頭波多野彦八郎景氏申、(属脱カ)於御手、今月廿三日、押寄安芸国天(矢)野城(安南郡)迄畢、同廿六日、於北頸抽軍忠、令誅伐凶徒熊谷四郎三郎入道蓮覚等、討捕志村彦七蓮覚家人、生捕江田藤内次郎同家人、自身被疵被射右膝、旗差孫六蒙疵被射左手畢、此段武田次郎殿、并内藤次郎御見知畢、然早為後証、可賜御判之旨相存候、以此旨可有御披露候、恐惶謹言、

建武二年十二月卅日　藤原景氏状

進上御奉行所

(証判)「承候了　(武田信武)(花押影)」

〇三七二　子印三問状案※　〇相模円覚寺文書

(端裏書)「三度申状」

建長寺(相模国鎌倉郡)正続院僧子印重言上

欲早宮山孫次郎幹氏寄事於左右、付掠申不知行由、使節不遣其道上者、重仰常州守護佐竹上総入道(道源、貞義)、被打渡急速、常陸国宮山村(真壁郡)田畠在家事

副進　一通　御教書案

右、先度具言上畢、而去年(建武元)十一月十六日仰于佐竹上総入道幷小栗掃部助(重貞)、可打渡彼所之旨、被仰下之処、幹氏寄事於左右、称不知行之由、付令違背御教書、使節不遣其道之条、希代珍事也、所詮重仰常州守護佐竹上総入道、被成下御教書、渡給彼所、弥可致丁寧御祈禱也、至于幹氏者、如傍例、為被処御教書違背罪科、重言上如件、

○三七三　下総国茂呂郷荒在家請料注文

○神奈川県立金沢文庫保管称名寺文書

(下総国結城郡)茂呂郷建武二年(乙)亥□　□荒在家事

物都合佰参拾柒貫柒佰文内

一　い住佰姓九人

請料銭合陸玖(拾)貫肆佰十二文内

弐拾貫肆佰二文　荒田分

定銭肆拾捌貫玖佰八十七文

一荒在家七家請料銭事

合陸拾捌貫三百文内

参拾陸貫玖佰文荒田在家分

定銭参拾壱貫肆百文

都合伍拾玖貫三百(ママ)　荒田在家分

都合定銭捌拾貫三百八十七文

建武三年・延元元年（西紀一三三六）

○三七四 足利尊氏下文写 ○萩藩譜録児玉主計広高

児玉二郎成行

可令早領知安芸国高屋庄（賀茂郡）・武蔵国児玉郡池屋同宿在家半分

地頭職事

右人、如元可令領掌之状如件、

建武三年正月二日

源朝臣（足利尊氏）在判

○三七五 小河成春軍忠状 ○慶應義塾大学図書館所蔵反町文書

丹波国御家人小河小太郎成春申

建武二年十一月二日、被成下御教書之間、率一族已下軍勢等、同十二月廿八日、式部伊賀四郎同一族幷真壁彦三郎等相共、於当国（丹波国）犬石宿挙御旗、同三年正月三日、押寄大秡山致散々合戦、御敵捕大納言家之刻、若党得丸・大弐房・良弁等数多討取。之条、式部伊賀左衛門入道・村社孫次郎等所令見知也、令頂戴御判欲備亀鏡、以此旨可有御披露候、右言上如件、

建武三年正月四日

（足利尊氏）（花押）

○この真壁氏と常陸真壁氏の族的関係は不明であるが、参考として掲げ、かつ後考に俟ちたい。

○三七六 足利直義軍勢催促状 ○志賀槇太郎氏所蔵文書

新田右衛門佐義貞以下輩等討伐事、早相催一族、可抽軍忠之状如件、

建武三年正月六日

左馬頭（足利直義）（花押）

秩父平蔵人殿（色部高長）

○三七七 左衛門尉某奉書 ○飯野八幡宮所蔵飯野家文書

式部伊賀左衛門三郎盛光、馳参御方上者、対于彼所領常陸国石原田郷（伊佐郡）於致狼籍（藉）之輩者、可被処罪科之状、依仰執達如件、

建武三年正月十日　　　左衛門尉（花押）

○三七八　後醍醐天皇綸旨案　○白河集古苑所蔵白河結城家文書

令参洛之由、被聞食、尤以神妙也、此間為御祈禱臨幸日吉社（近江国）、
被相待東国軍兵、悉可被対治朝敵之由、所被思食也、不廻時
刻、馳参、可致忠節、於恩賞、殊可有其沙汰者、
天気（後醍醐天皇）如此、悉之、以状、
元弘三（建武三年）正月十二日　　　左少弁判
結城上野入道（道忠、宗広）館

○三七九　市河経助軍忠状　○本間美術館所蔵市河文書

市川左衛門十郎経助軍忠事
右、村上源蔵人殿（信貞）為信州御静□（謐）御下向之間、最前馳参御方、
今月十三日・同十七日両度、馳向英多庄（埴科郡）清滝城、致軍忠上者、
賜御一見書・御判、為備後代亀鏡、恐々言上如件、
建武三年正月十七日
「承了（証判）　（花押）（付箋）「河内守」（村上信貞）」

○三八〇　市河助房代難波助元軍忠状　○本間美術館所蔵市河文書

市河刑部大輔助房代難波太郎左衛門尉助元軍忠事
右、村上源蔵人殿（信貞）為信州御静謐御下向之間、最前馳参御方、
今月十三日・同十七日両度、馳向英多庄（埴科郡）清滝城、致軍忠上者、
賜御一見書・御判、為備後代亀鏡、恐々言上如件、
建武三年正月十七日
「承了（証判）　（花押）（村上信貞）」

○三八一　市河経助・同助泰軍忠状　○本間美術館所蔵市河文書

市河左衛門十郎経助・同三郎助泰軍忠次第
右、為英多城（埴科郡）御破却御発向之間、今月十三日・同十七日両度、
馳向彼城、最前致軍忠候上者、賜一見書証判、為備後証、
恐々言上如件、
建武三年正月十八日
「承了（証判）　（花押）（付箋）「信濃守」（小笠原貞宗）」

○三八二　足利尊氏下文　○三河法蔵寺文書

（花押）（足利尊氏）
下　佐々木佐渡守定宗
可令早領知常陸国高田郷（信太郡）事
右以人、為勲功之賞所充行也、守先例可致沙汰之状如件、
建武三年正月十九日

〇三八三　足利尊氏下文案　〇下野皆川文書

（異筆、校正了）「同前」
下　長沼判官秀行
可令早致沙汰淡路国守護職事
右人、為彼職、守先例、可致沙汰之状如件、
建武三年正月廿二日
源朝臣（足利尊氏）御判

〇一三二号および次号の案文とともに、一巻に収められている。

〇三八四　足利直義軍勢催促状　〇下野皆川文書

相催淡路国地頭御家人等、且致軍忠、且可令注進交名之状如件、
建武三年正月廿二日　左馬頭（足利直義）（花押）
長沼判官（秀行）殿

〇皆川文書に収められる本文書の案文の袖には「同前」とあり、一三二号の案文と前号文書とともに一巻に収められている。

〇三八五　武田信武警固役催促状　〇周防吉川家文書

八幡薗寺小路末（山城国綴喜郡）、可被致警固之状如件、
建武三
正月廿二日　信武（武田）（花押）
宮庄四郎次郎（周防親経）殿

〇三八六　武田信武警固役催促状写　〇長門小早川家文書

当山（山城国八幡山）戊亥（戌亥）角可被致警固之状如件、
建武三
正月廿二日　信武（武田）（花押影）
安芸町四郎（逸見有朝）殿

〇三八七　山内首藤時通着到状　〇長門山内首藤家文書

着到
相模国山内首藤三郎時通令馳参候、以此旨、可有御披露候、
恐惶謹言、
建武三年正月廿七日　　時通上
（証判）「承了（花押）」

〇三八八　烟田幹宗・同幹貞着到状写　〇京都大学総合博物館所蔵烟田文書

（端裏書）「□□□」
着到
常陸国
烟田左近将監幹宗
同子息又次郎幹貞
右、令馳参候、仍着到如件、
建武三年正月日
（証判）「承了（斯波家長）（花押影）」

〇三八九　大見能登権守代加治岡政光軍忠状　〇反町英作氏所蔵水原文書

越後国白河庄（蒲原郡）山浦条地頭大見能登権守代加治岡兵衛四郎政光申軍忠事
右、凶徒白河与五為氏・同一党幷小国兵庫助・同一族等為対（退）治、被馳向大将佐々木（加地）近江権守景綱之間、属彼御手、去年（建武二）十二月廿三日、豊田庄（同郡）鴻巣合戦致忠、同廿五日白河庄渡合合戦之時、捨身命抽忠節之条、御見知之上者、賜御判、為備後証状如件、
建武三年二月二日
（証判）「承候了（花押）」
〇「承候了」は本文と同筆。

〇三九〇　忽那重清軍忠状　〇伊予忽那文書

（証判）「無相違（洞院実世カ）（花押）」
伊予国忽那嶋（風早郡）東浦地頭次郎左衛門尉重清致軍忠由事

右、尊氏(足利)・直義(足利)為誅罰、下賜討手　綸旨、属大将軍洞院左衛(実世)門督殿御手、発向山陽道(東山道ノ誤)之致随分之軍忠令参洛畢、随而自山門西坂本(山城国乙訓郡)、去正月廿七日、為同御手馳向搦手賀茂(同国)河原、責下上北小路河原口、捨身命致合戦、被射馬畢、同廿八日、馳向大手致合戦、同晦日、馳向搦手致散々合戦之上、重為四条河原相向朝敵人高橋党、致散々合戦責落畢、次依大将軍仰、火(樋)口河原口在家懸火畢、次馳向内野、責付丹州追山(大江)畢、此等子細御見知之上者、賜御一見書、備向後亀鏡、弥為致弓箭面目、言上如件、

建武三年二月三日

○三九一　大前道貞軍忠状写　○薩藩旧記雑録前編十八所収富光文書

薩摩国祁答院(薩摩郡)富光九郎道貞馳向日向国諸県郡八代、新田右衛門佐義貞与党之仁伊東藤内(祐広)左衛門尉以下輩為誅伐、去月廿九日押寄彼城、捨身致合戦、土持左衛門太郎茂被疵候、且土持七郎、同新(宣栄)兵衛尉、惣政所親類、参河国参河公、同橘内兵衛尉以下於戦場雖見知候、為後証可入(令カ)申候也、恐惶謹言、

建武三年二月四日　大前道貞

進上　土持左衛門太郎殿

○三九二　日郷五箇誓戒写　○武蔵匡真寺文書

日郷上人五箇誓戒

誓　日郷法師

一不可先名門利養次仏法修行事
一不可好酒宴茶会虚財施法施事
一不可近俗姓親類遠仏種弟子事
一不可重富貴之仁軽貧賤之族事
一不可携管絃歌舞障自行化他事

右、可直枉慮存正法者也、

建武三年二月五日

(安房国北郡)妙本寺日要在判
本永寺(日向国諸県郡)学頭坊阿闍梨日杲判
日我御事也　伝授　要賢房

元亀三年壬申　六十五才　日我（花押）

七月廿五日

大輔阿闍梨　日恩伝授之、
弟子

○三九三　相馬重胤譲状　○陸奥相馬文書

譲渡　所領事

次男弥次郎光胤分

一下総国相馬郡内

粟野村

一陸奥国行方郡内

耳谷村

右村々者、限永代譲渡弥次郎光胤畢、但此外奥州小高村（行方郡）内矢河原十郎後家尼田在家一宇・彦三郎入道田在家一宇・盤崎村（同郡）内釘野在家并山、永代可令知行、仍譲状如件、

建武三年二月五日　平重胤（相馬）（花押）

○三九四　後醍醐天皇綸旨案　○伊勢結城文書

参河国渥美郡内野田・高足・細谷・大岩・若見・赤羽・弥熊・吉胡・岩崎等郷、為備中国荘原（後月郡）・草間（阿賀郡）両条、駿河国須津（富士郡）河郷・同国藍津（沢）（駿東郡）御厨内大沓間田在家等替、可令知行、官苻（符）未到之間、且可存知者、

天気（後醍醐天皇）如此、悉之、以状、

建武三年二月六日　左少弁（甘露寺藤長）在判

○充所を欠くが、結城宗広と考えられる。

○三九五　建部頼春申状案　○山城南禅寺文書

「御判（証判）」（足利尊氏カ）

符（府、下同ジ）南（加賀国加賀郡）御供田孫四郎頼春申、加賀国一宮（能美郡）符南社神主職・得南名（同郡）者、去年（建武二）五月被召放之、被充行禅林寺（山城国）、同国千木保（加賀国河北郡）内御供田地頭職者、同年八月被収公之、国司宇津（都）宮兵部少輔（公綱）知行之上者、任本領安堵之法、給御下文、弥可抽忠節之由存候、以此旨、可有御披露候、恐惶謹言、

建武三年二月七日　建部頼春状在判

進上　御奉行所

○この文書案は、府南社御供田地頭職に関する文書案四通からなる巻子

の二紙目に書写されている。なお巻子の紙継目裏には「守護代山川豊前入道仙源（花押）」とある。

〇三九六　土持宣栄軍忠状案　〇日向土持文書

土持新兵衛尉宣栄於日向国所々致軍忠次第事

一去年建武二十二月十三日、世上闘乱之由依有其聞、一族相共欲令上洛之処、伊東藤内左衛門尉祐広新田右衛門佐(義貞)祇候人・同弥七(祐貞)・同弥八(祐勝)・益戸(行政)以下凶徒等令乱入国富庄(日向国宮崎郡・児湯郡・那珂郡)以下所々、依致濫妨狼藉、国中平均相随、致党類之由披露之間、同廿七日一族相共揚御旗、打出宿所候事(畢カ)、

一同廿九日、押寄伊東弥七・同弥八宿所堤追落之、焼払畢、

一去年建武二十二月廿四日、祐広以下凶徒等楯籠島津庄穆佐院(日向国諸県郡)政所之間、同晦日一族相共馳向彼城、致散々合戦追落之時、祐広親類・若党以下数十人討取之畢、

一正月建武三八日、肝付八郎兼重・子息金童丸幷萩原太郎兵衛尉兼政率数百騎軍勢、打越国富南加納、政所以下焼払之、同十日、十一日寄来穆佐佐(衍カ)城致合戦之間、防返畢、

一同十四日、兼重(肝付)与同仁楯籠浮田庄(日向国宮崎郡)預所、押寄高浮田城墎(郭、下同ジ)、於宣栄其日大将散々合戦、令生虜候事(畢カ)、

一同十四日、兼重同仁(与脱カ)浮田庄跡江方預所瓜生野八郎左衛門尉於彼政所、於城墎楯籠之間、馳向致散々合戦、追落之、則焼払城墎候畢、

一同十四日、兼重党類一坪(図師)六郎入道慈円、楯籠宮崎池内(宮崎郡)城之間、一族次郎頼綱相共馳向彼城、慈円同甥以下生虜之令誅畢、

一同廿三日、押寄祐広宿所八代(諸県郡)、焼払之処、楯籠猪野見(諸県郡)城之間、則時馳向彼城、雖致合戦、御方勢依討死手負出来、成無勢引退事(畢カ)、

一同廿九日、重押寄祐広猪野見、於大手責戦之時、二月一日宣栄額、同三日子息八郎時栄右膝二所被疵畢、此等子細御見知候畢、

右、宣栄所々軍忠如件、以此旨可有　御披露候、恐惶謹言、

建武三年二月七日　　左兵衛尉宣栄

進上　島津庄物政所殿(若林秀信)

「承了(証判)　左兵衛尉信秀(若林)在判」

○三九七　土持宣栄軍忠状案　○日向土持文書

新田右衛門佐殿(義貞)与同仁伊東藤内左衛門尉祐広以下凶徒等、去年十二月廿四日、押寄足利殿御領穆佐院(日向国諸県郡)、逮于合戦之由承及候間、一族馳向、十二月晦日一日一夜致合戦追落畢、幷兼重(肝付)同意図師六郎入道慈円(一坪)楯籠池内城(宮崎郡)之間、正月十二日馳向彼城、捨身命尽合戦之忠、召捕其身誅伐候畢、其後押寄祐広之城(諸県郡)、八代、同廿三日、同廿九日両度及合戦候之処、自身幷子息一人(土持時栄)、若党一人被疵候、適於戦場御見智(知)候之間、為後証令申候、恐惶謹言、

建武三年二月七日　左兵衛尉宣栄(土持)

進上　守護御奉行所

「承了(証判)　沙弥重賢在判」

○三九八　色部高長軍忠状案　○反町英作氏所蔵色部文書

同(校正了)

越後国瀬波郡新庄内一分地頭秩父三郎蔵人高長軍忠事

右、当国大将属佐々木加地近江権守殿(景綱)御手、馳参最前御方刻、小木・風間・河内・池一族等、西古志郡嶋崎城墎(郭)立籠之間、馳向搦手追落上、里見輔阿闍梨重慶侍生捕、飯野三郎二郎光広被誅畢、仍賜証判、為備向後亀鏡之状、如件、

建武三年二月七日

「承了(証判)在御判」

○三九九　和田茂実申状　○反町英作氏所蔵三浦和田文書

目安

三浦和田四郎兵衛尉茂実申去々年相違所領越後国奥山庄(蒲原郡)事

当所者、先祖和田二郎義茂、為木曾殿追討之賞、累代相伝知行之間、去々年建武元以当庄内中条・金山近衛殿御拝領之条、無術之次第也、然則任軍忠且依傍例、下賜安堵御下文、弥為尽忠、目安言上如件、

建武三年二月　日

(裏書)「(足利尊氏)(花押)

此所元弘三年以来被収公云々、任相伝文書、如元可令知行、若□不実者、可処其咎之状如件、

建武三年二月七日」

○裏書は中央裏、尊氏の花押は日付の裏にあり。「二月」の「二」字は墨色が異なる。

○四〇〇　某書下案　○伊勢結城文書

国司（北畠顕家）昨日進発、先日出候、御沙汰之次第、頗雖迷惑候、所詮朝敵追討之一段、諸人不入意候条、不可説候、参州已下一族已令同候、相構無等閑、可被加扶持候由、連々以使者、可有教訓候、兼又小山・長沼已下未令進発候、連々可被催促候也、事々期見参状如件、

建武三
二月八日　　御判

○四〇一　足利直義軍勢催促状　○周防阿曾沼文書

新田義貞与類、於安芸国蜂起云々、相語軍勢可令誅伐、縦雖為非職輩致軍忠者、就注進可有恩賞、且云路次往反船、且云浦々嶋々船、可点定之状如件、

建武三年二月十六日　（足利直義）（花押）

阿曾沼二郎（光郷）殿

○四〇二　足利直義軍勢催促状　○周防阿曾沼文書

安芸国凶徒蜂起云々、相催軍勢可被軍忠、於恩賞者就注進殊可有其沙汰之状如件、

建武三年二月十六日　（足利直義）（花押）

阿曾沼二郎（光郷）殿

○四〇三　千葉貞胤眼代職補任状　○香取源太祝家文書

定補　伊賀国眼代職事

右衛門尉貞家

右、所被補彼職也、在庁官人等承知、敢勿違失、仍所定補之状如件、

建武三年二月十八日

修理権大夫平朝臣（千葉貞胤）（花押）

○四〇四　相馬重胤定書　○陸奥相馬文書

於国可楯築事書目六（録）

定

一奥州行方郡内小高堀内構城墎（郭）□□凶徒等可令対治之也、
一成御敵一族等幷七郡御家人等事、相□（共カ）助之廻方便、可取御方之也、
一城内兵粮米事、須江九郎左衛門尉所□弐佰石有之、可入彼米也、其外一族等幷□分村々、仰給主代、可致其沙汰、然者員数□
一京鎌倉御方雖聞及劣軍之、各々□不可有二心、爰有二心於一族等、任連□□文之詞、可討取者也、合戦習雖弱一旦之□終期者歟、加之、遠国間敵等構虚言、可得心□捨一命、各々恥家疵、可欲揚弓箭名後代者□
一致軍忠於一族他人者、分明可申注進、軽賞□勇見聞輩故也、仍大略如此、
右目録状如件、
建武三年二月十八日　平（相馬）重胤□□
相馬弥次郎（光胤）殿

〇四〇五　相馬重胤軍勢催促状案　〇相馬市教育委員会寄託相馬岡田雑文書

（校正了）
同前
相馬孫次郎行胤於路次幷鎌倉中（相模国）、軍忠見知之間、尤以神妙候、右為国楯築、子息弥次郎光胤大将所□□（相進）也、而属彼手守事書之旨、相催庶子等、可□無二軍忠、於恩賞者、就注□□（進状カ）、可令言□（上之状如件カ）、
建武三年二月十八日　□（平重胤カ）
相馬孫次郎殿

〇四〇六　市河経助代難波経基着到状　〇本間美術館所蔵市河文書

着到
市河左衛門十郎経助代難波又次郎経基
右、今月十八日馳参候了、仍着到如件、
建武三年二月廿一日
「（証判）承了　（小笠原兼経）（花押）」

〇四〇七　市河経助軍忠状　〇本間美術館所蔵市河文書

市河左衛門十郎経助軍忠事

右、先代高時(北条)一族大夫四郎(北条時興)幷当国(信濃国)凶賊深志介(知光)以下之輩蜂起之間、為御追伐之大将、村上源備中(信貞)幷守護(小笠原貞宗)御発向之間、今月十五日、於麻続(筑摩郡)十日市場致散々合戦上者、給御一見書・証判、為備後証、恐々言上如件、

建武三年二月廿三日

「承了(証判)(花押)(吉良時衡)」

○四〇八　市河経助軍忠状　○本間美術館所蔵市河文書

市河左衛門十郎経助軍忠事

右、先代高時(北条)一族大夫四郎(北条時興)・同丹波右近大夫幷当国(信濃国)凶徒深志介知光以下輩寄来之間、於守護代小笠原余次(ママ)兼経幷村上源蔵人信貞大将、於八幡山(更級郡)西麓麻続(筑摩郡)御厨被致散々合戦之間、属彼手、経助致軍忠上者、賜御一見書・御判、為備後代亀鏡、恐々言上如件、

建武三年二月廿三日

「承了(証判)(花押)(吉良時衡)」

○四〇九　市河経助軍忠状　○本間美術館所蔵市河文書

市河十郎経助軍忠事

右、先代高時(北条)一族大夫四郎(北条時興)幷当国(信濃国)凶徒深志介(知光)以下之輩蜂起之間、為御追伐之大将、村上源備中信貞今月十五日御発向之間、於麻続(筑摩郡)十日市場致散々合戦、抽軍忠上者、給御一見状、為備亀鏡、恐々言上如件、

建武三年二月廿三日

「承了(証判)(花押)(付箋)「河内守」(村上信貞)」

○四一〇　後醍醐天皇綸旨　○楓軒文書纂五十九所収原宇右衛門所蔵文書

尊氏(足利)・直義(足利)已下凶徒与党、散在越後国云々、早可令誅罰者、天気(後醍醐天皇)如此、悉之、

(建武三年)二月廿四日　左少弁(甘露寺藤長)(花押)

原一族輩

○四一一　波多野景氏軍忠状案　○黄薇古簡集一所収波多野弥左衛門所蔵文書

波多野彦八郎景氏申、今年正月十二日属于御手、京着仕、同

十三日馳向供御瀬(近江国栗太郡)、同十六日山僧以下凶徒等令下洛之間、自
当所致後縮、馳出法勝寺(山城国愛宕郡)前致至極軍忠、追登山上訖、同十七
八両日発向西坂本(乙訓郡)、同十九馳籠八幡城(綴喜郡)、至于同二月七日致忠
畢、爰彼合戦最中、将軍家御下向兵庫嶋(摂津国八部郡)之間、御敵等得理天
寄来、取囲件城候間、雖欲馳参御坐当嶋、敢以不叶所存候間、
唯於当所可討死仕旨存之、已取趣于自害之庭事度々也、而不
慮雖存命仕、倩案忠勤残浅深、是併等于討死功者哉、然者奉
捨大将落失軍勢多之、所詮早任事実、可給御証判候、恐惶謹
言、

建武三年二月廿五日　藤原景氏状

進上　御奉行所

「承(証判)候了　在判(武田信武)」

○四一二　武田信武一見状写　○黄薇古簡集一所収波多野弥左衛門所蔵文書

(付箋)「武田兵庫助殿(信武)　一見状」

於八幡城(山城国綴喜郡)被合戦之時、当手軍勢等数千騎、雖多落失、残留被
致合戦忠之条、殊以神妙候、於恩賞者、無相違候様、可令注
進状如件、

建武三十(年カ)二月廿五日　兵庫助信武(武田)　在判

波多野彦八郎殿(景氏)

○四一三　長沼朝実代石太重泰軍忠状　○陸奥長沼文書

長沼安芸五郎朝実代石太与七重泰謹言上

欲早下賜御一見書備亀鏡子細事

右、自去年十一月廿五日至于同廿七日属当御手、於参川国矢
作(碧海郡・額田郡)、致合戦之忠節之間、旗指四郎吉実被疵、中間又太郎光国
令討死畢、同十二月二日、於遠江国見付府(豊田郡)南于先懸、追落御
敵畢、同五日、於手越河原(駿河国有度郡)、終日致合戦、同夜令宿直勤仕畢、
同十一日・二日両日、於箱根山(相模国足柄下郡)大手、致合戦忠節□(畢カ)、同十三
日、於摩加戸宿(駿河国富士郡)之合戦、重又抽軍忠畢、此等之次第、大将軍
悉御見知之上者、早為下賜御一見書、恐々言上如件、

建武三年二月　日

「承(証判)了(花押)」

○四一四　野田頼経軍忠状案　○能登妙厳寺文書

目安

一大和国野田九郎左衛門尉頼経申

去正月十日、奉落高倉　内親王於辺都、其後、馳向山城、為北畠侍従家（顕家）大将軍相催群勢、可致京都後寄之由、令談合群勢等之処、面々領掌之間、至于頼経者、其子細為言上、同廿六日、馳参山門（比叡山延暦寺）、合申西室殿之刻、同廿七日、御合戦之間、馳向戦場、致軍忠畢、然者賜御感　令旨、重欲致軍忠間事、

一斎藤上総左衛門尉佐利・同舎弟兵衛尉忠利申、去正月廿七日、致合戦、馳参山門、同卅日、抽軍忠畢、

一田島安房左衛門二郎行春申、去正月十日、奉落高倉　内親王於辺都、数日令祗候、同廿七日、致京都合戦、馳参山門、同卅日、抽軍忠畢、

右、彼輩等、当御所奉公之間、於同日同所、致合戦畢、於外様支証者、新田民部大夫貞政（一井）廿七日合戦見知了、於卅日合戦者、牧田弥九郎光政、斎藤左衛門入道宗徳所見了、

右、各賜御感　令旨、重為致軍忠、目安言上如件、

建武三年二月日

○四一五　日道申状写　○興門集

日蓮聖人弟子日興遺弟日道誠惶誠恐謹言、

請殊蒙天恩対治爾前迹門謗法、被立法華本門正法、天下泰平、国土安穏之状

副進

一巻　立正安国論先師日蓮聖人文応元年勘文

一通　先師日興上人申状案

一通　日目上人申状案

一三時弘経次第

右、遮那覚王之済度衆生也、捨権教説実教、日蓮聖人之弘通一乗也、破謗法立正法、謹検故実、釈迦善逝演説本懐則設四十余年之善巧、日蓮聖人之利益末世也、則依後五百歳明文也、凡一代施化赴機情而判権実、三時弘経随仏意而分本迹、誠是従浅至深捨権入実者歟、是以陳朝聖主捨累葉崇敬之邪法、帰

法華真実正法、延暦天子改六宗七寺幔幢、立一乗四明寺塔也、天台智者弘三説超過之大法、普退四海夷賊、伝教大師(最澄)用諸経中王之妙文、鎮祈一天安全、是則以仏法守王法之根源、以王法弘仏法之濫觴也、経曰正法治国邪法乱国矣云々、抑知未萌六正之聖人也、蓋了法華諸仏之御使也、然先師日蓮聖人者生智妙悟深究法華淵底、天真独朗玄鑑未萌災蘖矣、如経文上行菩薩後身遣使還告薩埵也、若然所弘法門寧非塔中伝附秘要末法適時大法乎、然則早棄捐権迹浅近謗法、被信敬本地甚深妙法、自他怨敵自摧滅、上下黎民遊快楽而已、仍為世為法誠惶誠恐謹言、

延元元年二月　日道

○四一六　足利尊氏軍勢催促状写　○常陸小田部庄右衛門氏所蔵文書

菊地(池)幷三原輩誅伐事、不日馳参、可致軍忠之状如件、

建武三年三月三日　尊氏(足利)御判

宇都宮大膳(経景)殿

○四一七　相馬光胤着到状　○陸奥相馬文書

相馬弥次郎光胤申

右、奉属大将斯波殿(家長カ)御手親父重胤(相馬)間、為□責上鎌倉(相模国)、致度々合戦忠之処、任斯波殿□□(御教)書幷親父重胤事書、今月八日令下国、成□□族等押寄楯、令対治候畢、仍小高城(陸奥国行方郡)楯□(築カ)□等着到次第、不同、

相馬九郎胤国　同子息九郎五郎胤□
同与一胤房　相馬七郎時胤
同五郎顕胤　相馬孫次郎行□(胤)
相馬六郎長胤　同七郎胤春
相馬十郎胤俊　同五郎泰胤
相馬孫次郎綱胤　同小四郎□□(胤時)
同四郎良胤　相馬小次郎胤□
新田左馬亮経政　相馬五郎胤経
同又五郎胤泰　同弥六胤□(政カ)
相馬孫六郎盛胤　相馬孫九郎胤通
相馬小次郎胤顕　同孫四郎胤家

相馬孫次郎胤義　　同小次郎胤盛
相馬孫五郎長胤　　相馬又五郎朝胤
相馬孫七郎胤広　　相馬九郎二郎胤直
相馬満丸　　相馬千代□(丸)
相馬小五郎永胤　　相馬弁房円意
相馬彦二郎胤祐　　相馬弥次郎実□(胤)
相馬又七胤貞　　相馬小四郎胤継
武石五郎胤通　　伊達与一高景
同与三光義　　相馬禅師房□(妙園)
相馬道雲房胤範　　標葉孫三郎教隆
長江与一景高女子代莚田三郎光頼　　相馬松王丸
相馬助房家人
青田孫左衛門尉祐胤

右、着到如件、

建武三年三月三日　　惣領代子息弥次郎

進上　御奉行所「承了(証判)(花押)(氏家道誠)」

○四一八　足利尊氏軍勢催促状案　○日向土持文書

新田右衛門佐義貞与党以下誅伐事、所被下院宣(光厳上皇)也、爰菊池武敏幷維(惟)直(宇治)雖揚旗、或打取之、或没落畢、抑伊東藤内左衛門尉祐広幷兼重(肝付)構城墎(郭)云々、令談合伊東六郎左衛門(貞祐)幷島津庄惣(若林秀信)政所代、可対治之状如件、

建武三年三月十日　　在判(足利尊氏)

土持新兵衛尉(宣栄)殿

○四一九　祐豪寺坊檀那職等譲状　○紀伊米良文書

永譲渡処分事

照円房分

一　寺　坊同敷地在所伏拝、

一　檀那　奥川(州)　常陸　下野　武蔵丹治一族

相模　駿川(河)　遠江　尾張　山城

美作同江見一門等、　長門同富田一門等、

肥前　肥後此外諸弟配分所漏諸檀那等、

右、於彼所帯等者、祐豪重代相伝之私領也、而為兵部卿照円房嫡弟之間、永所譲渡実也、全不可有他人之妨、仍為後日、

証文譲状如件、

建武三年三月十日　　法眼祐豪（花押）

○本文書には、料紙中央裏に花押がある。

○四二〇　英乗七回忌表白文　○神奈川県立金沢文庫保管称名寺文書

敬白

奉読誦理趣経十巻・梵網経百巻・如来林偈千反

奉唱宝篋印陀羅尼・阿弥陀大呪各百反・光明真言一千反

右、当英乗尊霊第七箇廻之忌景為成彼覚果、修此善根、仰願三宝諸天知見哀納、引導聖霊令成菩提重歟、無辺法界一切有情、断惑証□（果カ）速疾円満、敬白、

建武三年三月十日　　弟子敬白

○四二一　相馬光胤軍忠状　○陸奥相馬文書

相馬弥次郎光胤申軍忠事

右、白川上野入道（結城道忠、宗広）家人等宇多庄（陸奥国宇多郡）熊野堂楯築間、今月十六日馳向彼所、致合戦分取手負事

相馬九郎五郎胤景分取二人　　須江八郎分取一人白川上野入道家人六郎左衛門入道頸二

相馬小次郎胤顕生捕二人白川上野入道家人小山田八郎同人中間四郎三郎

相馬小二郎家人
木幡三郎兵衛尉分取一人　　相馬彦二郎胤祐分取一人

新田左馬亮経政代田島小四郎分取一人　　標葉孫三郎教隆分取一人

相馬助房家人
東条七郎衛門尉分取一人被疵畢　　木幡二郎討死畢

右、此外雖有数輩切捨略之畢、仍追散敵対治畢、

建武三年三月十七日　　惣領代子息弥次郎光胤

進上　御奉行所

「承了（証判）（花押）（氏家道誠）」

○四二二　千葉貞胤代官雅英軍勢宿所注進状断簡　○竹内文平氏所蔵文書

□田美濃守手

長南大進家主三位□□□同所東　　□笠原孫六□同所西

□殿御手

海東備後左衛門蔵人家主念西正親町油小路以東　　阿野兵衛督御手
下総四郎同所

□院左衛門督家手

太田掃部助　　准后御候人
奥寺左近将監家主丹波房高倉西頬

庄左衛門殿（尉カ）家主三河前司高倉以東南頬　　洞院左衛門督家手
高梨源蔵人家主四郎次郎正親町南京極以西

□院中将家手
姫地新兵衛尉家主蓮阿同所
小井与右衛門入道正親町南南猪熊
□州国司御手
岩間弥次郎宿主八郎
□院殿手
長滝口家主紀左衛門尉同所
(引)□地修理亮一族
福地平三同所
岩蔵宮御手
田辺三位房家主性心房
□主宮御手
三村宮内卿房家主新三郎土御門町
冷泉大納言家手
甲斐源左衛門尉家主又五郎土御門町東頬
□条殿手
若狭左衛門蔵人家主四郎
□院殿手
津久手甲斐弥太郎家主藤兵衛尉正親町烏丸東頬
同手
纐纈兵庫頭
□野僧正房手
来嶋若左丸家主藤王同所南頬
□手
□進太郎家主善得土御門東洞院北頬
□手
源田二郎兵衛尉家主又次郎正親町万里小路東
□大納言家手
□長谷孫次郎家主卿房
□注進如件、

伊勢前十禰宜家主藤次郎土御門南北大宮以東
竹内僧正御房手
西明房同宿卿房有賢猪熊南西
中院中将家手
熊木孫八家主五郎正親町南南油小路西
引地修理亮家主右近将監同所東頬
本間三郎入道家主筑前入道西洞院西頬
北畠殿手
横山田中左衛門太郎
近衛殿候人
関美濃房
宮中将家手
磯谷左衛門入道家主太郎同所
洞院御手
加谷掃部助
同手
垣谷周防彦四郎家主源三同所
同手
同掃部助土御門烏丸北頬
洞院殿手
但馬権守家主覚阿同所
北畠殿手
白川修理亮
同手
大和前司家主阿子
新田右中将手
吉江兵庫助家主兵衛入道土御門富小路東頬

延元々年三月十九日　　千葉(貞胤)修理権大夫代雅英（花押）

○本文書は年月日未詳の洛中宿人在所注文断簡（一九二号文書）とともに、嘉元四年六月十二日の昭慶門院所領目録の紙背に書かれている。

○四二三　義良親王令旨写　○秋田藩家蔵文書二十六白河七郎兵衛朝盈家蔵文書

下野国守護職事、可被致其沙汰之旨、陸奥宮(義良親王)御気色所候也、仍執達如件、

延元々年三月廿日　　右少将（花押影）

結城(親朝)大蔵権少輔館

(封紙ウハ書カ)「結城大蔵権少輔館　右少将家房」

○四二四　足利尊氏御教書写△　○反町弘文荘待買古書目録

志村以下凶徒等、致路次煩、越前伊井城止参路事、猶狭石関大草伊豆守手仁随、催郡内勢、彼可被鎮狼籍(藉)也、(有脱カ)依忠節可恩賞之状如件、

建武三年三月廿日　　源(足利尊氏)朝臣（花押影）

本多(助定)右馬允殿

○四二五　後醍醐天皇綸旨写　○武州文書三所収府内下宗列所蔵文書

上総国山辺南郡・□□（下総）国下河辺庄（葛飾郡）内春日部郷地頭職、止方々
妨可□令知行者、
天気（後醍醐天皇）如此、悉之、以状、
延元々年三月廿二日　左中弁（中御門宣明）（花押影）
春日部滝口左衛門尉（重行）館

○四二六　足利尊氏軍勢催促状案　○豊前佐田文書

新田右衛門佐義貞与党誅伐事、所被下　院宣（光厳上皇）也、仍今月廿八
日可上洛也、発向之時、可抽軍忠之状如件、
建武三年三月廿六日　大御所（足利尊氏）御判
宇都宮因幡権守（公景）殿

○裏花押がある。

○四二七　相馬光胤軍忠状　○陸奥相馬文書

相馬弥次郎光胤申軍忠事
右、今月廿二日為広橋大将（経泰）寄来小高城（陸奥国行方郡）御敵等事

相馬小次郎胤盛家人出張分取一人　惣領家人石町又太郎標葉□□打取□□
相馬小次郎胤顕敵一人打取畢　相馬孫二郎家人小嶋田五郎太郎〔　　〕頭□□
相馬孫五郎長胤家人三郎二郎打死畢　相馬五郎胤経家人大畠彦太郎被疵畢
相馬九郎胤国中間五郎太郎打死畢　相馬弥次郎実胤中間九郎太郎被疵畢
相馬五郎胤経家人増尾十郎被疵畢　相馬四郎良胤家人三郎太郎被疵畢
惣領家人須江八郎中間被疵畢　相馬助房家人青田新左衛門尉被疵畢
右、如此合戦之間、同廿四日追散敵畢、然除矢戦幷残手疵畢、
仍欲捧注進状処、為尻攻御内侍所大泉平九郎後馳来、以次、
標葉庄為対治合戦次第今月廿七日
相馬九郎五郎胤景標葉孫四郎打取畢　相馬孫次郎行胤補（捕カ、下同ジ）二人標葉弥九郎孫十郎
相馬小次郎家人胤盛生補二人標葉三郎四郎・長田弥四郎、胤盛自身被疵畢
相馬小次郎家人生補一人落合弥八郎　田信彦太郎生補一人標葉孫七郎
武石左衛門五郎胤通酒田孫五郎打取畢　相馬助房家人渡野部六郎兵衛分取一人
惣領家人木幡三郎左衛門尉分取一人　相馬六郎長胤被疵畢
相馬九郎二郎胤直被疵畢　相馬五郎胤綱家人被疵畢
右、此合戦次第、侍所大泉平九郎被実検畢、然早為御判、注
進状如件、

建武三年三月廿八日　　物領代子息孫次郎光胤

進上　御奉行所

「承了（証判）　（花押）（氏家道誠）」

○四二八　後醍醐天皇綸旨　○國學院大学図書館所蔵久我家文書

尾張国海東中庄（海東郡・中島郡）地□（頭）職小山出羽入道（長村）円阿跡、可令知行給者、
天気（後醍醐天皇）如此、以此旨可令洩申給、仍言上如件、宣□（明）恐惶頓首謹
言、

延元々年三月廿日　　左中弁（中御門宣明）（花押）奉

進上　大夫将監殿

○四二九　高師直書下　○豊後荒巻文書

大友豊前六郎蔵人貞広、同五郎三郎等申、豊後国香地庄（国東郡）事、
河越安芸入道宗重・同子息小治郎治重・次郎仲重、致濫妨狼
藉云々、早於狼藉者不日相鎮之、至宗重等者、為尋沙汰可召
進之、若有子細者可注申之状如件、

建武三年三月廿日　　武蔵権守（高師直）（花押）

豊後国守護代

○四三〇　西小河季久軍忠状写　○薩藩旧記雑録前編十八所収小川文書

武蔵国西小河小太郎季久申、筑前国有智山（御笠郡）合戦軍忠事
右、建武三年二月廿八日令引籠有智山、同廿九日於御社谷致
合戦忠刻、自身被疵左股被射、若党田兵衛尉・郎従右馬允幡指討死、
若党伊与房被疵右膝被射切、同平内左衛門尉被疵左ヒヂ被射切、此等子細、
同所合戦之輩、肥後国詫磨豊前太郎（貞政）・肥前国曾禰崎左衛門三
郎入道（道西）等、令見知之間、被成御施行、被尋問実否之処、証人
請文依無相違、被経御沙汰、被入御注進畢、然者給御証判、
為備後代亀鏡、恐々言上如件、

建武三年三月日

「承了（証判）　太宰少弐（少弐頼尚）（花押影）」

○四三一　戸次頼尊軍忠状写　○鎮西古文書編年録所収戸次家古文書

目安

大友戸次左近大夫頼尊軍忠事、預御一見状、欲浴恩賞施弓

箭面目子細事

一去年十二月十二日、於佐野山(伊豆国田方郡)最前参御方致軍忠事、

一同十三日、於伊豆国府(同郡)致散々合戦、令太刀打抽軍忠畢、分取頭三若党手負十四人、

一正月二日、近江国馳向伊岐須(栗太郡)城浜手、懸先致忠畢、分取頭三若党手負八人、

一同八日、追落八幡(山城国綴喜郡)凶徒、同九日、十日、於大渡橋抽軍忠畢、

一同十六日、法勝寺南門合戦、及散々太刀打、□

一同廿日、於室津(播磨国揖保郡)致打出合戦□□□於御供下向鎮西、同三月二日、抽筑前国多々良浜(糟屋郡)軍忠畢、親類若党手負討死百余人、分取頭五十四、

以前条々如此、云海道、云京都合戦、抽所々軍忠、迄于鎮西御供仕、於博多(筑前国那珂郡)給御教書、罷向玖珠(豊後国玖珠郡)城抽戦功之子細、皆以存知候上者、給御一見状、且預御注進、浴恩賞、為施弓箭面目、仍言上如件、

建武三年三月日

「承候畢(証判)御判」

○四三二　富来忠茂軍忠状　○本田峯雄氏所蔵文書

豊後国富来弥五郎忠茂申軍忠事

一去年建武二八月二日将軍家(足利尊氏)関東御下向之時、御共仕、同十二月五日手越河原(駿河国有度郡)合戦之時、懸先致散々合戦、被。(切)殺乗馬、中間一人被疵之条、疋田五郎令見知畢、

一筥根山(相模国足柄下郡)合戦之時、於一城戸臥木許属于御手、十一日・十二日両日抽軍忠之条、小幡新左衛門尉・竹田弥次郎令見知畢、

一今年正月二日向勢多(近江国栗太郡)、迄京都致軍忠畢、

一同十六日法勝寺(山城国)合戦之時、敵二人切落之条、真玉又次郎・名子谷孫四郎令見知畢、

一同廿七日於鞍馬口、分捕一人、生虜一人仕畢、此条中沢入道・計見与一・村上弥平四郎令見知畢、

一摂津国打出(兎原郡)弁手島(豊島郡)両度合戦致忠節、迄鎮西御共仕畢、

右、自最前奉属御手、致軍忠之上者、下給御証判、為備向後亀鏡、恐々言上如件、

建武三年三月　日

「承了(証判)(花押)」

○四三三　吉川辰熊丸代須藤景成申状土代　○周防吉川家文書

安芸国大朝本庄(山県郡)一分地頭辰熊丸(吉川経実)代小林左衛門三郎景成(須藤)。謹言上
欲早任当国・京都所々軍忠、預下給本治預所職、重致軍忠
間事
副進
一通　守護一見状建武二年十二月五日、自最初馳参御方所見、
右、去年十二月二日、当国守護武田兵庫助(信武)、奉揚将軍家(足利尊氏)御
旗、可被誅伐御敵之由、有其聞之間、辰熊丸。依為六歳幼雅(稚)幼少、六
歳、代官左衛門三郎景成、同五日。馳参御方、当国熊谷四郎三郎入
道蓮覚矢野(安芸国安南郡)合戦之時、景成懸大手之先、切入城中、致散々合
戦之畢条、綿貫孫四郎幷宮庄四郎二郎等見知了、将又属守護手、
責上京都間、供御瀬(近江国栗太郡)幷法勝寺(山城国)合戦致忠了、其後楯籠八幡山(同国綴喜郡)、
及連日合戦之条、自他国軍勢所令存知也、然早雖尫弱。下給。下(ママ)
本治預所職、弥為成合戦之勇、言上如件、

建武三年三月日

○四三四　富来忠高軍忠状　○豊後富来文書

豊後国御家人富来次郎忠高、自関東至于鎮西大宰府(筑前国御笠郡)御共仕候、
以此旨可有御披露候、恐惶謹言、
建武三年三月　日
進上　御奉行所
「承了(証判)(花押)(高師泰)」

○四三五　吉松公遠軍忠状　○豊前広崎文書

□□(目安カ)
豊前国大塚(宇佐郡)一分地頭吉松小次郎公遠申事
右、去年十二月廿日賜上野福寿御前御教書、連々致御宿直之
上、今年正月十六日属上野介殿(結城道忠、宗広)御手、於三条河原法勝寺(山城国)討取
凶徒、公遠被疵条、一条七郎太郎、豊前国山田宮内左衛門尉、
佐々木山城房(ママ)令見知畢、仍同十八日侍所三浦因幡権守(貞連)幷高五(師)
郎(直)右衛門尉被検見畢、加之、同廿七日・廿九日、度々抽軍忠

畢、且御教書、御一見状、御宿直着到等案進覧也（候脱カ）、然早預勧
賞、弥為抽武勇矣、目安如件、
建武三年三月　日

○四三六　結城宗広譲状写　○神宮文庫所蔵白河結城文書

譲与　所領等事
一陸奥国白河（白河郡）庄南方知行分
一同国同庄北方　摂津前司入道々栄（結城盛広）跡
一同国宇多庄（宇多郡）
一同国津軽田舎郡内河辺桜葉郷
一下総国結城郡
一下野国中泉庄内（都賀郡）　二階堂下野入道跡　同下総入道跡
一同国寒河郡内知行分郷々
一出羽国余部内　尾青村　清河村
一同国狩河郷内田在家
一京都（山城国）屋地　四条東洞院
一参河国渥美郡内
野田郷　高足郷　細谷郷　大岩郷
若見郷　赤羽郷　弥熊郷　吉胡郷
岩崎郷　牟呂郷　草間郷
右於彼所領等者、相副手継証文、所譲与孫子七郎左衛門尉顕
朝、不可有他妨、為後日譲状如件、
延元々年四月二日　道忠（結城宗広）（花押影）

○四三七　千葉胤貞寄進状　○下総中山法華経寺文書

寄進
中山（下総国葛飾郡）御本尊・十羅刹女御影、下総国田地参拾町、為現世安
穏太平後生善処、所奉寄進也、如件、
建武三年四月三日　平（千葉）胤貞（花押）

○四三八　山内首藤時通軍忠状　○長門山内首藤家文書

山内首藤三郎時通申軍忠事
右、今年建武三二月廿五日、先代（北条時行）合戦之時、浜面（相模国鎌倉郡）仁天敵一人打
取訖、并時通加下人弥次郎男打死畢、此条板倉右衛門太郎・

庄又六令見知訖、同廿六七両日、又致軍忠之条、無其隠、仍
合戦注進如件、
　　建武三年四月五日
　　（証判）「承候了（斯波家長）（花押）」

○四三九　陸奥国国宣写　○東北大学文学部所蔵朴澤文書

下野国皆川庄（都賀郡）・陸奥国南山内（会津郡）長沼河原田弥四郎跡、為勲功賞、可令知行
者、依国宣（北畠顕家）執達如件、
　延元元年四月八日　　鎮守軍監有実奉
　　大河戸下総権守殿

○四四〇　斯波家長奉書　○陸奥相馬文書

陸奥国行方郡内闕所幷同国相馬又六跡高木保（宮城郡）内事、将軍（足利尊氏）□
□計之程、暫所被預置也、配分一族、可被所務之由候也、
仍執達如件、
　建武三年四月十一日　　源（斯波家長）（花押）
　相馬孫五郎（重胤）殿

○四四一　相馬胤家代恵心申状案※　○相馬市教育委員会寄託相馬岡田文書

相馬新兵衛尉胤家代恵心言上
　欲早任由緒相伝旨充給陸奥国行方郡院内村三分壱事
右地者、曾祖父相馬五郎胤顕相伝所領也、仍三男孫七入道伝
領之後、数年知行之他界。□（候カ）、為闕所之由、相馬出羽権守親胤
進注進之間、被付給人云々、爰胤家亡父相馬五郎胤康自最前
参御方致軍忠、奉属斯波陸奥守殿（家長）于時弥三郎殿、建武三年四月十六
日於相模国片瀬河（鎌倉郡）打死畢、胤家又当国行方郡所々合戦、若干
致戦功之条、一見状明鏡也、仍相待恩賞之処、殊被付給人之
条候（ママ）、不便次第也、雖為少所、父祖為跡上者、充給之、為致
奉公忠、恐々言上如件、

○本文書は年月日未詳。文中の胤康討死の日付にかけて便宜ここに収める。

○四四二　源為経打渡状　○伊佐早謙氏所蔵文書

越後国奥山庄（蒲原郡）黒河条地頭職事

右、任去年建武二三月廿九日御牒・同四月十三日国宣之旨、当所於長井福河斎藤三郎実利法師法名円心子息右衛門蔵人重定(貞)所奉付沙汰之也、仍渡状如件、

延元々年四月廿一日　源為経（花押）

○四四三　武者所結番定文写　○建武記

定

武者所結番事

一番子午
新田越後守義顕　新田大蔵大輔貞政　熱田摂津守昌能
長井因幡守貞泰　南部甲斐守時長　大友式部大夫直世
長井掃部助大江貞匡　長沼判官藤原秀行　小山五郎左衛門尉藤原政秀
楠木帯刀橘正景　三浦弥三郎平長泰

二番未丑
新田左馬権頭貞義　宇都宮右馬権頭泰藤　小笠原周防権守頼清
仁科左近大夫盛宗　高梨左近大夫義繁　讃岐権守親藤
三浦安芸二郎左衛門尉平時続　小早川民部丞平頼平　三浦孫兵衛尉平氏明(時イ)
長江八郎左衛門尉平政秀　三尾寺十郎左衛門尉平時勝

三番寅申
新田兵部少輔行義　長井前治部少輔頼秀　千葉上総介胤重
狩野介貞長　伯耆大夫判官義高　土岐三川権守国行
豊後権守光顕　狩野遠江権守明光　滝瀬下野権守宗光
和泉民部丞藤原行持　町野加賀三郎三善信栄

四番卯酉
長井大膳権大夫広秀　長井因幡(周防イ)左近大夫将監高広　富部大舎人頭信連
足立安芸前司遠宣　町野民部大夫信顕　島津修理亮貞佐
小串下総権守秀信　梶原尾張権守景直　山田蔵人源重光
広沢安芸弾正左衛門尉藤原高実　荘四郎左衛門尉藤原宗家

五番辰戌
新田式部大夫義治　河内大夫判官正成　隼人正光貞
駿河権守時綱　三川守成藤
中条因幡左近将監貞茂
沼浜(積イ)左衛門蔵人藤原広誉　橘正遠　高田六郎左衛門源知方
布志(那イ)部二郎源光清　熊谷二郎兵衛尉平直宗(貞イ)

六番巳亥
武田大膳(衍イ)権大夫信貞　伯耆守長年　河内左近大夫知行
宇佐美摂津前司貞祐　武藤備中権守資時　大見能登守家致
金持大和権守広栄　山田肥後権守俊資　春日部滝口左衛門尉紀重行

本間孫四郎左衛門尉
源忠秀
右番守次第、一夜日無懈怠、可令勤仕之状如件、
延元々年四月日

○四四四　高師直施行状案　○安芸厳島神社文書

校案文了、
安芸国造果保（賀茂郡）事、為厳嶋（佐西郡）造営料所、所被寄附也、任御寄附之状可致沙汰状、依仰執達如件、
建武三年五月二日　武蔵守（高師直）判
武田兵庫助（信武）殿

○四四五　長岡宣政軍忠状　○常陸真壁長岡古宇田文書

目安
常陸国真壁又次郎宣政（長岡）申
右、宣政最前令参上宇都宮（下野国河内郡）御所之処、為足利御敵治罰、丹波入道殿御発向之間、為彼御手、於下野国沼和田（都賀郡）河原、致合戦抽軍忠之条、御見知之上者、給御判、欲備向後亀鏡矣、仍目安如件、
延元々年五月三日
（証判）「承了（花押）」

○四四六　左衛門尉為盛軍忠状案　○相馬市教育委員会寄託相馬岡田文書

相馬五郎胤康去月十六日合戦、於片瀬（相模国鎌倉郡）令討死了、若党飯土江彦十郎義泰於同所討死仕了、以此旨可有御披露候、恐惶謹言、
建武三年五月三日　左衛門尉為盛上
（証判）「承了　在判（斯波家長カ）」

○四四七　佐竹幸乙丸代某着到状写　○常陸吉田薬王院文書

着到　常陸国
右、佐竹幸乙丸代云、入野七郎次郎□□助房、自今年去（建武三）二月廿五日至于今、馳籠常□□（陸国）久慈郡苽連左近蔵人正（楠木）家之楯、及合戦之□遅参仕候也、仍着到如件、
延元々年五月四日
（証判）「承候了（花押影）」

○四四八　烟田幹宗譲状写　○京都大学総合博物館所蔵烟田文書

譲渡　常陸国鹿嶋郡徳宿郷内烟田・鳥栖・富田・大和田四箇
　　村地頭職事

右、彼村々者、幹宗譜代相伝私領也、然間相副次第証文等、
子息又太郎時幹（烟田）仁限永代、所譲与也、至于子々孫々、任先例
可令知行之、仍為向後譲状如件、

　　建武三年五月六日　　　　平幹宗（烟田）在判

○四四九　三戸頼顕軍忠状案　○長門毛利家文書

三戸孫三郎頼顕申、建武二年十二月廿三日、於矢野城（安芸国安南郡）一族相
共為西搦手、自廿三日至于同廿六日。致合戦之忠候畢、此条
御見知之上者、為後証可下賜御判候哉、以此旨可有御披露候、
恐惶謹言、

　　建武三年五月六日　　　　源頼明（顕）状 裏判

進上　御奉行所
　　　　「守護所」（モト付箋カ）「承了判」（証判）（武田信武）

○四五〇　三戸頼顕軍忠状案　○長門毛利家文書

三戸孫三郎頼顕申、属御手、正月十三日罷向供御瀬（近江国栗太郡）、打破粟
田口（山城国、下同ジ）、致十禅師・法勝寺南大門・三条河原所々合戦、尽忠節
候畢、其夜固二条河原口、同十七日馳向西坂本、致警固、同
十九日相向八幡山西尾頸役所、一族相共警固仕候了、合戦次
第御見知之上者、為後証可下給御判候哉、以此旨可有御披露
候、恐惶謹言、

　　建武三年五月六日　　　　源頼明（顕）状 裏判

進上　御奉行所
　　　　「守護所」（モト付箋カ）「承了判」（証判）（武田信武）

○四五一　足利尊氏御教書写△　○水戸彰考館所蔵古簡雑纂

（校正了）同前

美濃国居住一族中一人令供奉之条、殊以神妙、於恩賞者、追
而可有沙汰之状如件、

　　建武三年五月七日　　　　有御判（足利尊氏）

佐竹次郎三郎(義基)とのへ

○**四五二**　周防親家軍忠状　○周防吉川家文書

安芸国宮庄(山県郡)地頭周防次郎四郎親家申、去年(建武二)十二月五日属御手、押寄当国矢野(安南郡)熊谷四郎三郎入道蓮覚城墎(郭)、至于同廿六日、自大手木戸切入城内処、親家被射左股畢、次親家旗差藤三郎男被射右股候畢、此等次第、御奉行人福嶋新左衛門入道幷武藤五郎入道所被加実検也、然者為後証可賜御判候、以此旨、可有御披露候、恐惶謹言、

建武三年五月七日　　藤原親家状（裏花押）

進上　御奉行所

「承候了(証判)　(武田信武)(花押)」

○**四五三**　周防親家軍忠状　○周防吉川家文書

安芸国宮庄(山県郡)地頭周防次郎四郎親家申、正月十三日属御手、罷向供御瀬(近江国栗太郡)、同十六日打破粟田口(山城国、下同ジ)、於法勝寺西門致合戦忠節畢、其夜固中御門河原口、同十七日警固西坂本畢、同十九日罷向八幡山、固井野谷口、抽軍忠候了、此等次第、御検見上者、為後証可賜御判候、以此旨可有御披露候、恐惶謹言、

建武三年五月七日　　藤原親家状（裏花押）

進上　御奉行所

「承候了(証判)　(武田信武)(花押)」

○**四五四**　逸見有朝軍忠状写　○長門小早川家文書

安芸国安木町村(安北郡)地頭逸見四郎有朝申、属御手、正月十三日罷向供御瀬(近江国栗太郡)、勤役所之処、同十六日付御手、打破粟田口(山城国、下同ジ)、於十禅師・法勝寺西門、有朝旗差彦三郎、被射右足畢、証人柏村又六・入野又三郎存知上者、可有御尋候、致所々合戦忠節候畢、其夜同(固)中御門河原口、同十七日馳向西坂本、致警固、同十九日馳向八幡山戌亥角、固役所、抽軍忠候畢、此(等脱カ)次第、御検見之上者、為後証可賜御判候、以此旨可有御披露候、恐惶謹言、

建武三年五月七日　　源有朝(裏ニ判アリ、)

進上御奉行所

「承了（証判）（花押影）（武田信武）」

○四五五　左衛門尉成貞奉書　○下総香取大宮司家文書

今度合戦之儀、依為公私重事、相催神人等、可被致御祈禱、於忠勤者、可令注進由候也、仍執達如件、

延元々年五月八日　　左衛門尉成貞（花押）

香取宮神主殿

○四五六　斯波家長書下　○相模円覚寺文書

山内庄（相模国鎌倉郡）秋庭郷内信濃村事、以左馬頭殿（足利直義）御判、寄附正続院（同国円覚寺）之上者、甲乙人等不可致濫妨狼籍（藉）、若有違犯之輩者、可被行重科之状如件、

建武三年五月九日　　（花押）（斯波家長）

○四五七　逸見有朝軍忠状写　○長門小早川家文書

安芸国安木町村（安北郡）地頭逸見四郎有朝申、属御手、自建武弐年十二月廿三日到同廿六日、押寄当国矢野（安南郡）熊谷四郎三郎入道蓮覚城墎（郭）、致軍忠之処、旗差八郎二郎、於大手木戸脇、左カタヲ被射畢、此段御検見上者、為後証可賜御判候哉、以此旨可有御披露候、恐惶謹言、

建武三年五月十日　　源有朝（裏花押影）

進上　御奉行所

「承候了（証判）（花押影）（武田信武）」

○四五八　吉川経朝軍忠状　○周防吉川家文書

安芸国大朝本庄（山県郡）一分地頭吉河三郎師平子息吉二郎経朝申、為誅伐新田右衛門佐義貞、去年（建武二）十二月七日馳参御方、同廿四日誅伐熊谷四郎三郎入道蓮覚之時、押寄矢野城（安南郡）、致毎日合戦之忠、同廿六日大手懸先、打破木戸之処、師平打死仕候畢、此等次第御実検之上者、早預御判、可備後日亀鏡候、以此之旨可有御披露候、恐惶謹言、

建武三年五月十日　　藤原（吉川）経朝状（裏花押）

進上　御奉行所

「承了（証判）（花押）（武田信武）」

○四五九　畠山義顕感状写　○薩藩旧記雑録前編十八所収土持文書

新田右衛門佐（義貞）与同之仁益戸弥四郎行政・同四郎兵衛尉秀名幷
石河内弁済使以下、今月十日新納院（日向国児湯郡）岩戸原・彦尾合戦段、被
致忠節之由、被聞食状如件、

建武三年五月十二日　（畠山義顕）在判

土持新兵衛尉（宣栄）殿

○四六〇　畠山義顕軍勢催促状写　○薩藩旧記雑録前編十八所収土持文書

新田右衛門佐（義貞）与同之仁益戸弥四郎行政以下楯籠石之城者、早
佐伯備前守幷一族等相共馳向彼城、可被誅伐之状如件、

建武三年五月十五日　（畠山義顕）在判

土持新兵衛尉（宣栄）殿

○四六一　相馬光胤譲状　○陸奥相馬文書

譲渡

下総国相馬郡内粟野村、陸奥国行方郡内耳谷村・小高村内矢河原十郎後家尼給分田在家・彦三郎入道給分田在家・盤崎村内釘野在家幷山・同国田村庄
新田村内七草木村事

右、親父重胤（相馬）譲幷母儀譲状・安堵御下文等相副之、養子松鶴
丸仁譲渡畢、重胤鎌倉（相模国）にて自害之由承及之、舎兄親胤（相馬）上洛之
後音信不通也、光胤（相馬）又存命不定之間、松鶴為甥之上、依有志
養子として所譲与也、公私不遂本望者、僧仁なりて各の後生
を可訪也、仍譲状如件、

建武三年五月廿日　平光胤（花押）

○四六二　足利尊氏御教書　○相模仏日庵文書

祈禱事、可令致精誠之状如件、

建武三年五月廿四日　（足利尊氏）（花押）

金陸寺（武蔵国）長老

○四六三　陸奥国国宣　○東北大学文学部所蔵朴澤文書

（北畠顕家）（花押）

常陸国完（宍）戸庄（茨城郡）安子村壱岐次郎家景跡、為勲功賞、可令知行者、依
国宣（北畠顕家）執達如件、

延元々年五月廿七日　　鎮守軍監有実奉

高柳九郎三郎殿

○四六四　美濃国茜部庄下村百姓等申状案　○東大寺図書館所蔵東大寺文書

(美濃国厚見郡)茜部庄下村百姓謹言上

欲蒙早御成敗、百姓等成安堵思之間事

右件条者、先度百姓二人為使者如申上候、去年未進□(分)可沙汰之由、雖被仰下候、世上御動乱之間、京都・鎌倉［　］軍勢ニ家内等被揷(捜)取候テ、百姓牢籠無申計罷成［　］(候カ)、其上去年秋早・中・晩田御検見御使禰宜実国不及申損□(亡カ)仕候田作毛等、悉被高取候之間、再三雖歎申上候、不如［　］候テ、百姓等損亡仕候上者、未進之事預御免候者、畏入［　］之冬中ノ動乱ヨリ始テ、至于当年之今、守護・国司幷国勢［　］日別ニ被乱妨候、無残物さかし被取候、近憐(隣)ニハ正胤(員、下同ジ)ニテ□代官ニテモ、他家ニテ馳廻被問答候所ハ(モカ)、さ程不被乱妨候、［　］正胤モ、御代官モ、無御座候之間、京勢ト申、鎌倉勢ト申、船□路次ニテ候之間、敷居テ被乱妨候、何一無助事候、次当年［　］去年大雪ニ朽失候、そふ入(ママ)候テ大麦・小麦皆損失仕候、相［　］御年貢候分於可被結召候、此夏麦之内、皆損ノ畠モ候、又三分一□(損カ)モ候ヲ、半損被召候、重又一村ェ三貫文通ニ、三村ェ已上九貫文［　］損亡給候、猶以百姓等歎難尽存候、可然者蒙憲法之御□□(沙汰カ)、百姓等為成安堵之思、仍恐々言上如件、

延元々年五月　日

○四六五　美濃国茜部庄百姓等連署起請文　○竹内文平氏所蔵東大寺文書

立申　起請文事　再拝々々

右、起請文の元ハ、度々の動乱にとられ候はぬ物を、とられて候と申、又去年秋の田畠の御検見たかとりにとられまいらせ候はぬを、とられて候と申、又当年の夏麦大損亡し候はぬを、大損亡と申候て、御免の分半損に、又三貫文充三村(茜部庄上村・下村・本郷)ゑ給ハりて候を、所当に不相当と申上候者、(美濃国厚見郡)

奉驚上梵天・帝尺・四大天王、下淡(琰)(閻)魔法王・五道大神・王城鎮守八幡大菩薩・賀茂・春日・稲荷・北野・日吉山王七社、殊ハ伊勢天照大神・熊野・白山・伊豆・古(筥)根・三嶋権現、当国鎮守南宮・高山・伊富貴、当庄鎮守八幡大菩薩・ひた森大明神、惣日本六十余州大小神御はちを、百姓等身中八万四千毛穴毎ニ罷蒙へく候、仍起請文之状如件、

延元々年五月　日　　敬白

左近入道（略押）　右馬入道（略押）　石三郎（略押）　惣内（略押）
孫左近（略押）　平次郎（略押）　大夫次郎（略押）　五郎四郎（略押）
勢次郎（略押）　吉内大郎（略押）　□藤内（略押）　又大郎（略押）
石入道（略押）　新馬入道（略押）　智性房（略押）　五郎次郎（略押）
薬師四郎（略押）　藤内入道（略押）　大夫入道（略押）　毗沙後家（略押）
尺伽藤内（略押）　吉内《ヒシノ》大郎（略押）　左近五郎（略押）　乙犬四郎（略押）
次郎大郎（略押）

○この文書は、白山権現牛玉宝印の裏を返して書かれている。「ひた森大明神」は式内社比奈守明神のことで、後飛田守明神ともいう。「伊豆・古根・三島権現」とあるので、ここに収める。

○四六六　佐野義綱軍忠状写　○武蔵落合文書

下野国
　佐野安房孫太郎義綱申

右、両大将志(斯波)和又三郎殿相共、自鎌倉(相模国)御下時、最前馳参御共仕、当年四月廿二日、於土(利)根河中渡御□指向之間、一族佐野奥太郎清綱相共、河渡懸先畢、仍懸入敵陣領、阿代殿私(祇)候人五郎兵衛尉経政討取之条、田中三位殿、古戸孫五郎、桃頭彦五郎令見知之間、其日合戦一筆被付了、翌日廿三日板鼻(上野国碓氷郡)合戦、敵二人討取之処、被切乗馬畢、此等次第、佐貫千原田小六郎、山上十郎太郎令見知了、加之、両大将為御前於申上者、非御不審限、則早賜御判、為御証、恐々言上如件、

建武三年五月　日

○四六七　足利直義軍勢催促状写　○上野正木文書

美濃・尾張・伊賀・伊勢・志摩・近江国軍勢等事、可馳向東坂本(近江国滋賀郡)へ旨、先立雖被仰候、西坂本(山城国乙訓郡)合戦最中也、随令渡勢多河相分人数、不廻時尅、可催重京都陣之状如件、

建武三年六月九日　(足利直義)(花押影)

岩松三郎(直国)とのへ

○四六八　足利尊氏下文写△　○水戸彰考館所蔵古簡雑纂

(足利尊氏)在御判 治部兵衛大夫銘也、

校正了

下　佐竹次郎三郎義基

可令早領知美乃国山口郷(武芸郡)東西・同国上有知座(武芸郡)(庄)上下・弾正庄(大野郡)事

右入道(人為カ)勲功之賞所充行也、早守先例、可被沙汰之状如件、

建武三年六月十一日

校正訖

○四六九　河野通盛手負注文写　○萩藩譜録

(証判)「被聞食畢　(足利)直義御判」

注進

建武三年六月五日於比叡山大岳南尾(近江国)合戦、分捕生捕幷手負

実検事

伊予国軍勢

二宮弥四忠世ホソノ下物具ヲイトヲサル　富田治部房左ノホウヨリ右ノ耳エイトヲサル

志津河弥太郎通治分取頸一　右ノモヽ、右ノ乳上、左ノホウ突疵一所、射疵以上四ケ所

岡田新太郎重遠頸骨射疵　正岡三郎盛経右ノ目下ヨリ耳ノ下ヘイヌカル

久枝孫四郎康盛左ノウテヲ射抜ル、　同太郎三郎信久左脛射疵

大内小三郎信俊右ノ脇下射疵　桑原孫四郎通時右足甲被射疵

大内又太郎信種旗差藤三郎家次右足射疵　岡田彦五郎清 イ通時 左脇射疵

仙波平次盛増右ノハキヲ被射抜　仙波又太郎若党 大窪左近允家景左ノハキヲ射ヌカル、

同若党 同弥平次実氏左ノハキヲ被射　石手寺円教房増賢左ノウテヲ被射

氏家介五郎公長左ノ足甲被射抜　田村越中房元慶左脇被射抜

一同六日合戦

長又五郎忠貫左股射疵　本郡太郎左衛門入道賢阿右肩射疵

設楽兵藤左衛門尉正義若党 大野次郎兵衛尉忠直右足射疵　桑原次郎左衛門尉久通分取頸一

同舎弟孫次郎通忠左肩射疵　山崎又太郎祐盛左足射疵

江戸六郎太郎重近左ノカイカ子射疵旗一流奪取之云々、

岡田又六武右股射抜ル、　沼田七郎三郎入道道智右股射疵

二宮左衛門太郎義親幷若党左衛門次郎右衛門太郎已上三拾人打死畢、

一同十一日合戦

二宮三郎若党
太郎兵衛尉左ヒサ□(被カ)射疵
江戸弥四郎左股射疵
本郡孫四郎宗広右脛射疵

二宮孫二郎若党
兵衛次郎左股射疵
江戸太郎三郎若党
伊原彦四郎重綱右肩射疵
河野墨俣三郎信有左脛射疵

右、実検注進如件、

建武三年六月十三日　沙弥善恵(河野通盛)

○江戸氏が見えるので、ここに収めた。

○四七〇　覚助料所預ケ状　○相模鶴岡八幡宮文書

(覚助法親王)
(花押)　「(押紙)二品覚助親王
後嵯峨院第三宮
正慶二年九月四日補当社検校職」

鶴岡八幡宮寺(相模国鎌倉郡)領内稲目郷(武蔵国橘樹郡)者、為御灯料所、所預給小別当宮能(大庭)也、任先例御灯不可有懈怠、若有懈怠者、可仰付他人之状如件、

建武三年六月十三日　頼円奉

○四七一　吉川経時軍忠状案　○周防吉川家文書

「(モト端裏書カ)尾張守殿(高師泰)御一見状、正文ハ武田甲斐守(信武)許有之、」

吉河小次郎経時申

右、今年建武三五月十八日、於備中国福山城(窪屋郡)大手、懸先致合戦追落了、軍忠次第為大将御前之間、不及証人、然早為後証下給御判、可備後日亀鏡候、恐惶謹言、

建武三年六月十六日　藤原経時

進上　御奉行所　「(証判)承候了在御判(高師泰)」

○四七二　行方信崇譲状案　○京都大学総合博物館所蔵烟田文書

譲与　所々所領等事

一常陸国行方郡小幡郷内大和田村限東高岡郷堺、限南大河流、限西自薄町堤橋本北江成田大道江直仁切付、限北武井郷堺、
一同郡藤井村限東船子郷堺、限南入海、限西井上郷堺、限北下大道、
一下総国印東庄(印旛郡)貝塚郷自大道北、并加親常跡、
一上総国佐是郡矢田郷四至境見于本証文、但同郷内平滝、小山田村除之、

右所々者、信崇重代相伝私領也、而孫子孫六郎幹胤、自幼少令取養之間、立実子、限永代所譲与也、至于子々孫々、敢不

可有相違、若子息孫子等中、背此旨於致違乱妨者、彼分領於幹胤可令知行也、但信崇一期間者、信崇可令領掌也、仍為向後証文、譲状如件、

延元々年大才丙子六月廿日　　沙弥信崇在判

○四七三　行方信崇譲状案　○京都大学総合博物館所蔵烟田文書

譲与　所々所領等事

常陸国行方郡小幡郷内大和田村限東高岡郷堺、限南大河流、限西自薄町堤橋本北江成田大道江直仁切付、限北武井郷堺、

同郡藤井村限東船子郷、限南入海、限西井上郷、限北下大道、

下総国印東庄（印旛郡）貝塚郷自大道北、并加親常跡、

上総国佐是郡矢田郷

右所々者、信崇重代相伝之私領也、而孫子孫六郎幹胤、自幼少取養之間、立実子、相副御下知以下証文等。限永代所譲与也、至于子々孫々、敢不可有相違、若子孫等中背此旨於致違乱輩者、幹胤可令知行彼分領也、仍譲状如件、

建武三年大才丙子六月廿日　　信崇　判

○四七四　岩松頼宥感状　○上野小野寺文書

今月十九日竹田河原（山城国紀伊郡）合戦以来、至于今、当所一陣日夜警固之条、神妙候、殊可注進申之状如件、

建武三年六月廿四日　　頼有（宥）（岩松）（花押）

小野寺八郎左衛門尉殿（顕通）

○四七五　逸見有朝軍忠状写　○長門小早川家文書

安芸国安木町（安北郡）村地頭逸見四郎有朝申、今月八日属大将武田兵庫助信武御手、罷向摂津国水田城（島下郡）、同九日致散々合戦忠節、追落御敵候畢、同十九日於今在家（山城国）・作道、有朝懸先、致至極合戦、太刀打仕、頸分取仕候畢、此段毛利備前弥四郎・田門十郎令存候畢、為後訴可下給御判候哉、以此旨可有御披露候、恐惶謹言、

建武三年六月廿五日　　源有朝

進上　御奉行所

「承了（証判）（武田信武）（花押影）」

○四七六　三戸頼顕軍忠状案　○長門毛利家文書

三戸孫三郎頼顕申、属于御手、今月九日罷向水田（摂津国島下郡）、抽軍忠候畢、同十九日作道（山城国、下同ジ）・今在家・葛河（桂）合戦、致軍忠候畢、以此旨可有御披露候、恐惶謹言、

建武三年六月廿六日　源頼顕　裏判

進上　御奉行所

「守護所」（モト付箋カ）
「承了（証判）判」（武田信武）

○四七七　足利直義軍勢催促状　○東京大学史料編纂所所蔵小笠原文書

新田義貞已下凶徒等誅伐事、依被下院宣（光厳上皇）、於楠木判官正成者、令打取畢、至義貞等者、逃籠山門（比叡山延暦寺）之間、打囲四方、不落凶徒之様、所有其沙汰也、爰東国御方人々雖馳上、依野臥已下之煩逗留之由有其聞、然間佐々木佐渡大夫判官（導誉、高氏）入道。所令下向也、暫留近江国、且相談子細、且無軍勢煩之様廻故実、随事体企参洛、可致軍忠之状如件、

建武三年六月廿六日　（足利直義）（花押）

自東国馳参人々中

○四七八　佐竹義基軍忠状写　○秋田藩家蔵文書十八所収酒出金大夫季親家蔵文書

佐竹次郎三郎義基申

今月六日馳参西坂本（山城国乙訓郡）、奉属御手、一族佐竹彦五郎等相共及至極合戦了、同七日、猶（於）不動堂前責上御敵致合戦忠節次第、高新左衛門尉（師冬）、曾我奥太郎御内奴可左衛門二郎、令見知了、仍賜御判、可備後代亀鏡候、以此旨可有御披露候、恐惶謹言、

建武三年六月廿七日　源（佐竹）義基

進上　御奉行所

「承了（証判）（細川顕氏）（花押影）」

○四七九　吉川親家軍忠状　○周防吉川家文書

安芸国宮庄（山県郡）地頭周防次郎四郎親家申、今月九日摂津国水田城（島下郡）致散々合戦、追落御敵候訖、同十九日造道（山城国、下同ジ）・今在家・桂河合戦之時、懸先陣捨身命、致合戦之刻、旗差九郎太郎入道被射右手ノコウ候畢、此等次第、為同所合戦之間、遠藤八郎・菅生彦

四郎令見知候畢、然早預御証判、可備後訴候、以此旨可有御
披露候、恐惶謹言、
建武三年六月廿九日　藤原親家状（裏花押）
進上　御奉行所
「承候了（証判）（花押）（武田信武）」

○四八〇　市河経助軍忠状　○本間美術館所蔵市河文書

信濃国市河左衛門十郎経助軍忠事
右、香坂小太郎入道以下凶徒等、楯籠当国牧城（更級郡）之間、惣大将
軍村上源蔵人（信貞）為誅伐彼凶賊等、今年正月廿三日御発向之間、
属于経助御手致軍忠時、若党難波大郎（助元）左衛門尉被射弓手指、
小見彦六被射右手眼、中間孫五郎者被射通足頸、小二郎者被
射左股畢、此等子細為同所合戦之間、高梨五郎（時綱）・犬甘四郎・
毛見源太・殖野左衛門次郎令見知上者、不可有御不審者也、
将又今月廿五日重御発向之間、同馳参致忠節上者、賜御判為
備後証、恐々言上如件、
建武三年六月廿九日
「承了（証判）（花押）（村上信貞）」

○四八一　市河経助・同助泰軍忠状　○本間美術館所蔵市河文書

信濃国市河十郎経助・同三郎助泰軍忠事
右、楯籠于香坂小太郎入道心覚以下凶徒牧城（更級郡）之間、為誅伐、
守護代小笠原余三経義、今月廿五日被発向之間、属御手令馳
参、廿六・七両日致合戦、抽軍忠上者、賜御一見・御判、為
備後証、恐々言上如件、
建武三年六月廿九日
「承了（証判）（花押）（小笠原経義）」

○四八二　足利尊氏袖判御教書　○武蔵美吉文書

（花押）（足利尊氏）
元弘以来自公家被収公、摂津右近大夫将監親秀本領事、知行
不可有相違之状如件、
建武三年六月廿九日

○四八三　本間有佐軍忠状　○伊勢本間文書

本間四郎左衛門尉有佐於所々抽合戦軍忠事

右、有佐、去年建武二十二月卅日、馳参海道足近河(美濃国)、奉属于大将軍足利上総宮内大輔殿(吉良貞経)御手、今年正月八日、於足近・小熊(尾張国葉栗郡)・高菜河原等、致合戦軍忠、同二月十四日、尾州鳴海(愛知郡)合戦之時致忠節、云同三月廿五・廿七両日鎌倉(相模国)合戦、云同四月十六日片瀬(同郡)河合戦、抽軍忠之上者、給御判備後証、為施弓箭面目、恐々言上如件、

建武三年六月　日

「一見了」(証判)　(花押)(吉良満義カ)

○四八四　小佐治基氏軍忠状　○近江小佐治文書

近江国御家人小佐治右衛門三郎基氏申軍忠奉(事)

右、賜大将足利岩松殿(頼宥)御教書、構油日嵩龍山寺城墎(郭、下同ジ)、奉入大将軍、相催一族等、日夜致警固畢、而可仕御入洛御共之処、可守護彼城墎之由蒙仰之間、所楯籠之也、然早賜御判、為備後証、恐々言上如件、

建武三年六月日

「承了」(証判)　(花押)(岩松頼有)

○四八五　平子重嗣軍忠状　○長門三浦家文書

平子彦三郎重嗣申軍忠事

去六月晦日、属大将軍山名伊豆守殿(時氏)御手、於三□(条)大宮(山城国)、生捕幷頸交名事

生捕

一美作国御家人大葉左近允

頸二

一山法師檀光坊三位竪者幷同宿卿公

生捕・頸等、即守殿御目懸之処、可加実検之□(由カ)依御定、武田八郎・淵辺七郎令見知訖、然早下賜□(御)証判、欲備後証、以此旨可有御披露候、恐惶謹□(言)、

建武三年七月二日

「承候畢」(証判)　(花押)(山名時氏)

○四八六　毛利時親譲状案　○長門毛利家文書

条々委細承候了、子孫中一人、御方にて被致忠節候につきて、
我〳〵も心安候上、所領等事他の妨あるへからす候、先吉田(安芸国高田郡)
郷山田村知行せられ候て、可有在京候、佐橋(越後国刈羽郡)、加々田(河内国錦部郡)あき候
て、得分とり候者、麻原(高田郡)郷をも一円にあけてまいらせ候へく
候、次屋地二所おなしく進候、若党共事在京をさせて、被召
仕候へく候、但船路も不静之由聞候ほとに、師貞(飯田)ハ召具して
下度候、可為如何様候、尚々嫡孫にてまし〳〵候上、おほや
けわたくし為代官被致忠候間、了禅跡家督として、一族若党
等被成敗候て、いよ〳〵可被致忠節候、恐々謹言、
(異筆)「建武三」
七月二日　了禅(毛利時親)在判
毛利少輔太郎(元春)殿

○毛利元春の子広房が作成した具書案の一通である。

○四八七　佐竹義基軍忠状写　○秋田藩家蔵文書十八酒出金大夫季親家蔵文書

佐竹次郎三郎義基申
去六月十七日、馳向西坂本(山城国乙訓郡)大平比脇山可登由、直被仰下之間、
義基一族相共登彼山、追上御敵上檀構要害、同十八日、及至
極合戦畢、同十九日、大将軍石堂殿(頼房)率態(熊)野勢、被責上松山上
檀間、同時責上敵矢蔵前相戦之処、若党立神彦三郎・岩村又
三郎、被疵畢、仍於御前被遂御実検畢、此等子細、軍奉行大
平六郎所被見知也、然則、給御一見状、所欲備後日亀鏡也、
以此旨可有御披露候、恐惶謹言、
建武三年七月三日　源義基(花押影)『裏ニ如此ノ判アリ』
(証判)「(花押影)(高師直)」

○四八八　高梨時綱軍忠状　○本間真子氏所蔵高梨文書

高梨五郎太郎源時綱軍忠事
右、香坂小太郎入道心覚以下凶徒等、当国(信濃国)椙籠牧城(更級郡)之間、属
于大将村上源蔵人信貞并高梨弥太郎経頼手、今年(建武三)六月廿
五日、押寄彼城、於中入手責戦之処、簱差弥六男乳上被射通
畢、然早賜一見状、為備後証、恐々言上如件、
建武三年七月三日
(証判)「承候了(高梨経頼)(花押)」

〇四八九　足利直義軍勢催促状　〇東京大学史料編纂所所蔵小笠原文書

□(新)田義貞等、去卅□(日カ)自山門(比叡山延暦寺)打出之間、義貞親類幷長年(名和)討取了、其外凶徒大略被討罰也、而近江国悪党等蜂起間、上洛延引之由、所有其聞也、仍可差遣軍勢於大津、忩退治江州凶徒、先馳着勢多及来□(浜カ)辺、可被申左右之状如件、

建武三年七月四日　(足利直義)(花押)

□□□(小笠原カ)信濃(貞宗)前司殿

〇四九〇　足利尊氏軍勢催促状　〇東京大学史料編纂所所蔵小笠原文書

新田義貞以下凶徒等事、度々合戦、毎度打勝畢、就中去月晦日寄来之間、伯耆守長年(名和)幷余党数千人、或討取之、或生取間、山門(比叡山延暦寺)之軍勢相残之分不幾之上、今朝多以没落、将又為降人所参也、爰如風聞者、義貞□(以)下可令没落東国云々、自東国山道令馳参之輩、暫令居住近江国、打止山徒往反及兵粮、可打取山□(門カ)没落軍勢之由、可相触山道海道等勢之状如件、

建武三年七月五日　(足利尊氏)(花押)

小笠原信濃(貞宗)(守脱カ)殿

〇四九一　高師泰奉書写　〇反町英作氏所蔵三浦和田文書

速成就院事、為異于他祈禱所之上者、真田平太相共、禁制軍勢等乱入狼藉、可被致警固之状、依仰執達如件、

建武三年七月五日　尾張権守(高師泰)(花押影)

和田二郎□(四郎兵衛尉殿)殿

〇四九二　足利尊氏感状　〇反町英作氏所蔵三浦和田文書

(足利尊氏)(花押)

三浦和田四郎兵衛尉茂実軍忠神妙、可有恩賞之状如件、

建武三年七月七日

〇四九三　足利尊氏軍勢催促状案　〇筑後田代文書

近江国静謐事、属佐渡判官入道(佐々木導誉、高氏)手、早可令発向之状如件、

建武三年七月八日　御判(足利尊氏)

田代一若丸(顕綱)(殿脱カ)

○**四九四**　日下部盛連軍忠状写　○宮崎県立図書館寄託郡司文書

新田《義貞》右衛門佐殿与同仁益戸孫四郎《弥カ》行政、同四郎兵衛尉秀命《名カ》以下凶徒等、七月九日寄来新納院《日向国児湯郡》政所城、及合戦之間、那賀《日下部》右衛門九郎盛連致軍忠之時、旗指井藤六郎頸、中間孫八右肘被疵候畢、次於岩戸原《同郡》弁彦尾先懸之段、侍所御見知之上者、以此旨可有御披露候、恐惶謹言、

建武参年七月十日　日下部盛連上

進上　御奉行所

「承了《証判》（花押影）《畠山義顕》」

○**四九五**　斯波家長奉書　○吉成尚親氏所蔵茂木文書

「□《異筆》御教書」

常陸国凶徒等蜂起之由、有其聞之間、所被差下足利少輔三郎也、早相催一族、可被致軍忠之状、依仰執達如件、

建武三年七月十二日　源《斯波家長》（花押）

茂木越中入道《知貞》殿

○**四九六**　逸見経信譲状写　○長門小早川家文書

ゆつりわたす

あきのくに《安芸国》ミりのしやう《三入庄》《安北郡》のうちあきまちのむら《安芸町村》のちとう《地頭》しき《職》・くもんしき《公文職》・そうついふくしき《総追捕使職》の事

ちやくし《嫡子》みなもとのありとも《源有朝》かところ

右ちとうしきとうハ、大阿さうてんくわんれい《管領》の地として、たうちきやう《当知行》さうゐなきところなり、しかるを、くわんとう《関東》あんと《安堵》の御くたしふミ《下文》・御けち《下知》いけ《以下》のてつきしよう《手継状》をあいそへて、ちやくしありともにゑいたいをかきりてゆつりわたすところしち《実》なり、たのさまたけあるへからす、もし大阿かしそんとかうして、このゆつりしやうをそむいていさゝかもいらんわつらいを申ともからあらは、ふけう《不幸》のしん《仁》たるへき物なり、よてこ日《後》のためにゆつりしやう如件、

けんふ《建武》三ねん七月十四日　しやみ大阿《逸見経信》（花押影）

○**四九七**　足利直義御教書　○東京大学史料編纂所所蔵小笠原文書

昨日十五日注進状、今日十六日午刻到来、

抑去六日夜、於野路原（近江国栗太郡）打捕山徒成願房、同十日、於鏡宿（蒲生郡）并伊吹（坂田郡）・大平寺（同郡）両所、致合戦云々、軍忠之至、殊以神妙也、将又東国軍勢、近日可参洛之間、勢多（滋賀郡・栗太郡）□□□（橋以下）及其沙汰、可差遣軍勢於近江路者、相副近江・伊勢両国輩於佐々木佐渡判官（高氏）入道々誉、且対治凶徒、且可警固東近江之由、被仰下畢、同誅伐彼凶徒等、早速可入洛之状如件、

建武三年七月十六日　（足利直義）（花押）

小笠原信濃守（貞宗）殿

○四九八　光厳上皇院宣写　○伊予国分寺文書

院宣案

天下静謐御祈事、相催諸国末寺并国分尼寺等、殊致丹誠、可被祈念海内安全者、依

院宣（光厳上皇）執達如件、

建武三

七月十八日　雅仲（高階）

極楽寺（相模国鎌倉郡）長老上人御房

○四九九　足利尊氏御教書案　○神奈川県立金沢文庫保管称名寺文書

（ウハ書）「称名寺（武蔵国久良岐郡）長老　御判」

元弘以来被収公当寺領事、如元知行不可有相違之状如件、

建武三年七月十八日　将軍（足利尊氏）御判

称名寺長老（釼阿）

○五〇〇　山内観西軍忠状写　○長門山内首藤家文書

備後国津口庄（世羅郡）内賀茂郷一分地頭山内七郎入道観西謹言上

早欲為追討凶徒、属御手致合戦、追落御敵刻、於手者或討死、或被疵上者、預御証判子細之事

右、於当国則光（世羅郡）西方城、挙中黒幡、御敵蜂起之間、属御手懸先、致合戦之処、若党真室弥次郎被疵、中間宗四郎令討死候畢、御実検之上者、早為預御証判、恐々言上如件、

建武三年七月十八日　沙弥観西（山内）

進上　御奉行所

（証判）「承了　（武田信武）（花押影）」

○五〇一　足利直義御教書案　○伊予国分寺文書

将軍家御教書案
諸国散在末寺僧尼寺領等事、任先例可被致其沙汰之状如件、
　　建武三年七月十九日　　　　左馬頭（足利直義）御判
極楽寺（相模国鎌倉郡）長老

○五〇二　足利尊氏御教書　○市島謙吉氏所蔵文書

祈禱事、可令致精誠之状如件、
　　建武三年七月廿日　　　　（花押）（足利尊氏）
　報恩寺（相模国鎌倉郡）長老

○五〇三　足利直義カ御教書案　○甲斐大善寺文書

三条殿御教書案
祈禱事、為天下安寧家門繁昌、可抽精誠懇祈之状如件、
　　建武三年七月廿日　　　　御判（足利直義カ）
柏尾山（甲斐国大善寺）衆徒御中

○五〇四　定願用途請取状案　○国立公文書館所蔵光明寺古文書

（モト端裏書）「ゑしり（駿河国庵原郡江尻）のちやうくわん（定願）よりうけとりしやうのあんもん」

うけとりまいらせ候御ようとう（用途）の事
　合百五十二くわんもん者
右の御ようとうハ、あくしのとうないさへもんにうたうとの、ふねのせんとう（船頭）きやうふた郎殿大（代）くわんし、ま四郎殿、をなしきをに八郎さこんのてより、うけとるところしんしや（実正）う也、よんてのちのためにうけとりのしやうくたの（ん脱）ことし、
　　けんむ三年□（七カ）月廿三日
　　　　うけ□（と）りぬし　中やのちやうくわん在判

○五〇五　足利直義感状　○豊後詫摩文書

古今路越（近江国滋賀郡）弁無動寺越合戦事、自六月六日至同十一日、致軍忠之由、武田八郎宗頼令注進畢、尤神妙、於恩賞者、追可有其沙汰之状如件、
　　建武三年七月廿八日　　　　（花押）（足利直義）
　詫磨五郎次郎（幸秀）殿

○五〇六　左兵衛尉貞兼奉書　○常陸関文書

(花押)
充行　手野金剛丸跡下野国田嶋村(足利郡)兼氏跡除神講田事
左衛門尉頼村
右以人、所令補任也、早守先例、可令知行之状如件、故以下、
延元々年七月廿九日　左兵衛尉貞兼奉

○五〇七　小代重峯軍忠状 ○肥後小代文書

武蔵国小代八郎次郎重峯申軍忠事
右、去六月五日、於西坂本(山城国乙訓郡)致合戦之忠畢、自同七日至于廿日、
於中尾致軍忠之間、高新左衛門(師冬)□(尉)殿御証分明也、就中去六月
晦日、於吉田河原属執事(高師直)御手、一族等相共致合戦之忠之条、
小幡右衛門尉令存知者也、然者早賜御証判、為備末代亀鏡、
仍言上如件、
建武三年七月　日
「(証判)(花押)(高師直)」
○本文書と次号文書の裏面中央下部に同じ花押がある。

○五〇八　小代重峯軍忠状 ○肥後小代文書

武蔵国小代八郎次郎重峯申軍忠事
右、自去六月七日至于同廿日、於西坂(本脱)(山城国乙訓郡)・中尾、致日□□□宿(夜警固カ)
直畢、就中十九日之合戦之時、一族等相共致至極軍忠之上者、
早賜御証判、為備向後亀鏡、恐□(々カ)言上如件、
建武三年七月　日
「(証判)(花押)(高師冬)」

○五〇九　伊賀盛光着到状 ○飯野八幡宮所蔵飯野家文書

着到
陸奥国御家人式部伊賀三郎盛光
右、常陸国武生城(久慈郡)建武三年七月廿二日所馳参也、仍着到如件、
建武三年七月日
「(証判)承了(佐竹義篤)(花押)」

○五一〇　天野遠政軍忠状 ○前田育徳会尊経閣文庫所蔵尊経閣古文書纂所収天野文書

天野安芸三郎遠政申、去月五日合戦事、於西坂本(山城国乙訓郡)東脇、懸先

陣致軍忠畢、仍同時合戦間、塩谷四郎・葛山孫六・庄民部房等令見知畢、次六日合戦、若党古田二郎討死畢、見知証人嶋津兵庫允・三浦佐原六郎・山内又三郎令存知者也、将又自身同九日被疵之条、細河卿(定禅)阿闍梨御房・宍戸四郎見知畢、其上於執事(高師直)御方被実検畢、就中自五日至于廿日、昼夜抽忠勤次第、於軍陣無其隠者也、然早賜御証判、為備後証之状如件、

建武三年七月日

(高師冬)(花押)

○五一一　岡本良円軍忠状写　○秋田藩家蔵文書十岡本又太郎元朝家蔵文書

(足利尊氏)(花押影)

陸奥国岡本観勝房良円軍忠事

右、良円、去月五日属御手、馳向西坂本(山城国乙訓郡)西尾致□忠責上之刻、於坂中地蔵堂上、御敵返合之処、御方軍勢引退之間、良円残留天捨一命防戦、追帰御敵畢、此条同所合戦之間、白岩彦四郎・鳥羽左衛門二郎令見知了、随而自同八日至于同十九日、依為要害之地、承大将御陣後、山尾令警固了、同晦日合戦之時、於中御門烏丸討合敵、乍被疵右手、即令討取之畢、此条池上藤内左衛門尉・結城七郎左衛門尉同所合戦之間令見知者也、其上於頭殿(足利直義)御前、預御見知了、如此軍忠無其隠之上者、賜御証判、為備向後亀鏡、目安如件、

建武三年七月　日

(高師冬)(花押影)

○五一二　右少弁光政奉書写△　○常陸小田部庄右衛門氏所蔵文書

今度八幡(山城国綴喜郡)山崎(乙訓郡)并播州・備州数度合戦新田義貞与同義助協謀軍忠之功、達　叡聞、重　綸旨(後醍醐天皇)被仰出候、其旨令存所也、仍執達如件、

延元元年八月二日　右少弁光政奉

宇都宮兵部少輔殿

○五一三　平岡家成譲状案　○常陸税所文書

譲渡　常陸国南郡(新治郡)苻(府)中内元久名田畠事

合田伍町参段半　坪付在別紙

在家木地ニ七宇　大町屋ニ五宇

桶地ニ弐宇　　　飯地ニ三宇

鬼越在家壱所　　弁藤木在家壱所

右田在家者、為家成（平岡）重代相伝私領之間、相副庁宣・施行以下之手継証文等、所譲渡于嫡子六郎重成実正也、於御公事者、任先例可令勤仕之、仍為向後譲状如件、

延元々年八月三日　　　　百済家成在判

○五一四　下野国乙女郷田畠注進状

○神奈川県立金沢文庫保管称名寺文書

注進　建武三年八月五日おとめのかう（乙女郷）（下野国都賀郡）のふさく（不作）とつくる（作）田のかすの事

一とう二大郎入道分

田一ちやう七反のうち

ふさく七たん三百文

つくる田九反六十ふ（分）ふんのせ（銭）に四貫五百八十四文

同はたけ一ちやう六たんのうちふさくミつ（水）入八反

のこる八たんふんのせに八百文

以上ちやう（定）のせ（銭）に五くわん三百八十四文

はたけ一ちやう三たん大のうち二たんみつ入ふさくのこる一ちやう一たん大ふんのせに一くわん百卅三文

以上五貫二百文　　　はんとう大郎

一小三郎入道分

た一ちやう八たんのうち

ふさく一ちやう二たんはん

つくる五たんはん二貫六百七十三文

はたけ□□□□《九たんの》うち六たんふさくみつ入ふんせに参百文

以上弐貫九百七十三文

小三郎入道

一いや大郎入道のあと、ぬしなし

た三ちやう一たんのうち

ふさく三ちやう

つくるた一たんふんのせに百文すてにふさくになるあひた、うちひらかするなり、

はたけ一ちやう五たんのうち

ふさく七たん

のこる八たん八百文
以上九百文
一れうさいうちいま又六
た一ちやう六たんのうち

○本文書の二紙目の端に裏花押がある。

○五一五　宮内大輔某奉書　○常陸臼田喜平氏所蔵文書

望月神平六重直女子神氏所領信乃国海野庄（小県郡）鞍懸条賀沢村内田陸段・在家壱宇事、於彼分領不可致濫妨狼藉、於違犯之輩者、可被処罪科之状、依仰執達如件、

建武三年八月五日　　宮内大輔（花押）

○五一六　足利尊氏御教書写　○相州文書二十三所収鎌倉郡円覚寺文書

武蔵国金陸寺事、為祈願所、可致精誠之状如件、

建武三年八月十三日　（足利尊氏）（花押影）

○五一七　三戸頼顕軍忠状案　○長門毛利家文書

三戸孫三郎頼顕申、将軍（足利尊氏）山崎（山城国、下同ジ）御座之時、六月一日罷向八幡、致警固、同十四日御上洛之時、為大渡赤井河原致軍忠之条、長江左衛門二郎・馬越彦四郎、同所合戦之間、令見知之上者、以此旨可有御披露候、恐惶謹言、

建武三年八月十四日　　源頼顕状　裏判

進上　御奉行所（モト付箋カ）「守護所」

（証判）「承了判」（武田信武）

○五一八　三戸頼顕軍忠状案　○長門毛利家文書

三戸孫三郎頼顕属当御手、去七月廿三日罷向醍醐（山城国宇治郡、下同ジ）、令退治御敵、同日取陣於木播（幡）山、今月七日馳向宇治之刻、於岡屋槙河致合戦忠節畢、同所合戦之間、佐々井孫五郎入道・長江左衛門五郎令見知者也、以此旨可有御披露候、恐惶謹言、

建武三年八月十四日　　源頼顕状　裏判

進上　御奉行所（モト付箋カ）「兵庫殿」

（証判）「承了判」（武田信武）

○五一九　田代基綱軍忠状　○筑後田代文書

目安

伊豆国田代豊前又次郎（基綱）入道了賢

右依遠江国凶徒蜂起、大将軍幸鶴（足利）御前御発向之間、属于当国守護御代官由比大次郎手、今年八月十一日、馳向搦手先懸仕候訖、同十二日、於遠州袋井縄手（山名郡）御合戦之時、捨身命以打物散々戦之処、了賢若党中島左衛門七郎行通令討死之条、御見知之上者、為亀鏡目安之状如件、

建武三年八月十五日

（付箋）「由比大次郎一見状」
（証判）「承候了（花押）」

○五二〇　逸見有朝軍忠状写　○長門小早川家文書

逸見四郎有朝申

去七月廿九日属大将御手、令勤仕木幡山（山城国宇治郡）役所候畢、八月七日押寄岡屋城（同郡）、致合戦之軍忠候畢、此条為同所合戦之間、菅生彦四郎・宮庄次郎四郎（周防親家）、令存知候畢、然者為後証可下賜御判候哉、以此旨可有御披露候、恐惶謹言、

建武三年八月十五日　源有朝状

進上　御奉行所

（証判）「承候了（武田信武）（花押影）」

○五二一　周防親家軍忠状　○周防吉川家文書

周防次郎四郎親家申

一六月晦日追払桂河円明寺（山城国乙訓郡）御敵候畢、

一七月九日罷向山崎（同郡）、於七瀬河下樹野致合戦候畢、

右、属当御手、致合戦軍忠候了、以此旨可有御披露候、恐惶謹言、

建武三年八月十六日　藤原親家状（裏花押）

進上　御奉行所

（証判）「承候了（武田信武）（花押）」

○五二二　周防親家軍忠状　○周防吉川家文書

周防次郎四郎親家申
去月廿三日属大将御手、発向醍醐(山城国宇治郡)、焼払御敵陣、大日山(同郡)取陣、
次同廿五日罷向木幡山(同郡)、同八月七日押寄岡屋城(同郡)、北城戸口責
入、致散々合戦候了、此後帰本陣致警固、同十一日御上洛之時
御共仕、令帰洛候了、此条逸見四郎(有朝)・菅生彦四郎、為同所合
戦之間、及見候也、為後証可下(被脱カ)御判候哉、以此旨可有御披露
候、恐惶謹言、
　建武三年八月十六日　藤原親家状（裏花押）
　進上　御奉行所
　「承(証判)候了（花押）」

○五二三　山内首藤時通着到状　○長門山内首藤家文書

着到
　相模国
山内首藤三郎時通所当参仕也、仍着到如件、
　建武三年八月十九日
　「承(証判)候了（花押(斯波家長)）」

○五二四　国分ヵ朝胤安堵状　○下総大慈恩寺文書

堀籠村(下総国香取郡)内壱町壱段事、於雲富末寺(同郡大慈恩寺)分、無相違之所也、如元可
被知行之状、如件、
　建武三年八月廿二日　朝胤(国分ヵ)（花押）
興徳院坊主

○五二五　九条家家領目録案　○宮内庁書陵部所蔵九条家文書

左大将(九条道教)家政所注進
　御家領事御当知行分
山城国東九条庄(紀伊郡)一円　押紙云　御当知行
高松殿跡地
伊勢国和田庄(鈴鹿郡)一円
同　国林西庄(奄芸郡)領家職并加納　押紙云　東福寺御寄進
美濃国衣斐庄(本巣郡)領家職　地頭中分地
同　国岩田庄一円

同　国下有智（武儀郡）御厨領家職　地頭中分地
当御厨内寺地、橘弁太田依沢通名等庶子分地頭職、為闕所、
一円被付本所畢、
讃岐国子松（那珂郡）庄領家職
豊後国臼杵（海部郡）・戸次（大分郡）庄領家職
肥前国太田（杵島郡）庄領家職
常陸国村田庄号下妻庄　領家職
同　国田中庄号村田下庄　領家職
同　国小鶴南庄領家職
備前国小豆島庄領家職
肥前国彼杵（彼杵郡）庄領家職　地頭中分地在之
摂津国輪田（八部郡）庄領家職
同　国生島（河辺郡）庄領家職
同　国有馬（有馬郡）温泉社神主職幷湯口東西屋
紀伊国井上（那賀郡）新庄一円
武蔵国船木田（多西郡）本庄領家職
下総国三崎（海上郡）庄領家職

能登国若山（珠洲郡）庄領家職
同　国町野（鳳至郡）本庄領家職
出雲国林木（神門郡）・美淡（談カ）（出雲郡）両庄領家職
備前国駅里（小田郡）庄領家職
阿波国大野（那西郡）新庄領家職
備後国皇后宮勅旨田一円
和泉国日根（日根郡）庄一円　一村有地頭
尾張国大県（丹羽郡）社一円
越後国白河（蒲原郡）庄領家職
丹波国多紀（多紀郡）北庄一円　号泉
播磨国田原（神東郡）庄一円
同国蔭山（同郡）庄領家職　地頭中分地
同国久留美（三木郡）庄領家職
同国安田（多可郡）庄領家職
土佐国片山（長岡郡）庄一円
大和国清澄（添下郡）庄一円

北政所御領

近江国（神崎郡）伊庭庄領家職
尾張国（知多郡）但馬保内阿和・大井両郷地頭職
一音院領
甲斐国（巨摩郡）志摩庄領家職
以上四十ケ所
建武三年八月廿四日
○ほぼ同文の写がある。

○五二六　祐禅打渡状　○伊豆三島大社文書

当国（伊豆国田方郡）長崎郷事、任被仰下之旨、沙汰付下地於社家代官頼円候了、仍渡状如件、

建武三年八月廿五日

祐禅（花押）

○五二七　足利尊氏軍勢催促状　○東京大学史料編纂所所蔵小笠原文書

今日廿五日、於所々凶徒等数千人被誅伐了、就中、八幡（山城国）路大将両人鑑厳僧都 越後松寿丸被生捕之、所被誅也、雖然、（新田）義貞已下輩、没落山門之上者、急渡世田橋（近江国滋賀郡・栗太郡）、可発向東坂本（滋賀郡）之状如件、

建武三年八月廿五日　（足利尊氏）（花押）

小笠原信乃守（貞宗）殿

○五二八　又三郎さねうち譲状　○下総香取要害家文書

（端裏書）「さいれう田□（をひしりわらに（八脱カ）ゆつるしやう）□」

ゆつりわたす、つはら（津原崎）さきのいりのさいれい（祭料田）たの事

右、さねうちかちうたいさうてんの田なりといへとも、むま（右馬丞）のせう入道の子息ひしりわら（童）ハに、ゆつりわたすところ実正也、但さねうちかし、そんそんにいたるまて、かの《田》おいて、一言もゐらんわつらいを申へからす候、仍ゆつり状之如件、

延元々年丙子八月廿八日

又三郎さねうち（花押）

○端裏書の（　）内は色川三中の「香取検杖文書」（静嘉堂文庫所蔵）により補った。

○五二九　足利尊氏御教書　○相模建長寺文書

当寺事、可為諸山之列也、可被存其旨之状如件、

建武三年八月廿九日　(足利尊氏)(花押)

(相模国鎌倉郡)長寿寺長老

〇五三〇　光厳上皇院宣案　〇山城実相院文書

院宣案

門跡領近江国野州(洲)庄(野洲郡)、同国栗太庄(栗太郡)、摂津国八多庄(有馬郡)、播磨国有年庄(赤穂郡)、越後国紙屋庄(山東郡)、伊賀国音波庄(阿拝郡)、南滝院領近江国倉恒庄内宮武名、弁備中国走出庄(小田郡)、伊勢国弟原田御厨、武蔵国榛谷御厨(橘樹郡・都筑郡)、尾張国於田江庄(春日部郡)内富益名等、御知行不可有相違之由、院(光厳上皇)宣所候也、仍言上如件、

(建武三年)八月卅日　(四条)隆蔭

進上　実相院僧正(隆舜)御房

〇五三一　後醍醐天皇綸旨　〇出羽上杉家文書

上総国山辺(山辺郡)南北、弁下総国春日部郷(葛飾郡)等地頭職、春日部判官重行跡、若法師以下知行、不可有相違者、

天気(後醍醐天皇)如此、悉之、

延元々年八月卅日　(中御門宣明)左中弁(花押)

〇五三二　足利尊氏寄進状　〇山城天龍寺文書

加賀国大野庄(石川郡)地頭職四条中納言隆資跡事、為甲斐国牧庄(山梨郡)替、所寄付臨川寺(山城国)状如件、

建武三年八月卅日　(足利尊氏)源朝臣(花押)

(疎石)夢窓国師

〇五三三　山内首藤時通着到状　〇長門山内首藤家文書

着到

山内首藤三郎時通令参上候処也、仍着到如件、

建武三年八月　日

「承(証判)候了　(花押)」

目安

〇五三四　伊賀盛光軍忠状　〇飯野八幡宮所蔵飯野家文書

伊賀式部三郎盛光軍忠事

右、八月廿二日建武三常陸国寄瓜連城(久慈郡)処仁、御敵小田宮内少輔(治久)幷広橋修理亮(経泰)以下凶徒、同国馳向花芳(房)山(同郡)・大方河原(同郡)之間、致合戦忠節候畢、此条搦手大将佐竹奥次郎義高被見知者也、仍被加一見、為備後証、目安言上如件、

建武参年八月日

(証判)「一見候了　(花押)(佐竹義篤)」

○五三五　小代光信軍忠状※ ○豊後詫摩文書

□(目)安

肥後国野原(玉名郡)西郷一方地頭小代左衛門八郎入道光信申度々軍忠事

一建武三年正月八日属于宰府(筑前国御笠郡)討手堀三郎入道殿、押寄菊池山(肥後国菊池郡)城太(大)手、令追落武敏(菊池)以下凶徒等畢、仍一見状分明也、

□(一)同年三月廿三日属于太(大、下同ジ)将軍一色殿(道猷、範氏)御手、可馳向同国八代(肥後国八代郡)黒鳥城之由、預御教書之間、以同廿五日馳向彼城、追落凶徒等畢、

一同四月十七日同国鳥栖原(合志郡)合戦之時、捨身命致散々合戦之間、親類彦次郎宗成被疵左胸板ハツレ射疵了、同若党左近次郎被疵左腋射疵了、仍勘文分明之上、同時合戦之仁絶間三郎幷当国筑地七郎入道等令見知畢、在御尋不可有其隠矣、

一同五月十七日三池一族等相共押寄在々所々、焼払凶徒等住宅了、随而太将軍筑後国(御井郡)符(府)御坐之間、令馳参付着到畢、

一廿日武敏以下凶徒等楯籠菊池(菊池郡)大林寺之間、属于侍所佐竹与次(義尚)手、於新宝原令付着到畢、

一同六月二日属于太将軍御内武田(信武カ)方手、押寄菊池、焼払在々所々、同懸入山浦、尋捜凶徒畢、

一同八月十八日当国唐河(益城郡)合戦之時、属于今河蔵人(助時)大夫殿御手、致合戦抽軍忠畢、

一同八月卅日於筑後国豊福原(上妻郡)・六段河原(同郡)、属于合志太郎(幸隆)手、捨□(身)命、致散々合戦、自身令取生捕一人・分捕一人畢、此等子細、

○本文書は、年月日未詳であるが、文中の日付によりしばらくここに収める。

○五三六　足利尊氏御教書写　○集古文書十五判物類

祈禱事、可令致精誠之状如件、

建武三年九月二日　(足利尊氏)(花押影)

(武蔵国)金陸寺住持正日房

○五三七　足利尊氏感状写　○秋田藩家蔵文書十岡本又太郎元朝家蔵文書

(足利尊氏)(花押影)

岡本観勝房良円軍忠神妙、可有恩賞之状如件、

建武三年九月三日

○五三八　高師直施行状案△　○水戸彰考館所蔵古簡雑纂

(校正了)同前

佐竹次郎三郎義基(申脱カ)美乃国山口郷(武儀郡)東西・同国上有智(同郡)座(庄)上下・弾正庄(大野郡)事任御下文之旨、可被沙汰仕之状、仍(依)仰執達如件、

建武三年九月三日　武蔵守(執権高師直)　在判

土岐伯耆入道(頼貞)殿

○五三九　田代基綱軍忠状　○筑後田代文書

(押紙)「豊前次郎左衛門入道光円一見状」

伊豆国田代豊前又次郎入道了賢、属駿河国守護御代官豊前次郎左衛門入道光円御手、遠州御発向之処、去八月十二日、於袋井(遠江国山名郡)綱(縄)手、了賢若党中島左衛門七郎行通令打死畢、此段由比大次郎令見知候者也、然早給御判、為備亀鏡、目安之状如件、

建武三年九月三日

(証判)「承了(花押)」

○五四〇　足利尊氏感状　○反町英作氏所蔵三浦和田文書

(足利尊氏)(花押)

三浦和田四郎兵衛尉茂実致軍忠之条神妙也、可有抽賞之状如件、

建武三年九月五日

○五四一　足利尊氏感状写　○国立公文書館所蔵古証文一

今年正月晦日(山城国)桂川合戦事、父太郎左衛門(尉カ)殿先懸討死候間、軍

忠之至、所感思也、於恩賞者、追可有其沙汰之状如件、

建武三年

九月五日　　尊氏（足利）御判

四方田太郎左衛門尉殿

○五四二　中原章有勘文案写　○長門小早川家文書

小早河美作四郎左衛門尉景宗申安芸国都宇竹原庄（沼田郡）地頭職事

右、件庄地頭職事、永仁五年関東雖令収公、重々有其沙汰、如元被返付之条、元応二年九月廿五日同下知状炳焉歟、仏陀施入之地、輙雖不可悔返、謀反大逆之外、不可没収所帯之由、律条設文、景宗不犯反逆者、難被収公彼所職歟、然者於件地頭職者、如元被返付景宗、被奉寄其替於建長寺（相模国鎌倉郡）之条、可相叶道理哉、仍注進如件、

建武三年九月六日　明法博士兼左衛門少尉中原朝臣章有

○五四三　小早川景宗申状案写※　○長門小早川家文書

小早川美作四郎左衛門尉景宗申、安芸国都宇竹原庄（沼田郡）地頭職事

彼庄者、景宗代々相伝地也、而永仁年中、自関東無故被収公、被寄進建長寺（相模国鎌倉郡）造営料所之間、致越訴、元応弐年可返給之由、預下知畢、案文進覧之、而景宗自最前軍忠抜群之間、本領事、就歎申、自将軍家度々依預御吹挙、被進　綸旨於御内（本書此通）直下給畢、仍令安堵彼庄、所当知行也、於兵庫宿（摂津国八部郡）、又去二月（建武三年カ）所給安堵也、寺家雑掌於鎮西雖申子細、被弃捐畢、此上不可有子細之処、号寺家雑掌、依掠申、寺社施入之地、不可被還返（悔カ、下同ジ）歟之由、御沙汰最中云々、此処可為其随一之由、承及也、凡寺社施入地事、依事依体之条、為先傍例歟、爰当庄者、於関東不慮被収公料足、雖被付寺家料所、就越訴可返給之由、被下知之後、料足已過年紀畢、就御内奉公之労、依御吹挙、被下安堵　綸旨（本書此通り也、）畢、知行所無相違之処、重者非本領、一旦為造営料所所知行許也、前後非領主哉、寺社施入不可還返事者、公家武家寄進地、往代知行之処、今度被行勲功地事歟、景宗為本領任関東下知、給　綸旨被成安堵、于今為軍忠身上者、不可

被混彼御沙汰歟、寺家為非領主濫訴、非御信用之限哉、若寺家之所申可有御沙汰者、被充行替於寺家、景宗重欲預御成敗、仍勒子細所言上也、

付紙ニて

以此目安、被尋仰正親町判官章有(中原)処、自筆勘文如此、就此勘状、被経御内奏、剰注進無相違上者、可返付旨落居候了、

○本文書は、年月日未詳。前号文書に関係する文書なので、便宜ここに収める。

○五四四　足利直義軍勢催促状　○石水博物館所蔵大手鑑所収三吉文書

備後国凶徒対治事、属岩松禅師(頼宥)、可致軍忠之状如件、

建武三年九月八日　(足利直義)(花押)

三吉河立弥五郎殿

○五四五　沙弥某等連署奉書　○伊豆三島大社文書

伊豆国三嶋社(田方郡、下同ジ)神主盛親代頼円申、社領同国北中村・安富・鶴喰・糠田以下社辺敷地等事、訴状如此、宮四郎盛行・同六郎盛資等致押妨狼籍(藉、下同ジ)云々、甚招其咎歟、所詮早莅彼所、且鎮狼籍且可沙汰付下地於社家、若有子細者、可被注申、使節緩怠者、可被処罪科之状、依仰執達如件、

建武三年九月八日　沙弥(花押)

惟宗(花押)

沙弥(花押)

伊豆国目代

○五四六　足利尊氏御教書　○周防阿曾沼文書

伯耆国蜂起事、有其聞、可令退治之状如件、

建武三年九月十二日　(足利尊氏)(花押)

阿曾沼又次郎殿

○五四七　足利尊氏安堵状　○相模円覚寺文書

元弘以来被収公当寺領幷当知行地事、如元不可有相違之状如件、

建武三年九月十五日　(足利尊氏)(花押)

円覚寺(相模国鎌倉郡)長老(大川道通)

○五四八　勧修寺寺領目録　○山城勧修寺文書

勧修寺(山城国宇治郡)領
加賀国郡家(能美郡)庄右府将軍(源頼朝)被避進地頭職以来、寺家一円進止、
参河国重原(碧海郡)庄　淡路国塩田(津名郡)庄
犬上郡近江国清水本庄　甲斐国加々美(巨摩郡)庄
伊賀国新居(阿拝郡)庄　武蔵国河崎(橘樹郡)庄
越中国浅井(射水郡)・弘上(同郡)　美濃国小簗(簗)(武儀郡)・釜戸(土岐郡)両郷
美作国西香々美(苫西郡)庄　大和国大畠(葛下郡)庄
山城国巨倉(久世郡)庄　尾張国甚目寺(海東郡)
河内国貞法寺(若江郡)　備前国金岡(上道郡)庄内西大寺
山城国願興寺(竹野郡)　山城国安祥寺(宇治郡)
勧修寺々辺田園
以上十八ケ所
建武三年九月十七日

○五四九　光厳上皇院宣　○山城勧修寺文書

門跡領等、御当知行不可有相違之由、院(光厳上皇)宣所候也、仍言上如件、
建武三年九月十七日　隆蔭(四条)
進上　勧修寺僧正御房
追言上
目録封裏返進之候、謹言、
○前号文書に関わるので、ここに収める。

○五五〇　鷲見忠保軍忠状写△　○美濃長善寺文書

鷲見藤三郎忠保申、今月三日馳参城田(美濃国方県郡)、属飛騨殿御手、同廿四日馳向八代(方県郡)城、打入城内、令致軍忠、頸一打取、一族林孫三郎被疵右手、尋(ママ)之疵頸、当日被遂御実検畢、是等次第東中務丞・佐竹太夫同時令合戦、令見知者也、且給御証判、為備後日亀鏡言上如件、
建武三年九月廿六日　藤原忠保
進上　御奉行所
「承了」(証判)

○**五五一**　釼阿印信案　○神奈川県立金沢文庫保管称名寺文書

（端裏書）
「安許可」

許可小野

胎蔵界　五古印

金剛界 

秘

建武三年九月廿八日　示実真了、

伝授阿闍梨釼阿

○**五五二**　釼阿印信案　○神奈川県立金沢文庫保管称名寺文書

伝法灌頂印信

胎蔵界

五古印外

金剛界

智奉印

已上初重第二重以後秘決校口授了、

建武三年九月廿八日

示実真

伝灯阿闍梨釼阿

（折下端書）
「伝法」

○**五五三**　釼阿印信案　○神奈川県立金沢文庫保管称名寺文書

（端裏書）
「安第二第三」

第二重

無所不至大率都婆印台・金　二界用之、

第三重

外内五古印金・胎二界用之、

建武三年九月廿八日　授実真了、

厳覚　宗意　実厳　頼真　成厳　良瑜　頼助　定仙　智照

鈒阿　実真

○五五四　鈒阿印信案※　○神奈川県立金沢文庫保管称名寺文書

（端裏書）「安秘三」

秘密至極灌頂聖

金　台

已上

最極秘印正観音儀几幷略□□第二有之、

大日如来鈒印

已上初重

是印最後閉眼之時、可伝之、秘中秘、深中深也、努々輒不可伝、不可見人、

血脈大日　金薩　龍猛　龍智　不空　恵果　大師（空海）　実恵　真紹　宗叡　源仁　聖宝　観賢　淳祐　元杲　仁海　成尊

範俊　厳覚　宗意　実厳　頼真　成厳　範決　信誉

専空　定仙　智｜　鈒｜　実真

○本文書と次号文書は年月日未詳。実真が灌頂の被伝授者なのでここに収める。

○五五五　伝法灌頂血脈案※　○神奈川県立金沢文庫保管称名寺文書

（端裏書）「伝法灌頂血脈」

伝法灌頂血脈

大日如来　　金剛薩埵

龍猛菩薩　　龍智菩薩

不空三蔵　　青龍和尚

弘法大師（空海）　貞観寺僧正真雅

南池僧都源仁　根本僧正聖宝

延命院僧都元杲　小野僧正仁海

小野僧都成尊　鳥羽僧正範俊

勧修寺大僧都厳覚　安祥寺律師宗意
淳観阿闍梨　増仁
仁禅已講　近江僧都尊念
唐橋前大僧正親厳　良印大法師正信房
真空上人　観俊法印
宗遍法印　静怡　智照　釼阿　実真

○五五六　足利尊氏感状案写　○東京大学史料編纂所所蔵安得虎子五

（校正訖）
同前
子息五郎義直（佐竹）・六郎義冬（佐竹）軍忠之事、於義直者、去年七月廿四日武蔵国鶴見（久良岐郡）合戦之時、致討死、至義冬者、今年二月六日於常陸国久慈西郡、誅伐楠木判官正成代之時、□（同）致打死云々、殊所感思也、於恩賞者、追可有其沙汰之状如件、

建武三年九月廿八日　判（足利尊氏）

佐竹上総入道（道源、貞義）殿

御判校正訖事

○五五七　足利尊氏感状写　○長門小早川家文書

（足利尊氏）
（花押影）
逸見四郎有朝軍忠神妙、可有恩賞之状如件、

建武三年九月廿九日

○五五八　武田信武軍勢催促状　○斉藤元宣氏所蔵内藤文書

山城国已下凶徒等退治事、率一族幷安芸国軍勢等、令発向八幡（山城国）路、可致軍忠之由、今日廿九御教書如此、不廻時刻可発向之状如件、

建武三年九月廿九日　兵庫助（武田信武）（花押）

長田内藤二郎（教泰）殿

○五五九　別符幸時軍忠状写　○古今消息集五

武州別符尾張権守幸時申
今年正月九日、於大渡橋上（山城国乙訓郡・綴喜郡）、致合戦之処、可罷向山崎（乙訓郡）之由、蒙仰之間、属当御手桃井修理亮殿（義盛）馳向、同十日打落御敵之条、御

見知之上者、賜御判、為備亀鏡、言上如件、

建武三年九月日

（証判）「承了（花押影）」

○五六〇　狭間政直軍忠状　○豊後狭間文書

大友一族狭間大炊四郎太郎政直（正供）軍忠事

一去年建武二十二月十二日、於伊豆国佐野山（田方郡）参御方、致合戦忠訖、

一同十三日、伊豆国府（同郡）合戦追落凶徒等畢、

一同十五日、一族等可相向数禅寺（修）（同郡）由、被仰下間、□（即カ）時相向静謐訖、

一今年正月二日、近江国伊岐代（栗太郡）官（宮）仁立籠凶徒等間、致合戦忠追落□（訖カ）、

一同八日、於八幡（山城国綴喜郡）弁大渡橋上、尽戦功訖、

一同十一日、太田判官（結城親光）合戦（乙訓郡・綴喜郡）時、分捕頸壱、加之、親類袋小次郎打死畢、

一同十六日、於法勝寺西門、親類伊方次郎被疵畢左手射疵、

一同廿七日、親類伊方彦七被疵訖左腰射疵同胻、

一同廿八日、分捕頸壱、胻、

一同晦日、致戦忠舟（丹）波地御共仕畢、

一二月十日、打出（摂津国兎原郡）合戦尽忠訖、

一同十一日、豊嶋（同国豊島郡）合戦致忠畢、

一鎮西御共仕、多々良浜（筑前国粕屋郡）合戦尽忠、御在府（太宰府）間宿直仕訖、

一御上洛間翌日令参向、六月十日可警固山崎関（山城国乙訓郡）所由、将軍（足利）家（尊氏）直被仰下間、令警固畢、

一同十五日、可固作道（同国）旨、被仰下之間、遂其節、同十八日就望申、可発向山門由、被仰下間、則罷向畢、

一同十九日、於西塔（同国）南中尾、親類大炊孫四郎直信若党八郎被疵訖、

一同廿日、於同所致合戦畢、

一同晦日、於神楽岡（愛宕郡）下、懸先致合戦、令追上御敵於山上畢、

一同八月廿五日、竹田河原（紀伊郡）并阿弥陀峯（愛宕郡）合戦致忠、御敵対治訖、

一同廿八日、於吉田河原（同郡）懸先畢、

右、数箇所軍忠之次第、御存知之上者、早賜御判、為備亀鏡、

言上如件、

建武三年九月　日

「承(証判)候畢　　沙弥（花押）」

○五六一　野上資頼代資氏軍忠状写　○国立公文書館所蔵諸家文書纂所収野上文書

豊後国御家人野上彦太郎清原資頼代平三資氏謹言上

欲早任海道京都所々合戦忠、預御一見状浴恩賞事

右、去年十二月十二日、属于左近将監貞載(大友)畢(手)、於伊豆国佐野(田方郡)山参御方、致合戦之条、戸次豊前太郎(頼時カ)被見知訖、次同十三日、伊豆国府(同郡)合戦之時、抽軍忠訖、次今年正月二日、近江国伊幾(栗太郡)須之城合戦次第、狭間四郎入道(正供、政直)、小田原四郎左衛門入道以下令見知訖、次同十日、淀大渡橋(山城国乙訓郡)上合戦之時、資頼射火箭、其後乗焼落柱押渡敵陣、致軍忠之条、須賀五郎・村畝治部房・小鷹太郎左衛門尉見知訖、次同十一日、唐橋烏丸合戦之時、資頼打組太田判官(結城親光)一族益戸七郎左衛門尉令分取、即被実検之上、守護被註進訖、次同十六日、於法勝寺致合戦之条、古庄孫四郎・同六郎見知訖、加之預御教書、令発向球(玖)珠城(豊後国玖珠郡)、抽軍忠之間、大将所有御註進也、然早預御一見状、為浴恩賞、言上如件、

建武三年九月　日

「承(証判)了　沙弥（花押影）」

○五六二　清原師氏申状　○常陸国総社宮文書

□□□(欲早被カ)停止穴沢□□(六郎)次郎(不知実名)非分競望、且□(依カ)　□(綸)旨・国宣幷御教書等旨、且任往古重代相伝理、当知行不可有相違由、蒙御裁許、殊致御祈禱忠、当社神領米吉名(常陸国南郡)間事

副進

一巻　綸旨・国宣・御教書等案

右米吉名者、為惣社之敷地、師氏(清原)重代相伝之御祈禱所也、□穴沢六郎次郎、号府中米吉名一分領主、属于守護御使石河余三、擬致競望之条、存外之次第也、争六郎次□□為武家被管之仁、可令競望国衙進止之地哉、且為御不審　綸旨・国宣幷

御教書案等令進覧之、然早被停止六郎次郎非分競望、且依
綸旨・国宣等旨、且任重代相伝理、不可有相違之由蒙御裁許、
為抽御祈禱忠、恐々言上如件、
延元々年九月　日

○五六三　周防親経申状　○周防吉川家文書

安芸国宮庄(山県郡)地頭周防四郎□□(親経)□事
欲早任相伝道理、依軍忠抜群、被成下安堵御下文、□(備)後証、
且全知行当庄地頭職事、
副進
一巻　関東外題代々譲状等□(案)
七通　大将軍当国守護人武田兵庫助(信武)一見状案
一通　系図
右地頭職者、代々相伝当知行無相違之地也、□(代々之カ)証文備右、
将又於軍忠者、自最前属守護人之手、数ケ度合戦抽忠節畢、
一見状備進之上者、不及□(証人カ)、然早任相伝之証文、被成下□(安堵御下文備後証カ)、且為全領掌、謹言上如件、

建武三年九月　日

○五六四　俣野家高軍忠状写　○後鑑所収古文書

俣野中務丞家高申軍忠間事、丹州伊原城(氷上郡)御座之時、最前馳参
致宿直、御上洛之刻、先立武田小三郎、罷向賀羅富津越(山城国、下同ジ)之間、
差遣進(行カ)代官小野源太重綱、野伏等追散畢、近則於去月二十三
日神楽岡(愛宕郡)・鞍馬大路両所、致合戦事御検知了、同二十五日軍
忠、是又矢田善七郎・関蔵人入道所見及也、同二十七日
夜打、馳参二条川原合戦、同二十八日、自冷泉京極至近衛河原神楽岡北隆(ママ)、
捨身命及合戦事、武田小三郎・岩田七郎検知了、然者為後証、
欲下給御判、仍言上如件、
建武三年九月日
進上御奉行所
(証判)「承了判」

○五六五　釼阿印信案　○神奈川県立金沢文庫保管称名寺文書

(端裏書)「伝法灌頂印信」
授与伝法灌頂職位事

金剛弟子実真

在昔大日如来開大悲胎蔵・金剛秘密両部界会、授金剛薩埵、々々々々数百歳之後、授龍猛菩薩、如是伝受金剛秘密之道迄、吾祖師根本大阿闍梨弘法大師（空海）既八葉焉、今余身金剛・胎蔵両部之道、各廿八葉伝授次第師資血脈相承明鏡也、小僧幸蒙先師法印権大僧都具支灌頂印可、猶以如写瓶、爰実真広学両部大法、普習諸尊瑜伽、勤修年久、禅観日積、仍授両部密印、敢無違失、而一景在胸、即生得法雲之証、五瓶灑頂現生畢、大日之位而已為次後阿闍梨為示後誓記而授矣、

建武三年丙子十月八日

伝授阿闍梨伝灯大法師釼阿

妙成就許可事、其趣如眼前陳能可存念耳、

○五六六　斯波家長奉書　○長門小早川家文書

駿河国安部郷（安倍郡）内殿岡七郎入道跡事、為闕所之由望申之間、為相模国北波多野郷（大住郡）内阿曾沼下野権守（朝綱）跡替、暫所被預置也、自将軍家（足利尊氏）被仰下之程、可被所務由候、仍執達如件、

建武三年十月十日　家長（斯波）（花押）

小早川左衛門五郎（宗平）入道殿

○五六七　釼阿印信案　○神奈川県立金沢文庫保管称名寺文書

（端裏書）「許可」

許可小野

胎蔵界　五古印

金剛界　

 秘

弘安四年辛巳十月十九日辛亥柳宿月曜

授大法師定仙

伝授阿闍梨権大僧都法印大和尚位頼助

建武三年十月十二日　賜大法師実真、

伝授阿闍梨釼阿

○五六八　釼阿印信　○神奈川県立金沢文庫保管称名寺文書

胎蔵界
外五貼(鈷)印

金剛界
印

弘安四年九月廿六日
阿闍梨法印権大僧都頼助
師口云、印ハ、屈二頭指一ヲ、以二太捻二頭指甲上一ヲ、是普通密印也、後夜金剛界授印如前、但此印有秘密説、二手合掌シテ曲腕延指ヲ、其形如宝形並二大一ヲ、覆虎口一ニ、二大指ヲ開左右一ニ、開扇一ヲ義也、並閉ハ両部一心義也云々、真言如前、次授蘇悉地、如金剛拳印言、
建武三年十月十二日
示実真訖、
阿闍梨釼阿
(折下端書)
「伝法」

○五六九　金谷経氏書下　○播磨太山寺文書

播磨国山田庄(明石郡)地頭職、為勲功賞所充行也、御教書未到之間、且可被存知之状如件、
延元々年十月十三日　兵庫助経氏(金谷)(花押)
大山寺(播磨国)衆徒御中

○五七〇　岡重直奉書　○長門山内首藤家文書

為誅伐常陸・下野両国以下凶徒等、大将已所令発向給也、早致鎌倉(相模国)之警固者、殊可被抽賞之由候也、仍執達如件、
建武三年十月十四日　重直(岡)(花押)
山内首藤三郎(時通)殿

○五七一　高師直施行状写　○国立公文書館所蔵和簡礼経

(施行事)
同

曾我奥太郎時助申駿河国沼津郷(駿東郡)工藤右衛門尉跡事、任去二月八日
御下文之旨、可被沙汰付之状、依　仰執達如件、
建武三年十月十五日
武蔵権守(高師直)在判
少輔四郎入道(石塔義慶、義房)殿

○五七二　足利直義御教書写　○反町英作氏所蔵三浦和田文書

先帝(後醍醐天皇)今月十日自山門(比叡山延暦寺)出御、新田義貞以下凶徒等落散候処、赴
北国云々、早馳向要害、可令誅罰之状如件、
建武三年十月十七日　(足利直義)(花押影)
三浦和田四郎(茂実)殿

○五七三　高師直施行状　○出羽上杉家文書

下野国皆河庄(下都賀郡)内闕所事、所被預置上杉安房守(憲顕カ)也、早任預状之
旨、可被沙汰付之状、依仰執達如件、
建武三年十月十九日　武蔵権守(高師直)(花押)
小山常犬(朝氏)殿

○五七四　光厳上皇院宣　○山城大徳寺文書

大徳寺(山城国)領下総国遠山方御厨(埴生郡)、知行不可有相違者、
院宣(光厳上皇)如此、仍執達如件、
建武三年十月廿五日　参議(柳原資明)(花押)
宗峯(妙超)上人禅室

○五七五　光厳上皇院宣　○山城大徳寺文書

信濃国伴野庄(佐久郡)、任元徳御寄付、知行不可有相違者、依
院(光厳上皇)御気色、執達如件、
建武三年十月廿五日　(高階雅仲)(花押)
大徳寺方丈(宗峯妙超)

○五七六　斯波家長奉書　○松平基則氏所蔵文書

常陸国中郡庄(新治郡)事、度々軍忠異于他上、構城墎(郭)致忠節之間、自
将軍家(足利尊氏)被仰下之程、所被預置也、仍可被致所務之状、依仰執
達如件、
建武三年十月廿八日　源(斯波家長)(花押)

小山大後家殿

○五七七　鯨岡行隆軍忠状写　○会津四家合考巻九

一目安

岩城郡鯨岡孫太郎入道乗隆代子息孫二郎行隆謹申
欲早於度々城郭捨身命抽軍忠上者下給御判施弓箭面目間事
右行隆八月十九日自常州橋本宿陣立云々、同廿日村田城(常陸国)、同廿三・四両日小栗城(常陸国)、同九月十七日押寄宇都宮城(下野国河内郡)、於楯際埋堀散(々脱カ)及矢戦、迄今月八日合戦抽軍忠上者、給御判、為伝向後亀鏡、恐々目安如件、

延元元年十月　日

○五七八　足利尊氏御教書写　○松雲公採集遺編類纂古文書部三十五所収持明院家文書

当御代御安堵案
可令早近衛局本名民部卿(持明院基盛女)領知丹波国大沢庄(多紀郡)内石前・宇土両村、美濃国小田保(土岐郡)伊味南方・寺河戸・月吉、越後国青海庄(蒲原郡)内上条本

村・同国吉河庄(山東郡)内吉田鮭湊幷菅名庄(蒲原郡)内寺沢条、陸奥国北斗保内糠田上下村、出羽国雄勝那(郡)山口郷内堀田井・中沢・丈六堂、上総国池和田(市原郡)内蔦西弥三郎重景跡五分一・富田源次郎跡、尾張国麻積(續)村(中島郡)内田地九段大事
右、任度々下文幷下知状等、可被領掌状如件、

建武三年十一月一日

等持院殿
権大納言御判(足利尊氏)

○五七九　高梨時綱軍忠状　○本間真子氏所蔵高梨文書

高梨五郎太郎時綱軍忠事
右、上杉兵庫助以下凶徒等、当国(信濃国)楯籠牧城(更級郡)之間、山田要害押寄、今年建武三年十月十五日合戦致、同三郎五郎致軍忠畢、早為賜賞証、恐々言上如件、

建武三年十一月三日

「承了(証判)(花押)(高梨経頼)」

○五八〇　市河親宗軍忠状　○本間美術館所蔵市河文書

市河孫十郎親宗軍忠事
右、越後国凶徒等為対治、信州惣大将軍村上源(信貞)蔵人殿御発向
之間、属于彼御手、被追落守護・目代幷凶徒等之時、親宗致
軍忠之上者、賜御証判為備亀鏡、恐々言上如件、
建武三年十一月三日
(証判)「承了　(村上信貞)(花押)」

○五八一　佐竹貞義書状　○吉成尚親氏所蔵茂木文書

(端裏書)「謹上　茂木越中(知貞)□殿　道源」
八月之比、筑前殿の便宜にて申候、重御感御教書候き、
定令参着候歟、
当国事、雖種々巷説、未承落居之程候、不定不少候、洛中事、
於今者大略無所残候、新田(義貞)僅小勢にて、越前(敦賀郡)金崎城よりなか
い大勢取巻候、今者定令滅亡候歟、尚々当国・奥州以下其近
国事承たく候、聊令静謐候者、刑部大輔(佐竹義篤)被仰談候て、率多勢、
可有御上洛候、兼又御子息大輔と、一所ニ御座候覧、返々悦
入候、事々期後信候、恐々謹言、
(建武三年カ)十一月三日　道源(佐竹貞義)(花押)
本(茂)木越中入道殿

○五八二　釼阿印信　○神奈川県立金沢文庫保管称名寺文書

(端裏書)「伝法灌頂印信」
最極秘密法界体伝法灌頂阿闍梨位之印
右、昔大日如来開大悲胎蔵・金剛秘密両部界会授金剛薩埵、
々々々数百歳之後、授龍猛菩薩、如是于今不絶、迄吾祖師
弘法大師(空海)既経八葉矣、今至小僧身、即両部大道廿八葉、伝授
次第師資血脈相承明鏡也、爰釼阿随先師上人智照、幸蒙灌頂
印可、而為師最後断種之罪、以今此秘法授与実真大法師已訖、
次後阿闍梨為示後哲記而授之焉、
建武三年十一月六日　賜金剛弟子実真

○五八三　某印信　○神奈川県立金沢文庫保管称名寺文書

(端裏書)「伝法灌頂印明」
授与伝法灌頂最秘密印

胎蔵界

印　卒塔婆無所不至明在口伝

金剛界

印　卒塔婆同印明在口伝

理智冥合

印　卒塔婆同印明在口伝

建武三年丙子十一月六日

○五八四　某印信　○神奈川県立金沢文庫保管称名寺文書

（端裏書）「伝法灌頂印明」

胎蔵界

印　五股（鈷）印内

明　

金剛界

印　塔印

明　

建武三年十一月六日

○五八五　建武式目写　○建武式目

建武式目条々

鎌倉（相模国）如元可為柳営歟、可為他所否事

右、漢家本朝上古之儀、遷移多之、不遑羅縷、迄于季世、依有煩擾、移徙不容易乎、就中、鎌倉郡者、文治右幕下（源頼朝）始構武館、承久義時（北条）朝臣幷呑天下、於武家者尤可謂吉土哉、爰禄多権重、極驕恣欲、積悪不改、果令滅亡畢、縦雖為他所、不改近代覆車之轍者、傾危可有何疑乎、夫周・秦共宅崤函也、秦二世而滅、周闡八百之祚、隋・唐同居長安也、隋二代而亡、唐興三百之業矣、然者居処之興廃、可依政道之善悪、是人凶非宅凶之謂也、但諸人若欲遷移者、可随衆人之情歟、

政道事

右、量時設制、和漢之間、可被用何法乎、先遂武家全盛之

跡、尤可被施善政哉、然者、宿老評定衆公人等済々焉、於訪故実者、可有何不足哉、古典曰、徳是嘉政、々在安民云々、早休万人愁之儀、速可有御沙汰乎、其最要粗註左、

一可被行倹約事

近日号婆佐羅、専好過差、綾羅錦繡、精好銀剣、風流服飾、無不驚目、頗可謂物狂歟、富者弥誇之、貧者恥不及、俗之凋弊、無甚於此、尤可有厳制乎、

一可被制群飲佚遊事

如格条者、厳制殊重、剰耽好女之色、及博奕之業、此外又或号茶寄合、或称連歌会、及莫太賭、其費難勝計者乎、

一可被鎮狼藉事

昼打入、夜強盗、処々屠殺、辻々引剝、叫喚更無断絶、尤可有警固之御沙汰乎、

一可被止私宅点定事

励尫弱之微力、構造之私宅、忽被点定、又被壊取之間、無所于隠身、即令浮浪、終失活計、尤不便之次第也、

一京中空地、可被返本主事

如当時者、京中過半為空地、早被返本主、可被許造作哉、如巷説者、今度山上臨幸扈従之人、不論上下、不謂虚実、大略被没収云々、如律条者、謀反逆叛之人、協同与駆卒、罪名不同歟、尤被尋究、可有差異哉、凡承久没収之地、有其数歟、今又悉被召放者、公家被官之仁、弥可牢籠乎、

一可被興行無尽銭土倉事

或被充召莫太之課役、或不被制打入之間、已令断絶乎、貴賤急用忽令闕如、貧乏活計、弥失治術、忩有興行之儀者、可為諸人安堵之基乎、

一諸国守護人、殊可被択政務器用事

如当時者、募軍忠被補守護職歟、可被行恩賞者、可充給庄園乎、守護職者、上古之吏務也、国中之治否、只依此職、尤被補器用者、可叶撫民之儀乎、

一可被止権貴幷女性禅律僧口入事

一可被誡公人緩怠、幷可有精撰事

此両条、為代々制法、更非新儀矣、

一固可被止賄賂事

此条又雖不始于今、殊可有厳密之御沙汰、仮令雖為百文之分際、為賄賂者、永不可被召仕其人、為過分之儀者、可被生涯乎、

一殿中付内外、可被返諸方進物事

上之所好、下必随之、尤可被行清廉之化、次唐物已下珍奇、殊不可有賞翫之儀者也、

一可被選近習者事

不知其君見其臣、不知其人見其友云々、然者君之善悪者、必依臣下即顕者也、尤可被択其器用哉、又結党類、互成毀誉、闘乱之基、何事如之、漢家本朝此議多之、或衣裳、或能芸已下、以好翫為体、各心底悉相叶者歟、於違犯輩者、不可被召仕近辺、尤可有遠慮乎、

一可専礼節事三略云、用兵道在礼与禄、崇礼之則智士、到重禄之則義士、軽死云々

理国之要、無過好於礼、君可有君礼、臣可有臣礼、凡上下各守分際、言行必可専礼儀乎、

一有廉義名誉者、殊可被優賞事

是進善人退悪人之道也、尤可有褒貶之御沙汰乎、

一可被聞食貧弱輩訴訟事

堯舜之政、以之為最、如尚書者、凡人所軽、聖人所重云々、殊可被懸御意也、御憐愍須在貧家輩、被入聞食彼等之愁訴事、為御沙汰専一乎、

一寺社訴訟、依事可有用捨事

或振威猛、或号興隆、又耀奇瑞、又称御祈、如此之類、尤可被尽御沙汰也、

一可被定御沙汰式日時刻事

諸人之愁、莫過緩怠、又寄事於早速、不究淵底者不可然、云彼云此、所詮無人愁之様、可有御沙汰也、

以前十七箇条、大概如斯、是円（中原道昭）雖受李曹之余胤、已為草野之庸愚、忝蒙政道治否之諮詢、所摭和漢古今之訓謨也、方今諸国干戈未止、尤可有跼蹐歟、古人曰、居安猶思危、今居危、盍思危哉、可恐者斯時也、可慎者近日也、遠訪延喜・天暦（醍醐・村上天皇）両聖之徳化、近以義時・泰時（北条）父子之行状為近代之師、殊被施万人帰仰之政道者、可為四海安全之基乎、仍言上如件、

建武三年十一月七日　　真恵（中原）

人衆

是円

（付箋）「南家儒者也
藤範卿　有範卿父」
（日野）前民部卿

是円俗名道昭

真恵

玄恵法師

太宰少弐（頼尚カ）

明石民部大夫（行連）

太田七郎左衛門尉

布施彦三郎入道（道乗）

以上八人

○五八六　某印信　○神奈川県立金沢文庫保管称名寺文書

（端裏書）「秘密灌頂印明初重」

秘密至極灌頂

已上初重

又極秘援

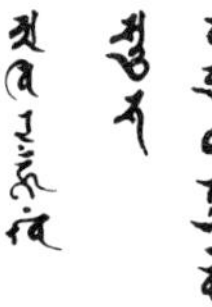

建武三年十一月七日

○五八七　某印信　○神奈川県立金沢文庫保管称名寺文書

（端裏書）「秘密灌頂印明第二重」

大秘密灌頂

　但頭指釼形大開

已上第二重

最後閉眼之時、可伝之、秘中秘也、努輙不可授与者也、

建武三年十一月七日

○五八八　和田義成軍忠状写　○越後国奥山庄史料所収中条文書

越後国奥山庄（蒲原郡）一分地頭三浦和田又三郎義成申軍忠事

右、去年建武二年十二月十九日、当国凶徒為対治、大将軍佐々木加治近江権守景綱御発之時、同日馳参御方、度々合戦致軍忠、賜御証判之状、

一同三年二月十八日、小国・河内・池・風間・於木・千屋・高梨等一族以下御敵、重蜂起之間、為対治、大将軍蒲原津(蒲原郡)御発時、同時馳下之処、河村弥三郎秀義一族発謀反、自後攻懸間、同二十日、馳向奥山庄金山(同郡)寺尾城、義成懸先、秀義一族須藤三実名不知討取畢、義成郎従富沢総太郎茂氏右肩同腕被切畢、同二十一日、於加地庄(同郡)洲崎、為牧彦太郎清時、被梟頸、

一同二十二日、馳下加地庄沼垂湊、同廿四日渡河、対于小国兵庫助政光一族以下凶徒、散々合戦畢、同三月十四日、日々夜々合戦、無退転致軍忠畢、自三月十五日至于五月、義成一族等相具、奥山庄楯籠観音俣城、

一同五月十六日、件政光以下凶徒等又蜂起、乱入加地庄之間、同庄佐々木宿懸合、致終日合戦、其夜渡河、十七日暁、義成一族等相具懸一陣、政光一族小国弥六不知実名討取之刻、義成若党富沢総太郎茂氏、又同四郎次郎近宗討死、

一同七月二十七日、小国・河内以下御敵、又令乱入加地・奥山両庄之間、義成一族等相具、楯籠観音俣城、同八月四日、政光一族等以下御敵等追落奥山庄内、

一八月廿七日、件凶徒等重蜂起之間、大将軍御発向之時馳参、同晦日、於長井保(蒲原郡)青橋山、対河内為氏一族致合戦、

一九月一日、対于河内・小野(ママ)・風間・於木・千屋・高梨一族以下合戦之時者、一族等相具□一方於条壠縄手、致終日合戦之刻、義成被疵、

一同二日、引籠于金津保(同郡)新津城、対于小国政光以下御敵等、致散々合戦畢、

一同四日、大将軍護法城被楯籠之間、義成等又楯籠于観音俣城、是等次第、大将軍御見知上者、賜御証判、為備末代亀鏡、粗言上如件、

建武三年十一月十八日　(加地景綱カ)(花押影)

○五八九　茂木知貞代祐恵言上状　○吉成尚親氏所蔵茂木文書

茂木越中入道明阿（知貞）代祐恵申
右、去七日茂木城（下野国茂木郡）被落天後、一昨日十七日、以近隣人々合力、
追散凶徒訖、而賜御判、重相催近隣之輩、可差置軍勢候、於
合力輩交名者、追可注進候、仍言上如件、
建武三年十一月十九日　　代祐恵（裏花押）
（異筆）「（桃井殿）承了（花押）」（証判）（桃井貞直）

○五九〇　山内首藤時通着到状　○長門山内首藤家文書

着到
山内首藤三郎時通可為当参由被仰下之間、自去月十四日至于
今月廿日、毎夜宿直令勤仕処如件、
建武三年十一月廿日
（裏証判）「勤仕無相違矣
｜（花押）（岡重直）」

○五九一　斯波家長奉書　○陸奥相馬文書

建武三年・延元元年十一月

下総国相馬郡内鷲谷村□津々戸相馬六郎跡、□・藤谷村相馬六九郎等跡、□・
大鹿□□・高井相馬□□・高柳村等事、為闕所由、被聞食之間、
将軍家（足利尊氏）御計程、所□（被預置ヵ）也、可被致沙汰□（之）状、依仰執達如件、
建武三年十一月廿二日　　源（斯波家長）（花押）
相馬孫次郎（親胤）殿

○五九二　湛睿跋文　○神奈川県立金沢文庫保管称名寺文書

右此抄者、盛禅比丘十如房少々勘正、源処々随文段纔動初歩、遥隔千里、
纔動初歩猶隔千里、然延慶四年三月八日、於金沢称名寺（武蔵国久良岐郡）令他界訖、白
骨空埋土青苔猶注露、今見遺筆深催哀傷、仍且為達彼素願、
且為顕予愚意、若開講肆以展法席、則随護加文義、毎度令筆
削矣、于時深更人定万事寂莫、独思祖教陵遅、誰知至愚懇歎
嗚呼、建武三年丙子十一月廿五日夜、於下総千田庄土橋東禅寺
灯下記之、
求法小比丘湛睿通夏四十二俗年六十六

〇**五九三** 足利直義御教書 〇相模覚園寺文書

祈禱事、丁寧之由、聞食訖、尤以神妙、弥可被致精誠之状如件、

建武三年十一月廿七日 (足利直義)(花押)

(相模国鎌倉郡)覚園寺長老

〇**五九四** 足利尊氏御教書写 〇京都御所東山御文庫記録甲二百七十七所収

武蔵国栗木寺・日向国(宮崎郡)永峯別苻(符)・加賀国(石川郡)白山法師跡・鎌倉(相模国)大(犬カ)懸谷坊舎・稲荷社下敷地等事、任正和四年八月十四日安堵状、可令領掌給也、仍執達如件、

建武三年十一月廿七日 (足利尊氏)権大納言 御判

謹上 (山城国)醍醐水本僧正(隆舜)御房

〇**五九五** 釼阿印信 〇神奈川県立金沢文庫保管称名寺文書

(端裏書)「□(授カ)西院□(印カ)可」

某大法師

授印可 金剛名号

胎蔵界 外縛五古印

満足一切智 又五字明 

金剛界 大率都婆印

普賢一字明 

金剛名号 某金剛

右、於(武蔵国久良岐郡)金沢称名寺以先師秘決授照允大法師訖、

建武三年十一月廿八日

伝灯大法師釼阿

宏——円祐——定仙——智照

〇**五九六** 茂木知貞代祐恵軍忠状 〇吉成尚親氏所蔵茂木文書

（茂木越中権守入道明阿代祐恵申カ）

軍忠目安事

□(右)、(足利尊氏)将軍家供奉之時、至于(摂津国)兵庫島、先々軍□(忠 不カ)遑毛挙、其後去四月十六日乃(相模国)鎌倉乃合戦於□□(始藤)谷、(下野国都賀郡)宇都宮是者両度、所々乃城墎(郭、下同ジ)江馳向天抽軍忠事、□□所見之間、先々大将軍申賜御一見状

了、□（去八カ）月廿四日夜、自小栗城（常陸国）墎小山（下野国都賀郡）乃御館江馳参天之□□（後）
倉於承天、至于今稽（警）固仕了、而宇都宮両度乃合□□（戦忠カ）節之条、
打死従父卿公以下所見備于右、而于今雖参□（城）□墎被落天後者、無
足之上者、為懸命之地、預闕所□便宜之闕所、注進如件、

建武三年十一月　日

（証判）「承了　（異筆）「小山」（花押）」

○五九七　市河親宗軍忠状　○本間美術館所蔵市河文書

信濃国市河孫十郎親宗軍忠事

右、新田右衛門佐義貞没洛（落）比（此）国之間、可誅伐之由、去十月
建武三十二日依被成下御教書、当国（信濃国）守護代小笠原余次兼経舎弟
与三経義、苻（府）中（安曇郡）弁仁科千石口属于発向之間御手、為抽軍忠所
令馳参候也、然給一見、御証判為備後証、恐々言上如件、

建武三年十一月　日

（証判）「承了（小笠原経義）（花押）」

○五九八　市河親宗着到状　○本間美術館所蔵市河文書

着到

市河孫十郎親宗

右、為誅伐新田右衛門佐義貞御発向間、馳参守護代小笠原余
次兼経舎弟余三経義御手候、仍着到如件、

建武三年十一月　日

（証判）「承了（小笠原経義）（花押）」

○五九九　市河親宗着到状　○本間美術館所蔵市河文書

着到　信乃国御家人

市河孫十郎親宗、為静謐越後国、村上源（信貞）蔵人殿御発向間、為
致軍忠令馳参候畢、仍着到如件、

建武三年十一月　日

（証判）「承了（村上信貞）（花押）」

○六〇〇　市河経助軍忠状　○本間美術館所蔵市河文書

市河左衛門十郎経助軍忠事

右、為越後国凶徒対治、村上源(信貞)蔵人殿御発向之間、属御手、
追落守護・目代等致忠節上者、賜御証判為備後証、言上如件、
建武三年十一月　日
「承了(証判)　（花押）(村上信貞)」

○六〇一　某軍忠状写　○石見内田文書

滝河原河合戦致軍忠畢、其後駿州馳越、属細河八郎殿御手、
数十ケ日役所令警固之処、目代右京亮殿下国之間、則属于彼
手、横地城(遠江国城東郡)幷丸崎・気多城(周智郡)令籠畢、今又参当御手、橋下(敷智郡)・
比々役所(豊田郡)苻(府)中物社上役所警固仕者也、仍為下給御証判、恐々
言上如件、
建武三年十一月　日
「承了(証判)　判（花押影）」

○六〇二　実廉申状※　○竹内文平氏所蔵文書

間、云軍勢、云役人、上下諸人空奉捨、不知行方之間、実廉
独申勧駕御、令扈従畢、其間次第、大王詳被知食之上者、不
能費私詞、此条頗可謂抜群之大忠、争可被准尋常之奉公哉、
是六、
同(建武二年)八月二日御着三州矢作宿(碧海郡・額田郡)、夙夜奉公、又不遑羅縷、同九日
尊氏(足利)卿自遠州橋下(敷智郡)、処々合戦之日、候人等被疵畢、城山五郎
貞守虜児玉党蛭河彦大郎入道・松野又二郎等畢、香川四郎宗
景於蒲原、虜松野彦五郎入道父子、渡足利方之間、即所令獄
舎也、是七、
同七月廿四日、於越後国大面庄(蒲原郡)、小諸林一党等、忽企叛逆、
乱国中之時、実廉所領同国粟生田保(同郡)地頭代妹尾右衛門入道本
阿等最前馳向而懸先、令対治凶徒等畢、其条守護代里見伊賀
五郎・目代新田彦二郎等一見状分明者歟、是八、
去々年(建武元)二月九日、於関東、本間・渋谷等一党叛逆之時、
実廉独伺(祗カ)候竹園(成良親王)、奉警固　大王之間、候人等随而随分之軍忠
訖、是九、
同八月廿三日、江戸・葛西等重謀叛之時、候人等亦致処々合
戦、各々被疵畢、是十、
去元弘三年三月、已　臨幸伯州船上山(八橋郡)之由、風聞之間、雖欲

馳参、山河多重、塞関楯稠、不達本意、蟄居関東之処、五月十四日、故高時(北条)法師等差遣討手於実廉、圍私宅、希有而遁万死之陣、交山林、送数日之刻、同十八日、義貞(新田)朝臣責入于鎌倉(相模国)、致逆徒討罰之間、馳加彼手、至廿二日首尾五ケ日夜之間、於処々致軍忠畢、此等子細、云同時合戦之輩、云其時大将軍、皆存知者也、是十一、
右条々、梗概如斯、実廉苟歴武衛之官、懋掌警巡之役、雖無累葉之武略、□廻当時之策、策随分之奉公、争可被奇捐(棄)乎、但去月(建武三年十月)十日、自山崎(山城国乙訓郡)戦場帰参之時、可有　行幸他所歟之由、有其聞之間、即可令供奉之旨、深相存之処、人疲馬泥、聊遅留、出御早々也、其所慥以不承及云々、説区分、空迷岐路、惆悵失拠之処、日免(既カ)暮、敵充満洛中、仍為全身遂志報寇(冠)竭忠、暫先隠居西山阿、徒送両旬畢、不慮之儀、生涯遺恨也、事与情参差、歎而有余者也、
抑去元弘三年十二月、　竹園関東御下向之時、可令供奉之由、被仰出、云日来之疲労、云当時之訴訟、未承是非左右、雖進退惟谷、争背　勅定哉、仍

○本文書は年月日未詳であるが、文中の日付によりしばらくここに収める。

六〇三　広義門院令旨案　○相模円覚寺文書

(押紙、モト端裏書カ)「広義門院」
尾張国篠木庄(春日部郡)内野口・石丸保国衙濫妨事、隆持(四条)朝臣申状副具書如此、子細見于状候歟、可令申沙汰給之由、広義門院(後伏見院女御藤原寧子)令旨所候也、仍執達如件、
　　十二月(建武三年カ)一日　　参議長光(葉室)
謹上　坊城宰相(勧修寺経顕)殿

六〇四　四条隆持書状案※　○相模円覚寺文書

(押紙、モト端裏書カ)「隆持朝臣　篠木庄内野口・石丸保事」
長講堂(山城国)領尾張国篠木庄(春日部郡)内野口・石丸保国衙濫妨事、雑掌申状如此、子細見状候歟、早停止新儀違乱、若有子細者、可経次第沙汰之由、被仰国司候様、可有御　奏聞候哉、得此御意、可令申沙汰給候、恐惶謹言、

○本文書は、前号文書に見える「隆持朝臣申状」であろう。

〇六〇五　足利直義安堵状案　〇神奈川県立金沢文庫保管称名寺文書

当寺領信濃国大田庄(水内郡)内大倉郷・下総国埴生庄(埴生郡)内山口郷南栖立村、加賀国軽海郷(能美郡)・因幡国千土師郷(智頭郡)等事、任度々寄附状幷元徳元年十二月二日下知状、可令知行給之状如件、

建武三年十二月一日　左馬頭(足利直義)在御判

謹上　金沢(武蔵国久良岐郡)称名寺長老(釼阿)

〇六〇六　由比信義挙状　〇筑後田代文書

(押紙)「駿河国新守護代信義注進状」

伊豆国田代豊前又次郎入道了賢、於国軍忠間事、捧目安幷一見状候、以此旨可有御披露候、恐惶謹言、

建武三年十二月二日　沙弥信義(由比)（花押）

進上　御奉行所

〇六〇七　色部高長軍忠状案　〇反町英作氏所蔵色部文書

(校正了)同

秩父三郎蔵人高長申軍忠事

右当国(越後国)蜂起之間、属于佐々木近江権守景綱、去年建武二自十二月十九日、日々合戦無退転、然而河村弥三郎秀義一族以下等押寄瀬波郡(岩船郡)之間、一族相共馳向致合戦、直追落、城内焼払畢是一、同小国兵庫助政光・萩・風間・□(池)・河内一族以下等、構蒲原津(蒲原郡)城墎(郭)楯籠之間、同於廿三日松崎(同郡)致合戦之時、野田左衛門次郎頭被射貫畢、同廿四日沼垂(同郡)馳下、抽軍忠之時、秩父八郎長清・同左衛門三郎・中間江藤三以下五人討死仕畢是二、次五月十七日、於佐崎原合戦者、捨一命、若党・中間討死被疵、其数不及注申是三、同八月廿六日、菅名庄(同郡)佐々河山幷青橋(同郡)条・黒金(ママ)津保於所々合戦致軍忠畢是四、同十一月十二日、蒲原発向之時、最前馳参候畢是五、所詮此之間合戦及両年、属于大将軍、当国退治無残所、此等次第御見知上者、賜御証判、為備向後亀鏡、恐々言上如件、

建武三年十二月三日

(証判)「承了在御判」

〇紙継目に裏花押がある。

○六〇八　光厳上皇院宣　○相模円覚寺文書

尾張国(春日部郡)篠木庄内野口・石丸保国衙濫妨事、奏聞之処、停其
妨、有子細者、可経次第沙汰之由、被仰国司候、可有□□□
旨、被仰下候也、以此旨可令申沙汰給、仍執達如件、
(建武三年カ)十二月六日　参議経顕(勧修寺)
謹上　葉室宰相(長光)殿

○六〇九　光厳上皇院宣　○相模円覚寺文書

(押紙、モト端裏書カ)「石丸国衙濫妨時院宣・令旨」

尾張国(春日部郡)篠木庄内野□(口)・石丸保国衙濫妨事、(後伏見院女御藤原寧子)広義門院令旨副具書
□□(如此)、先止其妨、有子細者、可□(経)次第沙汰之由、可令下知給
之旨、被仰下候也、仍□□(執達カ)如件、

(建武三年カ)十二月六日　参議経顕(勧修寺)

謹上　日野宰相(柳原資明)殿

○六一〇　光厳上皇院宣　○山城東寺文書楽一ノ八

当寺領山城国上桂庄(葛野郡)、拝師庄、八条院々町、常陸国信太庄(信太郡)、
播磨国矢野例名(赤穂郡)、安芸国三田郷(高田郡)、平田郷、高屋、余田等、任
後宇多院御起請、庁御下文、院宣、知行不可有相違者、院(光厳上皇)
宣如此、仍執達如件、
建武三年十二月八日　参議(四条隆蔭)(花押)
謹上　東寺供僧学衆御中

○六一一　湛睿書状幷恵釼勘返状　○神奈川県立金沢文庫保管称名寺文書

(端裏ウハ書)「御報　恵釼」

(恵釼筆、下同ジ)「委細之旨御使者可申入候也、□□候ハて勘申候、
恐入候、」

「此間合戦之体候、可。〈及〉御察〈当〉候也、不思儀不可説ニ候、」

此間動乱無為無事令静謐候条、言語道断、実以希代未聞候、

「以僧令申候」

即以飛脚忩々令案内此人之方候、。(此使者)無案内の仁候、以勝忍(劔祐)御
「京都事不分明候」

房可令引付給候、又自京都、介殿下向之由令荒説候、事実候
「恐惶謹言」

哉、其間事等可示給候、委細使者可申候、恐々謹言、

(建武三年)極月八日「九日」　湛睿(花押)「恵釼(花押)」

「御報」光明院御侍者

○六一二　足利直義下文　○埼玉県立文書館所蔵安保文書

下　安保丹後権守光泰法師法名光阿

可令早領知武蔵国安保（賀美郡）郷内屋敷在家・同国枝（松脱ヵ）名内塩谷田（児玉郡）在家・同国太駄（同郡）郷、出羽国海辺（出羽郡）余部内宗太村、播磨国西志方（印南郡）郷、信濃国室賀（小県郡）郷等地頭職事

右、任代々譲状幷正安三年十二月十日・正慶二年二月廿九日外題安堵状等、可領掌之状如件、以下、

建武三年十二月十一日

源朝臣（足利直義）（花押）

○六一三　光厳上皇院宣写　○伊予国分寺文書

院宣案

伊予国分寺（越智郡）弁寺領等、如元管領不可有相違、殊可被致興行沙汰之由、

院宣（光厳上皇）所候也、仍執達如件、

建武三年十二月十二日　参議資明（柳原）

極楽寺（相模国鎌倉郡）長老上人御房

○六一四　一乗書状　○神奈川県立金沢文庫所蔵湛稿冊子四十一裏文書

御札之趣悦承候了、抑布弁綿、謹令拝領候了、又自証也房（寥厳）方、青鳧一連賜候、当世折節には過分得益と令存候也、又千葉介（貞胤）殿無子細被参降人之由、承及候之間、先悦入候、兼又大隅殿（千田胤貞）夭亡事、荒説に承候、実事候者、浅猿敷存候也、又禅智房（禅阿）去月九日他界候、便宜之時、思観上人（照源）方へも可有御訪候歟、又良樹房他界之由伝承候、但伝説候、如仙上人（高慧）方へも可有御訪候歟、又此辺作法不可説次第多候、証也房定被申候歟、毎事期参拝之次候、恐惶謹言、

（建武三年）十二月十三日　沙門一乗

進上　東禅寺（下総国）御侍者

○千田胤貞は『千葉大系図』に建武三年十一月十九日没、四十九歳とみえる。

○六一五　高重茂奉書　○横浜市立大学図書館所蔵安保文書

明年正月元三庭座出仕可為水干立（烏脱ヵ）帽子、事、可被参勤之由候也、仍執達如件、

建武三年十二月十七日　大和権守（高重茂）（花押）

安保（泰親）中務丞殿

○六一六　光厳上皇院宣写　○華頂要略八

崇徳院（讃岐国）御影堂領讃岐国北山本新庄（阿野郡）、但馬国行（片）野庄（出石郡）、遠江国勝（榛原郡）田庄、越後国大槻庄（蒲原郡）、能登国大屋庄（鳳至郡）、粟田宮領筑前国原田（怡土郡）、高橋宮門跡（尊守法親王）領近江国奥嶋庄（蒲生郡）、真如堂領柳谷（山城国愛宕郡）督三品遺領不可有相違之由、院宣（光厳上皇）所候也、以此旨可令洩啓上乗院宮（益性法親王）給、仍執達如件、

建武三年十二月十八日　　参議判

謹上　大納言法印御房

○六一七　斯波家長奉書　○相模光明寺文書

相模国金目（淘綾郡）光明寺事、治承七年五月三日　右大将家（源頼朝）御下文厳重之上者、寺中并寺領以下、停止地頭等私綺、不可致違乱、若於背此旨者、可為罪科之由、依仰執達如件、

建武三年十二月廿三日　　源（斯波家長）（花押）

光明寺住持修円御房

○六一八　後醍醐天皇書状　○伊勢結城文書

「当今（後醍醐天皇）御震（宸）筆也、正文ハ於霊山（陸奥国）被召置国司御前、御勅使江戸修理亮忠重」

有子細出京之処、直義（足利）等令申沙汰之趣、旁本意相違、如当時者、為国家故以無其益之間、猶為達本意、出洛中、移住和州吉野郡、相催諸国、重所挙義兵也、速ニ卒（率）官軍、可令発向京都、武蔵・相模以下東国士卒、若有不応　勅令（後醍醐天皇）旨（者カ）、厳密可加治罰者也、併相憑輔翼之力、経廻権譲之謀、速成干戈之功者、国家大幸、文武徳谷（善カ）、何事如之哉、大納言入道（宗玄、北畠親房）居住勢州、定委仰遣之歟、坂東諸国悉令帰伏之様、以仁義之道、可施徳化也、道忠（結城宗広）以下各可励忠節之旨、別可被仰含者也、

延元々
十二月廿五日

○六一九　後醍醐天皇綸旨案　○伊勢結城文書

相催東山・東海両道諸国、卒（率）官軍発向京都、可令追罰尊氏（足利）・直義（足利）等賞（党）類、有勲功之輩、各可有抽賞、若有凶徒与同之族者、厳密可加治罰給者、依
天気（後醍醐天皇）、言上如件、

延元々
十二月廿五日　左中将(源)持定状
進上　鎮守符(府)中納言(北畠顕家)殿
追言上、
被仰夕郎候、且可得御意候、

○六二〇　光厳上皇院宣　○宮内庁書陵部所蔵壬生家文書

主殿寮殿
近江国押立保(愛智郡)
下野国戸矢子窪田保(都賀郡)
安芸国入江保(高田郡)
加賀国橘島保(石川郡)
長門国河内□(包カ)光保
因幡国々安・今島保(高草郡)
紀伊国六十谷・加納(名草郡)
壱岐島志原保(石田郡)
伊賀国薦生保(名張郡)
右所々元如知行不可有相違者、
院宣(光厳上皇)如此、仍執達如件、
建武三年十二月廿七日　参議(柳原資明カ)(花押)
大夫史殿

○六二一　足利直義感状　○本間美術館所蔵市河文書

合戦軍忠事、尤以神妙也、□追可有其沙汰之状如件、
建武三年十二月廿九日　(足利直義)(花押)
市河左衛門十郎殿

○六二二　茂木知貞軍忠状　○吉成尚親氏所蔵茂木文書

(端裏書)「□正文とこいぬとの」
□(茂木)越中入道明阿(知貞)申、去八月廿三日、自小栗城(常陸国真壁郡)、当所小山□(館)(下野国都賀郡)
□(馳)加後軍忠事、以前所々軍忠事、先立帯所見間略之、
□(一)九月廿一日宇都宮横田原(下野国河内郡)合戦仁、致忠節了、而明阿□
頼賢討死了、一見状有之、
□(一)十一月三日宇都宮毛原合戦仁、抽軍忠之条同前、而大将軍□
有御存知也、

(一)」十二月十日奥州国司(北畠顕家)代弁白河上野入道(結城道忠、宗広)代及大田判官(結城親光)□(親)□一丸以下凶徒、引率数万騎寄来結城之郡之間、於明□城郭警固罷留小山之館了、至于子息弥三郎知政者小□族相共馳向戦場、終日依防戦、凶党忠(悉)引退了、同十一日□子息知政於大手絹河並木渡河お渡天、追返凶類焼□(払)、□郡抽軍忠了、是等次第益戸常陸介為合懸之仁、令存知□不可有其隠矣、
(二)」同十三日関郡(常陸国)乃凶徒等、又引率数万騎寄来之間、馳向□忠之条、小山・結城・山河・幸島・益戸一族悉以令見知上者、□後証可預御注進之状如件、

建武三年十二月日

「承了(証判)(花押)(桃井六郎カ)」

○六二三　佐野安房一王丸軍忠状　○武蔵落合文書

下野国佐野安房一王丸謹言上

欲早親父孫太郎左衛門尉義綱、於所々致度々忠節、打死仕上者、被召入御注進、且預御恩賞、播弓箭面目、且訪亡魂菩提間事

右義綱今年〈建武三〉四月廿□□(二日)御共仕、一族佐野奥太郎清綱相共、上野砥(利)根河中渡打越懸先、阿代殿祗候人五郎兵衛尉打取之畢、翌日廿三日同国板鼻(碓井郡)合戦、御敵二人打取、義綱被切乗馬畢、如此忠節異于他之間、同廿八日祖父安房弥太郎□綱・亡父義綱父子共、可被成官途之由、預御感御教書畢〈是一〉、次同十一月三日宇都宮御発向、奉被属西手大将桃井兵庫殿(衍カ)、於犬飼・栗(上)崎合戦懸先(下野国都賀郡カ)、赤保路懸(上野国群馬郡)武者一人打取之、其外御敵二人、合三人打取之処、□(御)敵重来之間、致散戦忽打死畢、此条桃井殿御覧之間、賜御判之上、佐貫六郎・同小六郎等見知之、凡悲歎雖無極、家名令至極者哉〈是二〉、加之、去年〈建武二〉十二月十九日御敵阿曾沼下野権守朝綱乱入佐野庄(下野国安蘇郡)之間、最前馳向佐野河原追帰畢〈是三〉、次同月廿七日於小俣少輔次郎殿御手、上野男山合戦致忠、翌日廿八日足利町河原(足利郡・梁田郡)戦、敵二人打捕之〈是四〉、其外今年〈建武三〉正月九日於同御手、攻落新田城(上野国新田郡)、同国笠懸(同郡)原軍之時、合(額)戸殿家人左衛門三郎打取之、義綱被切乗馬畢〈是五〉、次同三月十日於上野国中野楯(邑楽郡)奉属遠江三位殿、御敵一人打取、剰若党清

弥九郎又御敵二人打捕之畢是六、次四月廿九日当国（下野国都賀郡）沼和田合戦、奉付宮内少輔殿、致合戦、旗指孫三郎被疵畢是七、将又、於同御手、六月廿日佐野庄関河楯築古江山合戦、御敵阿曾沼下野権守朝綱祗候人土淵又六目手肘切落之是八、次於萱間世尊殿御手、同八月九日於天命（安蘇郡）堀籠合戦、朝綱家人飯土井四郎切落之畢是九、如此忠節非一之間、雖子細多、所詮義綱令打死現在之上者、賜御注進、且預御恩賞、弥播家面目於子孫、且為訪亡父菩提、恐々言上如件、

建武三年十二月　日

（証判）「一見了　（斯波家長）（花押）」

〇六二四　伊賀盛光軍忠状　〇飯野八幡宮所蔵飯野家文書

（端下裏書）「佐竹奥次郎義篤建武三年文」

目安

伊賀式部三郎盛光軍忠事

右、為佐竹刑部大輔義篤大将、建武三十二月二日、打立常陸国武生城（久慈郡）、寄苽連城（同郡）之処、御敵小田宮内小（少）輔（治久）幷広橋修理亮（経泰）以下凶徒等、久慈東郡馳向岩出河原之間、属一方大将佐竹小三郎（高久）義景手、致合戦忠節之処、若党麻績兵衛太郎盛清・贄田彦太郎盛重、御敵二頸令分取畢、同十一日、至被（彼）瓜連落城、致忠節了、仍且預御注進、且為備後証、目安如件、

建武三年十二月日

（証判）「一見候了　（佐竹義篤）（花押）」

〇六二五　市河経助着到状　〇本間美術館所蔵市河文書

着到

信濃国市河左衛門十郎経助

右、着到如件、

建武三年十二月　日

（証判）「承了　（大高重成）（花押）」

〇六二六　市河親宗着到状　〇本間美術館所蔵市河文書

着到

信濃国布施（更級郡）御厨中条郷一分地頭市河孫十郎親宗
右、着到如件、
建武三年十二月　日
「承了（証判）（花押）（大高重成）」

○六二七　元道申状案　○田中繁三郎氏所蔵文書

（端裏書）「長寿寺領事」
長寿寺（駿河国駿東郡）雑掌元道謹言上
欲早被経御　奏聞、被成下安堵　院宣、弥全寺領、奉祈
宝祚延長、駿河国安野船津郷（駿東郡）内寺田畠拾陸町余、同東郷（安倍郡）内
金沢村、摂津国恒松名（武庫郡）、伊勢国上野御薗（多気郡）中野等領主職間事
副進
一巻　次第相続文書等案
右、当寺領等者、舜淳代々相伝無相違之地也、随而当寺為御
祈願所、宜奉祈宝祚延長之由、金『今』年十月一日被成下安堵　院
宣畢、然早被経御　奏聞被成下安堵　院宣、全寺領、為奉祈
天長地久御願、相『粗』言上如件、
建武三年十二月　日

○六二八　高橋茂宗軍忠状　○水戸彰考館所蔵多田院文書

摂津国多田院（川辺郡）御家人高橋彦六茂宗申軍忠事
右、去年建武二十一月廿五日、馳参三州矢作河（碧海郡・額田郡）、属于足利上
総五郎入道殿御手、致合戦、同廿七日渡河、致散々戦抽軍忠
訖、同十二月遠江国国府（豊田郡）、上野、駿州手越河原（有渡郡）、筥根山（相模国足柄下郡）御合
戦、致忠節者也、自其路次御供令勤仕、当年建武二（三カ）正月、江
州勢田（栗太郡）、宇治（山城国久世郡）、京都、打出（摂津国兎原郡）、西宮（武庫郡）御合戦仁、竭軍忠、将又自
鎮西御帰洛後者、摂津国吹田（島下郡）、河内国洞手向御供仕、致合戦
忠訖、同廿七日、宇治路木幡（山城国宇治郡）御合戦致忠、同晦日、竹田河原（紀伊郡）
御合戦之時、分捕二人仕、致抜群忠畢、同七月二十三日、醍
醐寺御合戦仁御供仕、責落御敵、焼払数ケ所城墎（郭）、致軍忠、
同八月二十二日、山科（宇治郡）御発向之間御共仕、於四宮河原（同郡）合戦抽
忠節、同二十三日、御敵阿弥陀峯仁取陣間、同日馳向新日吉
致合戦軍忠、
同二十五日御合戦之時、搦手山科御発向之間、御供仕合戦至

極、
同日於祇園門前、御敵行合、致散々戦訖、
同九月十四日、宇治御向之間、御供仕、当役所令勤令候(ママ)畢、
所詮茂宗御合戦、毎度於　御前、抽抜群軍忠之条、　御見知
(上脱カ)之者、為下賜御証判、恐々言上如件、
建武二(三カ)年月日

○六二九　世良親王遺領注進状案※　○山城臨川寺重書案文

故帥親王(世良親王)御遺領内建武三漏准后(尊融)御安堵所々事
一近江国粟津(滋賀郡)・橋本御厨(栗太郡)依為天王寺大納言入道遺領内、帥親王御代被経再往之御沙汰、被進綸旨了、
一伊勢国富津御厨(桑名郡)
以上自天王寺大納言入道至准后七代御相伝、
天王寺大納言入道——青蓮院二品親王
後嵯峨院——大宮院(藤原姞子)——昭慶門院(憙子内親王)
帥親王——准后
一美濃国高田勅旨
一相模国成田庄(足柄下郡)
以上大宮女院四代御相伝
大宮院——昭慶門院
帥親王——准后
一大和国波多庄(高市郡)
自亀山院四代御相伝
亀山院——昭慶門院
帥親王——准后
右、大概注進如件、

○本文書は年月日未詳であるが、文中の日付によりしばらくここに収める。

建武四年・延元二年（西紀一三三七）

○六三〇　北畠親房書状案　○伊勢結城文書

三陽吉朔、万事帰正、就中、東藩耀威不同恒(桓カ)文之業、幕府専柄可唱湯武之道、幸甚〳〵祝着無極、抑主上(後醍醐天皇)出御京都、幸河内東条(石川郡)、即又復御吉野、為被果御願、可幸勢州之由、被仰候也、天下興複不可有程、愚身於勢州、廻逆徒静謐之計、可待申臨幸候、東国無為候者、忩々可令発向給、相構〳〵今度者、国中留守事共能々可有沙汰、其間事、宜連計画、此使節自吉野被差遣、殊可被賞候歟、毎事発向時節遂候之上者、期面拝之時候、

延元二年正月一日　(北畠親房)大納言入道殿御判

○六三一　石川実忠譲状　○駿河北山本門寺文書

「□□に可」譲といへとも、不取敢之間、目録にか「　」也、是をまほ(守)んて、面々に可知行之事

一孫三郎分、駿河国稲河郷(有度郡)惣領職幷富士(富士郡)上方重□(須)□惣領職、御下文・手継証文相副て譲也、可知行也、後家・舎弟・女子等に譲所をハのそく、次に信濃国山田村内田在家・野畠等、一分も不残、実忠か知行分譲也、次河内国辰間郷五分一、御下文・手継証文相副て、実忠か知行分、一分も不残譲也、

一孫四郎分、稲河郷地頭分壱町内参反公田、郷司分壱町内参反公田、富士上方重須郷内奥五郎二郎入道在家・藤大夫入道在家、野地そう御年貢ハ如先例可被沙汰、次甲斐国小泉村半分実忠か知行、一円に譲也、

一千代鶴分、稲河郷地頭分、田陸反内弐反公田、郷司分田陸反弐□(反カ)公田、重須郷権守二郎在家・新□(大カ)夫在家、野地□副、御年貢者如先例可被沙汰也、次信乃国青間村田在家・荒野ともに実忠か知行分、一円に譲也、

一後家分、稲河郷地頭分、田五反一反公田、郷司分五反内一

反公田、重須郷上の実忠かふんの屋敷を譲也、一期之後者、
くわいにん（懐妊）の子男子ならハ、給候へく候、女子ならハ、千
代鶴に給候へく候、
一娘松寿にせんたい《いなかハ》に三反譲也、
一娘長寿にせんたい《いなかハ》三反譲也、
一娘千寿にせんたい《いなかハ》に三反譲也、
一娘《万》寿にせんたい《いなかハ》に三反譲也、
一孫三郎今度奥州合戦に。《共》する、若討死してもあらハ、孫三
郎に譲所、惣領職并に参分二、孫四郎長子として可知行也、
壱をハ千代鶴可知行也、恩賞かふり（蒙）てあらハ、三分二ハ孫
四郎、一ハ千代鶴可知行也、若譲もらしあらハ、孫三郎可
知行、孫三郎討死してあらハ、必至孫四郎・千代鶴わけて
可知行也、仍目録如件、

建武二年正月六日　散位実忠（石川）（花押）

○六三二　足利直義御教書写　○武州文書府内下

祈禱事、丁寧之由聞召訖、殊以神妙、弥可被致精誠之状如件、

建武四年正月七日　（足利直義）（花押影）

○本文書は充所を欠くが、「武州文書」編纂時には芝神明宮（現東京都港区）の神主小泉大蔵の所蔵であったので、芝神明宮充てのものと推定した。

○六三三　足利直義感状写　○土佐国蠹簡集残篇一

常陸国凶徒対治之間、致軍忠之条、尤以神妙也、於恩賞者、
追可有其沙汰之状如件、

建武四年正月十日　（足利直義）（花押影）

伊賀式部三郎（盛光）殿

○六三四　足利直義感状　○大阪青山短期大学所蔵文書

遠江国凶徒対治之間、致軍忠之条尤以神妙也、於恩賞者、追
可有其沙汰之状如件、

建武四年正月十日　（足利直義）（花押）

葛山備中三郎殿

○六三五　石塔義房挙状　○筑後田代文書

田代小三郎師綱・同又三郎盛綱・豊前又次郎入道了賢(基綱)申、於
遠江・駿河両国軍忠事、目安状如此、早可被経御沙汰候哉、
以此旨可有御披露候、恐惶謹言、

建武四年正月十五日　沙弥義慶(石塔義房)（花押）

進上　御奉行所

〇六三六　伊賀盛光代麻続盛清軍忠状　〇飯野八幡宮所蔵飯野家文書

伊賀式部三郎盛光代麻続(績)兵衛太郎盛清、於両所合戦抽軍忠
子細事
右、当年正月十五日、属石川松河四郎太郎手、押寄小山駿河
権守館菊田(陸奥国)庄滝尻城搦手、不惜一命致種々合戦、即日馳向湯
本館之処、於西郷長間子、馳合湯本少輔房生捕之、則馳寄南
木戸、懸先切入城内之処、凶徒等散落訖、此等次第、大須賀
次郎兵衛入道若党野辺九郎右衛門尉・同駿河守若当(ママ)新妻次郎
左衛門尉(豊間義熙)・佐竹彦四郎入道代頴谷大輔房等見知之畢、不可相
胎御不審、仍為向後亀鏡之状如件、

建武四年正月十六日

「承了(証判)（花押）」

〇六三七　伊賀盛光代麻続盛清軍忠状　〇飯野八幡宮所蔵飯野家文書

伊賀式部三郎盛光代麻続(績)□□(兵衛)太郎盛清致軍忠子細事
□(右カ)当年正月十五日、為石河草里四郎次郎日大将、押寄小山駿
河権守館菊田(陸奥国)庄滝尻、於大手、致散々合戦、頸一取之条、日
大将御見知訖之状如件、

建武四年正月十六日

「承候了(証判)（花押）(石川義光)」

〇六三八　沙弥某奉書写　〇秋田藩家蔵文書十所収岡本又太郎元朝家蔵文書

池上藤内左衛門尉泰光申、亡父真雄遺領相模国池上内荻(足柄下郡)窪田
在家、伊賀国光岡石成内神部服部、常陸国多珂郡内湯和美村、
出羽国北条庄(置賜郡)下高梨子村田中田在家等地頭職安堵之事、申状
副具書如此、所申無相違否、云当知行之段、云可支申仁之有無、

載起請之詞、可被注申状、依仰執達如件、

建武四年正月十八日　沙弥（花押影）

岡本孫四郎(重親)殿

〇六三九　南禅寺下知状　〇山城南禅寺文書

（花押）

南禅寺(山城国)領遠江国初倉庄(榛原郡)江富郷守延名事、止京上夫・日公事・菜料等、為彼代、下行米毎年拾石可令進済云々、早任申請旨、有限年貢所当段別以下、長夫修理替物・雑掌用途外、免京・鎌倉夫・万雑公事、於拾石米者、可令進済之状、下知如件、

建武四年正月廿日

監寺得観（花押）

都寺心法（花押）

〇六四〇　北畠顕家書状写　〇楓軒文書纂九十所収白河証古文書

勅書(後醍醐天皇)幷綸旨回状、跪拝見候訖、臨幸吉野、天下大慶社稷安全、甚以此事候、頃馳参之処、当国(陸奥国)擾乱之間、令対治彼余賊、忽可企参洛候、去比新田方申送候間、先達致用意、于今延引失本意候、此間親王(義良)御座霊山(陸奥国)候処、凶徒囲城候之間、近日可遂合戦候、綸旨到来之後、諸人成勇候、毎事期上洛之時候也、

(延元二年)正月廿五日　顕家(北畠)（花押影）

千葉(貞胤)とのへ

〇六四一　資房・寂心連署問状　〇相模帰源院文書

伊勢太神宮御領上野国玉村御厨(那波郡)領主荒木田氏女弁盛延等申、当御厨内北玉村押妨狼籍(藉)事、訴状副具書等如此、子細見于状歟、不日可被弁申之由候也、仍執達如件、

建武四年正月廿六日　寂心（花押）

資房（花押）

円覚寺雑掌(相模国鎌倉郡)

〇六四二　佐竹義基軍忠状写　〇秋田藩家蔵文書十八酒出金大夫季親家蔵文書

佐竹次郎三郎義基申

為美濃国根尾山(本巣郡)凶徒等、佐竹幡磨(播)権守義教令同心之間、今月

十二日、義基押寄凶徒義教城墎、追落御敵、焼払彼城了、次
同十三日、山県源蔵人・同三郎相共、罷向義教集城(ママ)清水寺馬
場尾、重追落凶徒、焼払城墎(郭)者也、将又、同十六日、馳向根
尾堺葛原、令退治御敵了、加之、令警固武義口之条御存知之
上者、早賜御証判状、可備後証候、以此旨可有御披露候、恐
惶謹言、

建武四年正月廿八日　　　源義基

進上　御奉行所

(証判)「承了（花押影）」

○六四三　相馬松鶴丸着到状　○陸奥相馬文書

建武四年正月廿六日、於東海道宇□(多)庄(陸奥国)熊野堂着到事

相馬松鶴丸　　同九郎入道了胤
同江井御房丸　　同小次郎胤盛
同弥五郎胤仲　　同弥次郎実胤
同孫二郎綱胤　　同七郎入道子五郎顕胤
同小四郎胤時　　同五郎康胤
同又一胤貞　　同小次郎胤政
同岡田駒一丸　　同千与丸
同岡田主一丸　　同孫六郎盛胤
同孫次郎入道行胤　　同五郎胤経
武石五郎胤通

為御方馳参候、

右、去々年為国司(北畠顕家)誅伐、志和尾張弥三郎(斯波家長)殿苻(府)中御発向之時、
松鶴祖父相馬孫五郎重胤発向于渡郡(陸奥国)河名宿、武石上総権介胤
顕(相共カ)□賜東海道打立関東馳参、去年□□□蜂起之時、致合戦
忠節、結句国司下向之時、於法花堂下(相模国鎌倉郡)自害、挙希代其家者也、
親父孫次郎親胤者、去々年千田大隅守(千葉胤貞)相共向于千葉楯(下総国千葉郡)、致合
戦之処、依将軍家(足利尊氏)京都御上洛之間、御具申、至于今未及下国、
於伯父弥次郎(光胤)者親胤舎弟、去年五月国司下向之時、東海道為小(陸奥国)
高楯致合戦、終以打死畢、其後松鶴以下一族等隠居山林之処、
幸此御合戦蜂起之間、松鶴雖幼少、付着到之処、□(一カ)族等相催
之、宇多庄打越、結城上野入道(道忠、宗広)代中村六郎数万騎、楯籠当庄
熊野堂之処、押寄打散畢、為君祖父・伯父非失命、致京都奉

公、松鶴又於御方致忠節上者、賜一見御判、弥追罸近郡、為
後証備、粗着到目安言上如件、

建武四年正月日　「承了（花押）」（証判）

○六四四　慶舜請文写　○相州文書十八所収鎌倉郡我覚院文書

大蔵（相模国鎌倉郡）稲荷供僧職事
讃岐律師御坊覚胤吹挙申処也、彼所領得分御布施等、所領之
下地、随田畠員数、於三分一者、慶舜一期之間、可拝領候也、
但公方御祈禱等懈怠不忠之外、違乱煩申事候者、可罷蒙稲荷
御罰慶舜之身候也、依（仍）為後日之（状）如件、

建武四年二月六日　慶舜（花押影）

○六四五　氏家道誠奉書写　○陸奥相馬文書

武石四郎左衛門入道々倫申、奥州曰（亘）理郡坂本郷事、至正和年
知行云々、而依子息左衛門五郎軍忠、云本領云恩賞、任先例
可被知行之状、依仰執達如件、

建武四年二月六日　氏家道誠在判

武石四郎左衛門入道殿

○六四六　斯波家長奉書　○長門山内首藤家文書

度々合戦之時、致軍忠之由事、殊以神妙也、至恩賞者、可有
申沙汰之状、依仰執達如件、

建武四年二月十日　源（斯波家長）（花押）

山内須（首）藤三郎（時通）殿

○六四七　某巻数請取状写　○常陸吉田薬王院文書

（花押影）

巻数一枝喜賜候了、殊被致精誠候之条目出候、恐々謹言、

二月十一日　義□（花押影）

建武四年　吉田（常陸国吉田郡）神宮寺（薬王院）別当御房

○六四八　足利尊氏感状写　○続常陸遺文十

武蔵国（橘樹郡）於鶴見原合戦致忠節之条、尤以神妙、向後弥可抽戦功
之状如件、

建武四年二月十六日

塙右京大夫殿　　（足利尊氏）（花押影）

○六四九　革我坊舎・聖教等寄進状　○相模覚園寺文書

「寄」（後筆）進浄福寺事

合坊舎幷一切経等・同庫院雑具等者

右、件寺者、相副代々相続之証文、所受前住覚也長老譲也、然鎌倉滅亡之後、衆僧止住難叶、皆以諸方退散、爰近来流布大袋数度乱入、奪取本尊・道具等、破取坊舎之間、令寄附覚（相模国鎌倉郡）園寺畢、暫残置仏殿幷鎮守宮、其外可被破度也、世間静謐之後、再興之時者、被加合力、令紹隆之者、所令遮（庶）幾也、仍為後日寄附之状如件、

建武三年二月十六日　　住持沙門革我（花押）

○六五〇　伊賀盛光代難波本寂房軍忠状　○飯野八幡宮所蔵飯野家文書

伊賀式部三郎盛光代南（難波）葉本寂房軍忠事

右、為宇都宮（下野国河内郡）後責、属石河孫太郎入道大将、依被馳参下野国茂木郡高藤宮前、二月廿一日取陣之処、寄来国司（北畠顕家）方軍勢等数万騎之間、本寂自大手馳出、致散々合戦、抽忠節之条、日大将沢井小太郎令見知訖、依之状如件、

建武四年二月廿二日

「（証判）一見候畢　（石川義光）（花押）」

○六五一　相馬親胤軍忠状　○陸奥相馬文書

相馬孫次郎親胤申合戦次第事

右於親胤者、為惣大将帥宮□　□城令警固間、若党目々沢七郎蔵人盛清以下差遣之、今月廿一日日大将蔵人殿常州関（真壁郡）城御発向間、依手分馳渡絹河上瀬中沼渡戸、追散数万□御敵等、焼払数百間在家等了、此段侍大将佐原三郎左衛門尉令見知上者、賜御判為後証、恐々目安如件、

建武三年二月廿二日

「（証判）承了　（石塔義房）（花押）」

○六五二　長井頼秀譲状幷足利直義安堵外題　○長門毛利家文書

「(裏書)□□(尾張)国泉村外者、任此状、可令□(領)掌、仍下知如件、
建武四年二月廿三日　源朝臣(足利直義)（花押）」

□(譲)渡所領幷鎌倉地事
備後国長和庄(沼隈郡)西方地頭職事 た、し内々わけおく、北方となつく、
□□□(上野国)佐野郷(群馬郡)内 在家四宇 田八丁
尾張国泉村 在家一宇 野畠一丁五反
□□(越中)国内嶋村
備後国信敷庄(三上郡)内半分西方 四条烏丸か、り(篝)料所
□□(鎌倉)地等 はまのこつほ(小坪) たくまの谷
□□□(右ちや)くし(宅間)弾正蔵人貞頼、御下文以(下脱カ)手次等を□□(相そカ)えて譲渡所
也、さらにたのさまた□□□(け有へか)らす、もし子細を申仁子孫中
□□□(あらハ)ふけう(不幸)の仁たるへし、上へ申候て、□□□(おもき)さいくわ(罪科)に
申おこなハるへき状如件、

□(元)徳元年十二月廿二日　道可(長井頼秀)（花押）

○元徳元年十二月二十二日の譲状に足利直義が外題を与えたもの。

○六五三　尼しやうゐん譲状　幷足利直義安堵外題　○長門毛利家文書

「(押紙)うらに御けたい(外題)あり」
「(裏書)任此状、可令領掌、仍下知如件、
建武四年二月廿三日　源朝臣(足利直義)（花押）」

ゆつりわたす(譲渡)、
しもつさのくに(下総国)のうちうすい(臼井)(印旛郡)のほりの内に、うすゐのあま御
せんの御あとのミやうてん(名田)、さいけ(在家)、ならひにしきふ(式部)の入道
殿よりさうてん(相伝)のミやうてん、さいけ、むさしのくに(武蔵国)さんさ(散
いりやう(在領)中さときたミ(里)の田、さいけ、いつれもみなほんもん(本文
しよ(書)にみゑたり、あんと(安堵)の御下文、したいしようもん(次第証文)をあい
そゑて、ちやくし(嫡子)くら(蔵)人さたより(貞頼)にゆつりわたすところしち

なり、たのさまたけあるへからす、もししそん(子孫)の中にいらん(違乱)
をいたすともからあらハ、おもきさいくわ(罪科)に申をこなうへし、
よてこ(後)日のためにゆつり(譲)状くたんのことし、
元こう(弘)元ねん十二月廿五日　尼しやうゐん（花押）

○元弘元年十二月二十五日の譲状に足利直義が外題を与えたもの。

○六五四　伊賀盛光代難波本寂房着到状　○飯野八幡宮所蔵飯野家文書

着到　陸奥国

伊賀式部三郎盛光代難波本寂房

右、為奥州対治、御発向之間、馳参下野国部王(農)宿所、令供奉
候、着到如件、

建武四年二月廿七日

「承了(証判)（花押）」

○六五五　烟田時幹軍忠状　○京都大学総合博物館所蔵烟田文書

目安

常陸国鹿嶋烟田又太郎時幹申軍忠事

右、於当国小田(筑波郡)城、今月(建武二二)廿四日、御敵小田宮内権少輔治
久出張之間、時幹馳向、捨身命責戦之処、家子鳥栖太郎三郎
貞親被切右小膝、同被射乗馬之条、大将軍御実検畢、同廿九
日合戦之時、家人井河又三郎幹信切落御敵一人条、船越又三
郎種幹・家人田崎二郎左衛門尉同時合戦之間、見知之訖、然
早賜御一見、且被経御注進預恩賞、弥為成弓箭勇、仍目安如
件、

建武二年二月　日

「一見候了(証判)（花押）(佐竹義篤)」

○六五六　禰知盛継奉書　○反町英作氏所蔵村山文書

足利尊氏幷直義以下凶徒等為追伐、式部卿親王(恒明親王カ)家御息明光宮
御下国之所也、仍当国(越後国)於中分地幷新本給者、可有御免被下
論(綸)旨了、然者早々当国沼河(同国頸城郡)可被馳参、於恩党(賞)者可依軍忠之由、
依仰(後醍醐天皇)執達如件、

延元弐年二月　日

大炊助盛継(禰知)（花押）

村山一族御中

○六五七　和田義成申状写　○越後国奥山庄史料所収中条文書

三浦和田又三郎義成謹言上

欲早任祖母尼道信譲状幷関東安堵下文□状案等、且依自身手負若党死分取以下軍忠、給安堵御下文、越後国奥山庄(蒲原郡)中条内羽黒・鷹栖外、同国加地庄(同郡)古河条内田畠在家荒野等事

副進　一通　系図

一通　関東安堵御下文案　文永七年十二月十三日任亡父重朝譲状可領掌之状

一通　祖母道信譲状案　元亨三年三月廿二日

一通　御感御教書案

一通　加地近江権守一見状案　軍忠之所見

右所領者、祖母尼道信、去元亨三年三月廿二日、相副関東御下知幷安堵御下文等、譲与于義成童名光童之間、伝領当知行無相違之地也、而去建武二年十二月、当国凶徒蜂起之間、参御方、至于同三年十一月、属加地近江権守(景綱)手、致合戦之忠、懸先分取、自身被疵、若党等手負討死以下抽軍忠之間、依大将注進、今年二月十二日、預御感御教書訖、支証備于右、然早任相伝当知行之旨、且依軍忠抜群、下賜安堵御下文、為備末代亀鏡、粗言上如件、

建武四年二月　日

○六五八　円覚寺充行状写　○相州文書二十四所収鎌倉郡黄梅院文書

(相模国鎌倉郡)円覚寺門前屋地事

合柒拾肆間内

舎利殿承仕地二十間　同小番地十間

勝蓮後家跡十二間　乗願後家跡八間

杉田兄部跡十二間　庵室跡十二間

右、屋地者、所充行正続院(同国建長寺)承仕・小番也、任先例、可令領掌之状如件、

建武四年三月六日　直歳（花押影）

都寺（花押影）

都管（花押影）

○六五九　足利直義下文写　○五十嵐政雄氏所蔵古案所収文書

下　出羽民部大夫政頼(二階堂)
可令早領知駿河国服織庄(安倍郡)内安西郷半分、甲斐国逸見庄(巨摩郡)内上
大八田村・下大八田村半分・夏焼村同狩倉、相模国大井郷(足柄上郡)(田脱カ)
内霜窪村地頭職事
右、任度々外題安堵并亡父行貞(二階堂)文保三年正月十六日譲状、可
領掌之状如件、以下、
建武四年三月七日
源朝臣(足利直義)(花押影)

○六六〇　新田義貞軍勢催促状　○伊佐早謙氏旧蔵三浦文書

去月廿一日注進状、今月十三日到来、条々一見了、
佐々木十郎左衛門尉忠清相共引籠城墎(郭)、致軍忠条神妙、守護
代職、所充給佐々木弥三郎忠枝也、可被合力状如件、
延元二年三月十四日　(新田義貞)(花押)
南保右衛門蔵人殿(重貞)

○六六一　沙弥某感状　○上野小野寺文書

今日十五日、為北方合戦、致軍忠候条、尤以神妙、於恩賞者、
追可有其沙汰之状如件、
建武四年三月十五日　沙弥(花押)
小野寺八郎左衛門尉殿

○六六二　後醍醐天皇綸旨案　○伊勢結城文書

下総国結城郡朝祐(結城)跡・下野国寒河郡闕所・同国中泉庄(都賀郡)二階堂下野入道・同下総入道等跡、為勲功賞、可令知行者、
延元二年三月十六日　左中弁在判
結城上野入道(道忠、宗広)館

○本文書は、本文の末尾一行「天気如此、仍執達如件、」の文言を省略して書写されている。

○六六三　伊賀盛光着到状　○飯野八幡宮所蔵飯野家文書

着到　陸奥国
伊賀式部三郎盛光
右、為奥州対治、御発向之間、馳参常州国汲上宿所(鹿島郡)、令供奉

之、着到如件、

建武四年三月十七日

（証判）「承了（花押）」

○六六四　相馬某着到状　○相馬市教育委員会寄託相馬岡田雑文書

着到

右、大将御発向之間、自最前馳参御方候之上者、賜御判、為備後日亀鏡、仍着到如件、

建武四年三月廿日

（証判）「承了（花押）」

○六六五　実真印信　○神奈川県立金沢文庫保管称名寺文書

胎蔵界　外縛五胋（鈷）印

明　

金剛界　卒塔婆印

但有口伝如法花印

明　

右、於金沢（武蔵国久良岐郡）称名寺灌頂道場授両部伝法秘印於濕允畢、但任小野旧儀加授妙成就印明矣、

建武四年三月廿二日

伝授大阿闍梨実真

○六六六　実真印信　○神奈川県立金沢文庫保管称名寺文書

最極秘密伝法灌頂阿闍梨位印

在昔大日如来開金剛・胎蔵之門戸、授金剛薩埵、金剛薩埵数百歳之後、授龍猛菩薩、如是伝授両部大法、迄于本朝高祖弘（空）法（海）大師、即経八葉、今余身金剛界二十五葉胎蔵界二十六葉師資肤脉相承明鏡矣、方今実真奉従先師権少僧都法眼大和尚正範、多年尽承仕之誠、蒙相承之指授畢、而ヲ彼伝授印明於武州六浦庄（久良岐郡）金沢称名寺之道場、授濕允畢、恐最後断種之咎、為示後哲、記而授之、

建武四年丁丑三月廿五日　　授大法師濕允

伝授大阿闍梨実真

慶息院覚宗上人教誡詞云、此大事者、雖為写瓶、輙不可授、況於非機哉、若授非機者、自十仏大日御身有出血之罪、誦法

身偈以浄火焼之、可納龍宮宝蔵、此旨先師代々遺誡也、敢不
可違越矣、
法身偈

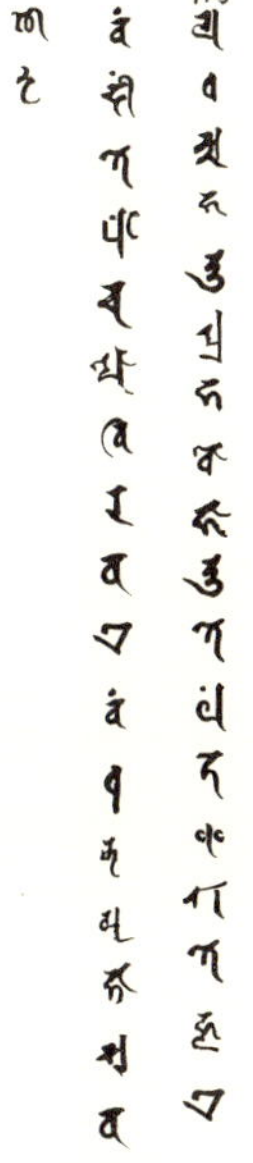

○六六七　足利尊氏下文案　○常陸密蔵院古文書

下　佐竹上総入道々源（貞義）
可令早領知陸奥国雅楽庄（宇多）地頭職事
右為子息等討死之賞、所充行也、早任先例、可致沙汰之状如
件、
建武四年三月廿六日

○六六八　高師直施行状案　○常陸密蔵院古文書

陸奥国雅楽庄（宇多）地頭職事、任御下文、可致沙汰仕（被カ）于（付カ）佐竹上総入
道々源（貞義）代官之状、依仰執達如件、
建武四年三月廿六日　武蔵権守（高師直）在判
少輔四郎入道殿

○六六九　山内土用鶴丸代時吉申状案　○長門山内首藤家文書

備後国津田（世羅郡）郷惣領地頭山内首藤三郎通継今者討死子息土用鶴丸代
時吉謹言上
欲早被閣守護人朝山次郎左衛門尉楚忽注進、被止闕所御
沙汰、為亡父通継討死跡申恩賞処、以当郷。称塩飽左近入道跡、入非拠注進
条、無謂子細事
副進
一巻　代々御下文以下手継証文等案
一巻　御感御教書軍忠之所見
右、当郷者、為先祖相伝之地、代々知行無相違者也、而亡父
通継、将軍（足利尊氏）自関東御上洛之由依伝承、為御方最前馳参于関東
間、於遠江国見付苻（府）中令参会候御共、近江国伊岐須宮（栗太郡）、大渡（山城国綴喜郡・乙訓郡）
橋上御合戦之時、致忠節、遠矢可仕之由被仰下之間、以遠矢
射払御敵了、為御前事之間、无其隠者也、其後去年正月卅日、
京都御合戦時、於三条河原（同国）令討死了、土用鶴丸依為幼少、差

進代官時吉於御方、備中国福山御合戦以下、去年六月山門（比叡山延暦寺）責、其後度々御合戦之時、属尾張守殿御手、抽軍忠之条、御感御教書以下明鏡之間、為討死之跡、当時申恩賞之処、結句懸命之本領入闕所之条、難堪之上者、所詮早為被止闕所之注進、恐々言上如件、

建武四年三月日

○六七〇　本間有佑代田嶋貞国軍忠状

○早稲田大学図書館所蔵本間文書

当国（伊勢国）朝明郡太深（小向）一分地頭本間四郎（有佑）左衛門（尉脱）代田嶋二郎右衛門（尉脱）貞国申

右、去月廿九日属長田源新左衛門尉手、四郷山（伊勢国）政（攻）上、度々致合戦、追落御敵等、焼払住宅之条、為同所合戦之間、志村九郎令見知畢、然早賜御証判、可備向後亀鏡候、以此旨可有御披露候、恐惶謹言、

建武四年三月　日

「承了（証判）（花押）（吉見氏頼カ）」

○六七一　諏訪部扶重軍忠状写

○国立公文書館所蔵諸家文書纂所収三刀屋文書

目安

諏方（訪）部三郎入道信恵（扶重）申、属当御手、去正月一日令発向越前国金崎城（敦賀郡）、度々致軍忠間事

一正月十八日御合戦之時、攻寄大手城戸口、致合戦忠之条、山口入道見知畢、

一二月十六日、後責凶徒等合戦之時、罷向山手致軍忠畢、此段高井左近将監、多胡弥太郎等見知畢、

一三月二日、又於大手城戸口抽軍忠之条、中沢神四郎、多胡四郎等令見知畢、

一同三日夜責合戦、於大手致軍忠之条、山口三郎見知畢、

一同五日夜、攻入大手矢倉下、終夜致合戦忠之条、片山孫三郎、中沢神四郎等令存知者也、然間攻入城内、自身被疵（左足被射）畢、仍為山口三郎、佐々布（笹生カ）七郎入道奉行、被遂実検畢、

然早為下賜御証判、恐々言上如件、

建武四年三月　日

「承了(証判)判同前(高師泰)」

○六七二　伊賀盛光軍忠状　○飯野八幡宮所蔵飯野家文書

目安

伊賀式部三郎盛光軍忠事

右、為誅伐常陸国小田宮内権少輔治久以下凶徒等、大将佐竹刑部大輔義篤発向之間、属一方大将佐竹三郎入道自源手、馳向小田城(筑波郡)、今年建武四二月廿四日、同廿六日、同廿九日度々致合戦軍忠、同三月十日治久出向国苻(府)原之間、盛光懸入多勢之中、致散々合戦訖、随而若党贄田彦太郎(盛重)分取了、麻続(績)兵衛太郎(盛清)御敵二人切捨訖、此条小栗十郎右衛門尉見知上者、且預御注進、且賜御判、為備後証、目安言上如件、

建武四年三月　日

「(証判)一見候了　(花押)(佐竹義篤)」

○六七三　伊賀盛光軍忠状　○飯野八幡宮所蔵飯野家文書

目安

伊賀式部三郎盛光軍忠事

右、為誅伐当国(常陸国)凶徒小田宮内権少輔治久以下輩、大将佐竹刑部大輔義篤発向之間、属一方大将佐竹三郎入道慈源手、馳向小田城(筑波郡)、今年建武四二月廿四日、同廿九日度々合戦致軍忠、同三月十日治久出向国苻(府)原之間、盛光懸入多勢之中、致散々合戦訖、随而若党贄田彦太郎(盛重)分取仕畢、麻続(績)兵衛太郎(盛清)御敵二人切棄之畢、此条小栗十郎右衛門尉見知之上者、且預御注進、且為備向後亀鏡、目安言上如件、

建武四年三月　日

「(証判)承候了　(花押)」

○六七四　市河親宗軍忠状　○本間美術館所蔵市河文書

(信濃国)市河孫十郎親宗軍忠事

□□□□(右為誅伐)新田右衛門佐義貞以下凶徒等、越前国金崎城(敦賀郡)江御発向之間、自去正月一日、属于村上河内守信貞手、同十八日合戦致軍忠、同二月十二日自城内凶徒等打出時、致散々戦、親宗被射通左膝口之刻、村上四郎蔵人房義・植野左衛門次郎朝

親、被見知之畢、同十六日茁（生）宇以下凶徒等寄来時、合戦仁抽軍忠、次自今月二日同至五日夜々責合戦仁、致散々戦、同六日未明責入城内、令誅伐凶徒等畢、加之、大手一木戸口警固軍忠重畳之上者、賜御判、為備後証、恐々言上如件、

建武四年三月　日

「（証判）承了（高師泰）（花押）」

○六七五　市河親宗軍忠状　○本間美術館所蔵市河文書

信濃国市河孫十郎親宗軍忠事

右、為誅伐新田右衛門佐義貞以下凶徒等、越前国金崎（敦賀郡）城江御発向之間、自去正月一日属于村上河内守信貞手、同十八日合戦致軍忠、同二月十二日自城内凶徒等打出時、致散々戦、親宗被射通左膝口之刻、村上四郎蔵人房義・植野左衛門次郎朝親、被見知之畢、同十六日茁（生）宇以下凶徒等寄来時、合戦仁抽軍忠、次自今月二日、同至五日夜々責合戦、致散々戦、同六日未明責入城内、令誅伐凶徒等畢、加之大手一木戸口警固軍忠重畳之上者、給御判、為備後証、恐々言上如件、

建武四年三月　日

「（証判）承了（村上信貞）（花押）」

○六七六　市河経助軍忠状　○本間美術館所蔵市河文書

市河左衛門十郎経助軍忠事

右、属于村上河内守信貞手、於信州致忠節、同道参洛之処、為新田義貞誅伐、去正月一日高越後守（師泰）殿御発向之間馳参、同十八日・二月十二日合戦竭忠畢、十六日者新田・脇屋（義助）・茁生左衛門尉等、為当城（越前国金崎城）後縮寄来之間、任信貞手分而、村上四郎（房義）蔵人相共登向上山、悉追返凶徒等畢、自三月二日者夜縮合戦、六日者自大手責入城内、捨一命致至極合戦上者、給一見御判、為備後証言上如件、

建武四年三月　日

「（証判）承了（高師泰）（花押）」

○六七七　市河経助軍忠状　○本間美術館所蔵市河文書

市河左衛門十郎経助軍忠事

右、為新田義貞誅伐、村上河内守(信貞)発向金崎城(越前国敦賀郡)之間、去正月一日同馳参、十八日・二月十二日合戦等、毎度致忠節畢、十六日者新田・脇屋(義助)・蕪生已下凶徒、為当城後縮寄来之間、任御手分而属于村上四郎蔵人房義手、登向上山、追落凶徒等畢、自三月二日至于五日夜縮合戦致忠、六日寅卯時者、自大手責入城内、捨一命焼払対治上者、給一見御判、為備後証言上如件、

建武四年三月　日

(証判)「承了　(村上信貞)(花押)」

○六七八　市河助房代小見経胤軍忠状　○本間美術館所蔵市河文書

□(市)河刑部大夫助房代小見彦六経胤軍忠事

□(右)為新田義貞誅伐、去正月一日高越後守(師泰)殿御発向□、属于村上河内守信貞手馳参、十八日・二月十二日合戦致忠候了、自三月二日者夜縮合戦、六日者□(自)大手責入城内(越前国金崎城)、及至極合戦、抽軍忠上者、給□(一)見御判、為備後証言上如件、

建武四年三月　日

(証判)「承了　(高師泰)(花押)」

○六七九　市河助房代小見経胤軍忠状　○本間美術館所蔵市河文書

市河刑部大夫助房代小見彦六経胤軍忠事

右、為新田義貞誅伐、村上河内守信貞去正月一日御発向金崎(越前国敦賀郡)城之間、同馳参、十八日・二月十二日・十六日合戦等、毎度竭忠節候畢、殊自三月二日、至于五日夜々縮合戦致忠、六日又捨一命自大手責入城内、焼払対治上者、給一見御判、為備後証言上如件、

建武四年三月　日

(証判)「承了　(村上信貞)(花押)」

○六八〇　実真印信　○神奈川県立金沢文庫保管称名寺文書

勧修寺流

秘密灌頂

不二灌頂

印外五古印、此名率都婆謂ク五貼(鈷)即五部卒都婆也、五仏ノ三

摩耶身也、合両月一ヲ一心ノ満月輪也、𑖪𑖽字ノ一心𑖀字上五仏ノ三摩耶身ヲ立タリ、此五仏即二界ノ五仏也、両部五仏ノ三摩耶形ヲ𑖪𑖽字ノ一心𑖀字ノ上ニ立ツル意ハ顕両部不二之義一ヲ、含セル此義一ヲ、大体ヲ一大率都婆トハ云ヘシ、謂二腕地輪両月ハ水輪二火ノ第三節ヨリ下ノ三角形ハ火輪、其上ハ風輪、二火ノ頂ハ空輪也、残ノ四胋ハ即四仏ノ三摩耶小率都婆也、塔ノ空輪ヲ四角中光ニ居タル有即此標識也、秘密中極秘也、真言一𑖪𑖽若ハ一𑖀

已上勧修寺之秘密藋丁(灌頂)也、

次蘓悉地印言

塔印閉𑖀𑖪𑖰々々々同印閉𑖪𑖽𑖮𑖳𑖽々々々

塔印開𑖪𑖽𑖮𑖳𑖽々々々同印開𑖀𑖪𑖰々々々印中在口伝

建武四年丁丑四月四日　授漑允畢

伝授大阿闍梨実真

○六八一　佐竹義基軍忠状写　○秋田藩家蔵文書十八酒出金大夫季親家蔵文書

佐竹次郎三郎義基申

去月十五日、於武義(美濃国)口散々合戦、令対治御敵畢、同十六日、於山口(武儀郡)郷井岡山為搦手致先懸、令追払凶徒畢、此条山県太郎・糟屋孫六同所合戦之間、令存知畢、将又今月二日、令発向小坂城戸口、致散々合戦、即渡河令対治御敵畢、同日馳向菅谷(同郡)・柿野(同郡)、致戦功、焼払城墎(郭)等刻、若党大森彦八令討死畢、同所合戦之間、山県源蔵人・天野肥後四郎令存知者也、次同六日、罷向網懸者也、然早賜御証判、欲備向後亀鏡候、以此旨可有御披露候、恐惶謹言、

建武四年四月七日　源(佐竹)義基

進上　御奉行所

「承(証判)了（花押影）」

○六八二　斯波家長安堵状　○武蔵本間文書

安房国多々良(平郡)庄内、本間兵衛五郎入道(覚法)知行分、相伝知行無相違上者、不可有違乱之状如件、

建武四年卯月八日　(斯波)家長（花押）

○**六八三** 光厳上皇院宣 ○広島大学文学部国史学教室所蔵猪熊文書

駿河国綾苅上郷・伊勢国東富津御厨(桑名郡)等領家職、御管領さうゐ候ましきよし、院宣(光厳上皇)候也、このよし梅畑姫宮へ申され候へく候、あなかしこ、

建武四年四月十一日 (花押)

二条との、御局へ

○**六八四** 高重茂奉書 ○埼玉県立文書館所蔵安保文書

武蔵国滝瀬郷(榛沢郡)跡滝瀬左衛門尉 幷枝松名(児玉郡)長茎郷跡中院宰相中将家(親光カ)事

為勲功之賞、所被預置也、早守先例、可被致其沙汰之状、依仰執達如件、

建武四年四月十二日

大和権守(高重茂)(花押)

安保丹後入道殿(光泰)

○**六八五** 三戸頼顕軍忠状案 ○長門毛利家文書

三戸孫三郎頼顕申、自去年十月二日至于同十二日、罷向天王寺(摂津国東成郡)、致警固候畢、自今年正月十六日至于同三月二日、罷向八幡(山城国綴喜郡)、令警固候了、頼顕如此当参仕、為抽軍忠、罷向所々候、子細御存知之上者、可賜御判候哉、以此旨可有御披露候、恐惶謹言、

建武四年卯月十三日 源頼顕 裏判

進上 御奉行所

「兵庫殿」(モト付箋カ)

「承了(証判) 判」(武田信武)

○**六八六** 斯波家長挙状 ○相馬市教育委員会寄託相馬岡田文書

相馬泉五郎胤康今者討死子息乙鶴丸申状如此候、謹令進上之候、且為訴訟、進上代官候之由、令申候、且胤康去年奥州前司顕(北畠)家卿発向時、討死仕候訖、合戦之次第、追可令言上候、以此旨可有御披露候、恐惶謹言、

建武四年四月十七日 陸奥守家長(斯波)上

進上 武蔵権守殿(高師直)

○六八七　宣旨写　○楓軒文書纂五十一所収葦名家文書

建武四年四月廿日　宣旨
(三浦)平高通
宜任左衛門少尉
蔵人大内記菅原長綱奉

○六八八　真如房文書請取状　○神奈川県立金沢文庫保管称名寺文書

(端裏書)「真如房正文書請取」
請取
一通　軽海郷(加賀国能美郡)寄進状
二通　千(智)土師(因幡国智頭郡)下知状。二通并海老名五郎(維則)請文・東六郎(盛義)請文
二通　下総国埴生庄(埴生郡)本主尼慈性(金沢顕時妻、安達泰盛女)寄進状・将軍家寄進状
二通　福徳寺・安養寺寄進状
参通　大蔵・石付次第手継文書・深津下知状案
二通　本主良忍(永)寄進状・将軍家寄進状
一通　金山重御(越後国蒲原郡)寄進状
一通　本主平氏(金沢貞顕女)寄進状并本主安堵状
二通　金山次第手継文書三帋(紙)
一通　大倉・山口(信濃国水内郡)等(下総国埴生郡)寄進状今度
一通　関東御感御教書
一通　万福▨(寺)別当職寄進状
三通　甲斐国大石禾(和)(八代郡)観音寺万(曼)荼羅堂安堵
建武四年卯月廿日　真如（花押）

○六八九　足利尊氏下文　○吉井貞俊氏所蔵仁木文書

(足利尊氏)(花押)
下　仁木弥太郎義有
可令早領知摂津国井於新庄(島下郡)・越後国松山保(頸城郡)右馬権頭(北条)茂時跡・加賀国小坂庄(河北郡)内大志目村海老名五郎左衛門尉惟(維ヵ)則跡　地頭職事
右以人、為勲功之賞所充行也者、守先例、可致沙汰之状、如件、
建武四年卯月廿一日

○六九〇　伊賀盛光代難波本寂房軍忠状

○飯野八幡宮所蔵飯野家文書

伊賀式部三郎盛光代難波本寂房軍忠事
右、於下野国宇都宮（河内郡）、国司勢（北畠顕家）今年建武四三月五日寄来小山城（都賀郡）之
処仁、盛光代本寂馳向下条下河原、属于大将軍左馬助殿御手、
致合戦軍忠畢、以此条加治五郎次郎・同十郎五郎（家頼）見知訖（衍）畢、
依被加御一見、為備後証、目安如件、
建武四年四月　日
「承（証判）了（花押）」

○六九一　市河助房代嶋田助朝軍忠状

○本間美術館所蔵市河文書

市河刑部大夫助房代嶋田清三郎助朝軍忠事
右、越後国池・風間（信昭）以下凶徒等蜂起之間、為御対治、高梨弥
太郎経頼御発向之間令馳参、今月十六日於頸城郡内水科・水
吉御合戦之時、及散々戦、被切殺乗馬畢、此条大将御見知上
者、不可御（有脱カ）不審、爰助房中風所労危急之間、助朝為代官馳参
致軍忠上者、給御証判、為備亀鏡、恐々言上如件、
建武四年四月　日
「承（証判）候了（花押）」（高梨経頼）

○六九二　妙香院門跡領幷別相伝所領目録写

○門葉記雑決一

妙香院門跡領幷別相伝所領目録『建武四年当知行安堵　院宣被副之、隆蔭（四条）卿封裏目録也』
丹波国　佐々岐上下両保（天田郡）
但馬国　大浜庄（城崎郡）
伊勢国　内田庄（安濃郡）　野部（辺）（河曲郡）・玉垣（同郡）両御厨
近江国　嶮熊野庄（高島郡）　山田庄（栗太郡）　正興寺（滋賀郡）
肥前国　三津庄（神埼郡）
山城国　小泉庄　元慶寺　大原西庄（愛宕郡）
　　　　奈良伊勢田（久世郡）
備中国　子位東庄（窪屋郡）
越前国　気比社（敦賀郡）　莇野保
　　　　気比庄（同郡）　葉原保

長田（坂北郡）西保　一条返保
敦賀郡務　三刀上分
升米
下総国　下河辺庄（葛飾郡）為地頭請所備進年貢、
大和国　長原庄（葛下郡）
河内国　稲福庄
『奉行人隆蔭卿筆』
已上廿五箇所
建武四年四月　日

○華頂要略五十五上御門領にも同文の写がある。

○六九三　田中行祐申状　○肥前実相院文書

（端裏書）
「田中彦七入道申状建武四々　日」
「外題」
「任先例、可令領掌之状如件、
平（千葉胤泰）（花押）」
田中彦七（豊島家秀）入道行祐謹言上
欲早且依開発重代相伝知行実、且任奉公忠節旨、預安堵御下文、全御年貢、弥抽奉公忠勤、小城郡砥河内得久名田地壱町五段余、屋敷畠地小地頭職幷太郎丸四郎畠地四段間事
右、件田畠屋敷等、行祐重代相伝当知行無相違之地也、爰去年故殿（千葉胤貞）鎮西御下向之時、以納所三郎入道于時在俗御下文以下相伝之証文等、令入見参訖、而行祐雖不肖之身、且全御年貢、且於当御領為御方、致度々合戦、抽軍忠之条、山田兵庫允被存知畢、次去年御上路（洛カ）之間、御共仕、所所合戦致軍忠之条、無其隠者哉、然早依度々軍忠、任相伝之実、為例名下賜安堵御下文、全御年貢、弥為致奉公忠節、恐々言上如件、
建武四年四月　日

○六九四　斯波家長挙状　○相馬市教育委員会寄託相馬岡田雑文書

相馬六郎長胤今者討死子息孫鶴丸・同七郎胤治子息竹鶴丸・同四郎成胤子息福寿丸等申状三通如此候、謹令進覧候、且為申給所領安堵候、進上代官候、且長胤・胤治・成胤等、顕家卿（北畠）発向之時、去年建武三五月於奥州行方郡内小高城令討死候訖、此等子細、追可令言上候、以此旨可有御披露候、恐惶謹言、
建武四年五月二日　陸奥守家長（斯波）上

進上　武蔵（高師直）権守殿

○六九五　千葉胤泰・平某連署書下

○佐賀県立図書館寄託与止日女神社所蔵河上神社文書

肥前国河上（佐賀郡）社座主権律師増恵代増勝与同社宮師（司）定範相論、

同国小城郡田地弐町事

右、訴陳之趣、子細雖区、如増勝訴申者、於当社務者、一事以上座主管領之間、諸方寄進之地、同令進止之、致　公家・武家御祈禱之条、右大将家（源頼朝）御下文以下証文等明鏡也、而宮師内野能▨橙（証）房、申給彼御寄進状、令抑留料田之由、令申之間、尋下之処、如去二月七日定範請文者、於彼寄進状者、御上洛之時節、御忩劇之間、以後日可進河上社之旨、依被仰置、自御代官方令拝領之、定範抽無弐之懇志、所致御祈禱也、凡当社免給等、一社供僧・近隣甲乙人等面々知行也、何座主一人可令管領哉之由、雖陳之、旨趣依不分明、観空幷奉行人観忍直相尋子細之処、寄進之地非座主計、任壇（檀）那心、面々令進退之間、多比良左衛門入道蓮鏡寄進地者、薩摩法橋知行之旨令申之間、就尋下、如去三月十四日蓮鏡請文者、依為彦山先達（豊前国田川郡）、給与小田畢、非当社寄進地之由所見也、其上寄進状事、可進納□（于カ）社頭之旨、仰置代官之旨陳之間、宮師不可管領条勿論也者、座主令領掌彼地、可被致御祈禱之状如件、

建武四年五月七日

平朝臣（千葉胤泰）（花押）

平朝臣（千葉カ）（花押）

○紙継目裏に人名未詳の花押が二つある。

○六九六　沙弥某施行状

○佐賀県立図書館寄託与止日女神社所蔵河上神社文書

河上社（肥前国佐賀郡）座主権律師増恵代増勝申、小城郡（肥前国）内田地弐町事、今月七日任御下文、可被打渡下地於座主方之状如件、

建武四年五月十五日

沙弥（花押）

山田弾正忠殿

円城寺禱（新カ）左衛門尉殿

○六九七　山田兵庫允施行状　○佐賀県立図書館寄託與止日女神社所蔵河上神社文書

肥前国河上（佐賀郡）社座主権律師増恵代増勝与宮司定範相論、小城郡
御寄進之地弐町事、今月七日御下知如此、任被仰下之旨、可
被沙汰付増恵之状如件、
建武四年五月十六日　　兵庫允（山田）（花押）
山田弾正忠殿

○六九八　足利直義書状　○出羽上杉家文書

御下向之後、国中静謐目出候、諸国の守護の非法のミ聞候ニ、（上杉
当国（上野国）の沙汰如法殊勝之由、諸人申合候間、感悦無極候、御親
父（憲房）忠節異于他、諸事を申沙汰候しに、去年正月討死之後ハ、
万事力をゝとし候て、悲歎無極候之処、如此国のさた殊勝ニ
承候之間、御親父のいき帰られて候と悦入候、父子の御忠功、
誰かあらそふへく候や、尚々、諸国守護の事聞候て、心苦候
つるニ、当国之体を承候にこそいきのひて候へ、越後さへほ（蜂
うき（起）候らん、をとろき入候、当国のむねとの物多分在京して
候、守護代相共ニ急速ニ可立候、一方ならす心苦察申候て、
いたハしく候へく候、千万難尽紙上候、謹言、
（建武四年）五月十九日　　直義（足利）（花押）
民部大輔殿（上杉憲顕）
（礼紙端裏）「（墨引）」

○六九九　佐竹義篤挙状　○飯野八幡宮所蔵飯野家文書

伊賀式部三郎盛光事、於常陸国久慈東郡花房山以下所々合戦、
抽軍忠訖、仍盛光目安状壱通進覧之候、若此条詐申候者、
八幡大菩薩御罰於可罷蒙候、以此旨可有御披露候、恐惶謹言、
建武四年五月廿日　　刑部大輔義篤（佐竹）（裏花押）
進上　御奉行所

○七〇〇　足利尊氏下文　○筑後大友文書

（足利尊氏）（花押）
下　大友孫太郎源氏泰
可令早領知越後国紙屋庄（三島郡）得宗領事

右人為勲功之賞、所充行也、早守先例、可致沙汰之状、如件、

建武四年五月廿二日

○七〇一　伊賀盛光軍忠状　○飯野八幡宮所蔵飯野家文書

(端裏書)「伊賀式部三郎所進目安建武四五廿」

目安

伊賀式部三郎盛光度々軍忠事

一建武二年十一月二日、依左馬守(足利直義)殿御教書并佐竹上総(貞義)入道々
源催促、同十二月廿四日馳参佐竹楯(常陸国久慈東郡)畢、
一同三年七月廿二日、馳参常陸国武生城之畢、
一同年八月廿二日、同国久慈西郡寄茁連城之処、馳向御敵小
田宮内(治久)小輔(少)并広橋修理亮(経泰)以下凶徒等之間、同東郡華房山合
戦抽軍忠畢、
一同年十二月十日、同国久慈西郡寄茁連城之処、馳向同凶徒
等之間、同東郡岩出河原合戦、致軍忠、分取頸二、同十一
日、打落茁連城畢、
一同四年二月、馳向小田城(筑波郡)、同廿四日、廿六日、廿九日、三
ケ度合戦、致軍忠畢、
一同三月十日、国苻(府)原合戦、致軍忠、御敵三人一人分取、二人切捨、
右、於常陸国所々合戦、致軍忠之間、盛光建武四年正月十日、
預御感御教書之畢、然者早預御注進、為備後証、目安如件、

建武四年五月日

○裏に、佐竹義篤の花押がある。

○七〇二　色部高長軍忠状案　○反町英作氏所蔵色部文書

同(校正了)

越後国小泉庄(岩船郡)加納方一分地頭秩父三郎蔵人高長申軍忠事

右、当国御敵小国兵庫助政光・河内余五為氏・池・風間(信昭)以下
朝敵、去五月建武四十六日、押寄岩船宿(同郡)之間、馳向彼所、致合
戦之刻、高長家子飯岡左衛門四郎長□(時)□(右カ)肘被切、并若党野田
左衛門次郎郎(衍)家清左肩被射通畢、同廿日彼御敵率大勢、重打
入岩船宿之刻、致種々合戦、旗差弥三郎・中間弥次郎打死畢、
爰当国大将佐々木加地□□(近江)権守景綱上洛之間、為同越前権守
宗敦大将致軍忠□者、賜御証判、為備向後亀鏡之状、如件、

建武四年五月　日

（証判）「承了在御判」

○七〇三　北畠親房御教書案　○伊勢結城文書

（端裏書）「御使江戸修理亮延元二七十五到御返事同十九日」

天下事聖運有憑、凶徒追罰之不可有程歟、就其、励老骨被致忠之由、連々伝聞尤以神妙、於今者、為下野大拯入道跡、傍若無人歟、為上、定有御抽賞歟、愚意又無等閑者也、奥州御発向事度々被仰下、然而国中無力察存、猶及遅々者、不日卒軍勢、追討関東凶徒与遠州井輩引合、令静謐遠江以東者、諸国対治無程歟、殊可被申沙汰と（候歟カ）、存命之上、面謁定不可有子細候、委曲可被尋問此使者之状、如件、

（延元二年）六月九日　（北畠親房）御判

（結城道忠、宗広）上野入道館

○七〇四　山田兵庫允施行状　○肥前実相院文書

（豊島家秀）田中彦七入道行祐知行、肥前国小城郡砥河内得久名田畠屋敷幷太郎丸四郎畠地事、任安堵之旨、可被領掌之候、仍執達如件、

建武四年六月十日　（山田）兵庫允（花押）

田中彦七入道殿

○七〇五　胤房打渡状　○佐藤行信氏所蔵文書

上総国畔蒜（望陀郡）庄泉郷角田三郎跡事、任被仰下之旨莅彼所、令打渡別符尾張権守代官成田小郎幸重（幸時）之（ママ）候畢、仍渡状如件、

建武四年六月十日　胤房（花押）

○七〇六　和田茂継譲状　○山形大学所蔵中条家文書

（端裏書）「□□譲状」

（端書）「道秀」

譲渡所領事　弥三郎茂助分

越後国奥山庄（蒲原郡）中条内

いゝつミ・いしそね・あかゝハ・ついち・御ほうてん・つ

、ミをか・むらまつ、さかミのくにかまくら《鎌倉》の屋地、つむら《津村》《鎌倉郡》のやしき、あはのくに《阿波国》かつら山《勝浦郡》のそりやうの事、
右ところハ、道秀ちうたいさうてんのそりやう也、しかるを、男子一人も、たさるによて、しやてい弥三郎おやうし《養子》として、したいてつきのせうもんおあひそゑて、ゑいたいをかきて一ゑんにゆつりあたうるところ也、但、道秀か女子一人あり、かれにゆつるところのそりやうハ、一このゝちハ弥三郎ちきやうせしむへし、一筆同日の状おもてかきあたうるうゑハ、かれかちきやうふんハ、かの状仁ミへたり、文書のたうり《道理》にまかせてちきやうせしむへし、くけくわんとうの御くうしにおいてハ、せんれいにまかせてそのさたをいたすへし、仍譲状如件、

建武四年六月十日　沙弥道秀《中条茂継》（花押）

（証判）「此状一見候了　高継《三浦》（花押）」

○裏に花押がある。

○七〇七　和田茂継書状幷三浦高継書状　○山形大学所蔵中条家文書

懸御目候之時如申候、越□御敵重蜂起候之由、被□下之間、近日可下向仕候、陸地者御敵さしふさきて候よし承之間、船にて可下候、殊更路次之間難義候□《程カ》に、若事も候と存候て、譲状をしたゝめをき候、被加御判形候者、喜入候、委細之旨者、可参申候、恐々謹言、

（建武四年）六月十二日　道秀《中条茂継》（花押）

介殿《三浦高継》

（裏書）「引返用御裏候、先日承候了、御譲□二通給候間、加判刑《形》候了、当時ニハ如此御計目出度候、委細之旨、御使□令申候、御□時者、入御候て可有御雑談候、

尚々御下□□□ニ必々一□□寄合候、恐々謹言、

乃時

和田三郎入道殿御返事　」

○七〇八　平泰宗・源持連署寄進状　○甲斐大善寺文書

甲斐国柏尾山（大善寺）者、本仏医王善逝霊場、行基菩薩創草（マヽ）既六百余歳哉、就其奉祈源家御繁昌御寺也、仍代々御崇敬之状数通在之為御上覧、備之、然今被聞食披此等次第、以一分闕所有御寄進之処、号禰津弥二郎之仁、為由緒之地由就歎申、重代侍永離本領事、不便次第也、仍以彼寄進地被返付畢、但此内百姓一分新左衛門尉当屋敷、就寺家雑掌歎申鎌倉、御左右程所預置之也、次上野小七郎跡小岡郷（八代郡）内一分在之、同人跡塚原（山梨郡）、以彼両所奉寄進者也、然早任旧規、致御祈禱之精誠、為有当家弥御繁昌、寄進之状如件、

建武四年六月十三日　左兵衛尉源持（花押）

平泰宗（花押）

柏尾山衆徒等御中

○七〇九　北畠顕家袖判御教書案　○伊勢結城文書

（北畠顕家）御判

度々合戦被致忠之条、尤以神妙、恩賞事、殊可有其沙汰也、且云忠次第、云闕所事、春日少将（北畠顕時）家注進到来之日、可被行之、委細以上野入道（結城道忠、宗広）被仰遣也、鎮守大将軍（北畠顕家）仰所候也、仍執達如件、

延元二年六月廿五日　軍監有実奉

大内三郎左衛門尉殿

皆河孫四郎殿同前

山河下総七郎殿同前

○七一〇　素叡請文写　○賜蘆文庫文書九所収称名寺文書

所授賜尊法作法等事

一不漏一紙半紙、可奉返御門跡事、

一雖奉返正本、若有写本、同可副進事、

一仮名注、同可返事、

一縦為一事一言、不可抄留事、

一雖一両説、以御流口決、不可授門弟事、

右、五箇条趣、任教命之起請如斯、若雖纖芥違厳旨之、両部諸尊、三国高祖、金剛天等、護法善神、必加速疾之証罰、可

失現当之利益、敬白、
建武二年六月廿五日　小比丘素叡（花押影）

○七一一　北畠顕家袖判御教書案　○伊勢結城文書

（北畠顕家）
御判

坂東居住一族等、云軍忠事、云恩賞事、春日少将家（北畠顕時）雖可被注
進、殊可被執申之由、被仰下候也、仍執達如件、
延元二年六月廿六日　鎮守軍監有実奉
（結城道忠、宗広）
上野入道殿

○七一二　武田信武施行状案　○長門毛利家文書

洛中夜廻事、三条以北、毎月十二日、同廿七日、可勤仕之由、
所被仰下也、然者各自身可被出対、若被及無沙汰者、可被。注
申候也、仍執達如件、
建武四年六月廿七日　甲斐守（武田信武）在判
三戸孫三郎（頼顕）殿

○七一三　伊賀盛光申状　○飯野八幡宮所蔵飯野家文書

伊賀式部三郎盛光謹言上
欲早且任外題安堵譲状旨、且依御方合戦軍忠、成賜安堵御
下文、備末代亀鏡、弥抽武勇忠節、当知行所領常陸国伊佐
郡内石原田郷地頭職、陸奥国好島庄内飯野村并好島村預所
職事
副進
一通　系図
三通　関東外題譲状案
一通　奥州前国司安堵国司（宣）案
一巻　常陸・下野・奥州三ケ国之間度々合戦支証状等案、
右、於所領者、盛光為重代相伝之地、当知行于今所無相違也、
而亡父左衛門尉（伊賀）光貞、去嘉暦二年七月十六日譲与于盛光之間、
仍令伝領之、同三年十月十日申賜関東外題安堵者也、爰於軍
忠者、自最前馳参御方、致数ケ所合戦之条、御感御教書・着
到・大将軍一見状等明鏡之間、謹備于状右、然早且任重代相
伝安堵譲状等旨、且依御方合戦異于他忠、当知行無相違之上

者、成賜安堵御下文、備末代亀鏡、弥為抽武勇奉公、恐々謹
言上如件、

建武四年六月　日

○七一四　尼法宗申状案写　○伊勢光明寺文書

伊勢国住尼法宗申、

欲早総官御(大中臣親忠)在洛上者、任先規傍例、蒙御成敗、為駿河国江(庵原郡)尻住人定願〈亡夫阿久志左衛門入道道妙舎弟〉幷阿久志島住豊後房〈不○実(マヽ、下同ジ)、同道妙舎弟〉等、抑留亡夫道妙令出立船四艘、入于船用途○(千カ)余貫、称可令配分、不沙汰渡于法宗〈後家法名〉条、猛悪奸謀無比類上者、於拘留銭貨幷船等者、急速被糺渡可○(于後カ)室、至其身者相触在所検断、欲被令処罪科子細事

右、於亡夫道妙者無一子、法宗同雖無子、令剃髪守志、而○在室之間、夫妻同財之故、假(彼カ)遺財之船・銭貨以下法宗可令得分之条、尤法意之所推也、爰彼豊後房等、縦雖為道妙之舎弟、閣後室争可致非分支配之藝(褻)行哉、雅意之企猛悪之至也、所詮件四艘船頭之中、至麻生浦住人刑部大郎者、雖令死去、於泊浦小里住兵衛太郎〈道妙姫聟〉・阿久志住九郎三郎〈豊後房聟〉・同住松法師三郎等者、令現存之上者、召寄彼船頭等、被糺明之時、云銭貨、云船等、為道妙遺物之条、不可有其隠者也、然早至豊後房等者、相触在所之検断、被令処罪科、於四艘之船幷千余貫之銭貨者、急速被糺渡于後室、欲訪道妙之後生菩提矣、仍粗言上如件、

建武四年六月日

○七一五　足利直義下文写　○相模鶴岡神主家伝文書

下　鶴岡八幡若宮神主山城武松丸(相模国鎌倉郡)

右所職、任元徳三年六月十四日外題安堵状、可令致沙汰之如(状脱カ)件、以下、

建武四年七月三日

源朝臣(足利直義)（花押影）

○七一六　足利直義下文　○吉成尚親氏所蔵茂木文書

下　茂木越中権守知貞法師法名明阿

可令早領知下野国茂木保(芳賀郡)内五ケ郷鮎田・神江・内□藤和・坂井・紀伊国賀太庄(海部郡)・陸奥国千馬屋郷(岩井郡)・丹波国私市(何鹿郡)□公文名等地頭職

事

右、茂木保五ケ郷者、先祖筑後守知家建久三年八月廿□拝領之、賀太庄者、子息三郎知基承久三年九月十六日為□功之賞充給之、後祖父知盛正嘉二年十二月二日帯安堵之上、知□(氏嘉)元二年六月廿七日給外題畢、千馬屋郷者、祖母尼慈阿為□地、譲与亡父知氏之間、嘉元二年十二月廿日預下知状、共以知行無相□(違カ)、而正和二年二月十日明阿譲得之間、元亨三年十二月二日給外題□市庄公文職者、外祖父清久小次郎胤行貞応二年六月六□地也、而亡母照海相伝之、嘉暦二年七月十六日譲与明阿之間、元徳□九月廿日給外題、皆以当知行無相違、爰去年十一月七日為凶徒□明阿宿所炎上之刻、賀太庄本御下文并明阿所得亡父知氏□彼是二通、雖令紛失、於自余文書者、悉令備進之上、亡父□所給嘉元二年六月廿七日外題安堵分明也云々、仍尋問平田□五郎成行・粟飯原中務入道蓮胤・小山余次郎朝貞之処、如成行□年二月十二日・蓮胤同十三日・朝貞同十五日請文者、文書紛失之段□所領等知行無相違、可支申仁無之候云々、者守先例、可領掌□如件、以下、

建武四年七月三日

源朝臣(足利直義)（花押）

○七一七　平貞泰請文写　○賜蘆文庫文書九所収称名寺文書

称名寺(武蔵国久良岐郡)領因幡国千土(智)師郷(智頭郡)雑掌光信申、東六郎□(盛)義家人彦次郎以下輩濫妨事、任被仰下候之旨、可令遂其節候之処、当国甑山城内以無勢警固之最中、御敵連々出向候之間、無片時隙候、可為何様候哉、以此旨可有御披露候、恐惶謹言、

建武四年七月四日　平貞泰上

進上御奉行所

○七一八　足利直義感状写　○後鑑所収青木文書

去月廿七日注進状披見訖、当国府中(武蔵国多摩郡)凶徒追散之条神妙也、当

参地頭御家人等就注進、可有其沙汰之状如件、

建武四年七月六日　判直義

青木武蔵入道殿

○七一九　茂木知政軍忠状　○吉成尚親氏所蔵茂木文書

茂木（顕証）越中弥三郎知政申軍忠事

春日侍従・多田木工助入道以下凶徒、打囲下野国小山（都賀郡）城間合戦之次第、

建武四年七月四日、属大将軍桃井兵庫助殿御手、於小山庄（同郡）内乙妻・真々（間）田両郷合戦之時、知政致合戦追落御敵訖、此条桃井六郎殿御見知之訖、

八日於常州関城（真壁郡）、属同御手合戦之時、知政自絹河鰭於数ケ所致合戦訖、就中至藤枝原城木戸口先懸事、家子茂木彦六知顕打死事、

此条為大将軍御前之間、被経直覧訖、合戦之次第如斯、

建武四年七月九日

「一見了（証判）（小山朝郷）（花押）」

○七二〇　足利直義安堵状　○相模円覚寺文書

当寺領尾張国篠木庄（春日部郡）、富田庄（海東郡）、国分・溝口両村、越前国山本（今北東郡）庄内泉・▨（船）▨（津）両郷、武蔵国江戸郷内前嶋（豊島郡）、上総国畔蒜南庄（畔蒜郡）内亀山郷、下総国大須賀保（香取郡）内毛成・草毛両村、上野国玉村御厨（那波郡）内北玉村郷、出羽国北寒河江庄（村山郡）五ケ郷吉田・堀口・三曹司・両所・窪目地頭職事、任去々年十一月八日官苻（符）并関東安堵等、可令知行給之状如件、

建武四年七月十日　左馬頭（足利直義）（花押）

謹上　円覚寺（相模国鎌倉郡）長老（大川道通）

○「船津」の二字は磨消の上に書き、裏に右筆の訂正の花押がある。

○七二一　細川和氏奉書　○相模円覚寺文書

円覚寺（相模国鎌倉郡）雑掌契智申越前国山本庄（今北東郡）泉・船津両郷事、重申状・具書如此、河俣左近大夫、同子息三村衛門次郎等濫妨云々、沙汰付雑掌、若有子細者、可注申之由、可被下知之状、依仰執達如件、

建武四年七月十一日　阿波守（細川和氏）（花押）

右馬頭（斯波高経）殿

○七二二　北畠親房袖判御教書案　○伊勢結城文書

御判

北畠入道（親房）殿

国司（北畠顕家）御上洛事、度々被下　勅書・綸旨候歟、然而御分国内悉未静謐候歟、又軍勢疲労、皆被推察候、御発向遅引無力事候哉、但諸国官軍、近日雖得力之体候、各待申当国（常陸国）御左右之体候也、相構、早遣（速カ）申沙汰候者、可為無双之高名候、励老骨、被致忠之由、其聞候間、万事憑敷候、且御心中可被察申候、諸事被憑思食候也、御上洛猶難義之次第、被進軍勢、忽可責落関東候、其聞事度々被申候了、

抑結城下方（下総国）・寒河内六郷（下野国）事、被望申候歟、於為闕所者、何可有子細哉、先以奥州（北畠顕家）御教書、可被申給候歟、此僧被遣法勝寺（山城国）、事書持参候間、委不達上聞候歟、且又追委可被申候、彼上人辺事者、向後、可被得意候、自最前、被通彼方候之間、無念之次第候、諸事被期後信候之由、仰所候也、恐々謹言、

（延元二年）七月十一日　沙弥元覚

結城上野入道（道忠、宗広）殿

○七二三　沙弥道光奉書　○黒田太久馬氏所蔵伝宗庵文書

鎌倉（相模国）西御□（門）大蔵・杉□□（谷郷）二ヶ所御地事、御寄進円覚寺（鎌倉郡）伝宗庵定照院間、土御門（守邦親王カ）一品親王姫宮令旨如此候、早守先例、可有其沙汰之状、依仰執達如件、

建武四年七月十四日　沙弥道光（花押）

南山和尚（士雲）御門徒御中

○七二四　斯波家長寄進状　○甲斐大善寺文書

奉進　柏尾山（大善寺）

甲斐国小岡郷内（八代郡）上野小七郎跡并塚原同人跡事合田畠六町余

右、為御敵初鳫五郎当寺炎上之間、不退行法令陵遅之者也、仍為将軍（足利尊氏）御祈禱、寄進如件、

建武四年七月十六日　陸奥守（斯波家長）（花押）

柏尾山衆徒中

〇七二五　平盛平安堵状写　〇国立公文書館所蔵諸家文書纂所収興津文書

駿河国(庵原郡)高部御厨興津郷内公文名事

合屋敷壱宇、畠弐町弁田弐町八反内　五反小横山左衛門(尉脱カ)知行分

右、於田畠等者、任相伝之旨、明正如元可令領掌之状如件、

建武四年七月廿日　平盛平（花押影）

興津宿長者殿

〇七二六　千葉胤泰書下　〇肥前実相院文書

可令早領知田中彦七入道(豊島行祐、家秀)肥前国小城郡内田地伍町地頭職事

右、以人、所被充行之也、守先例、可致沙汰之状如件、

建武四年七月廿一日　平(千葉胤泰)（花押）

〇七二七　足利直義御教書写　〇国立公文書館所蔵諸家文書纂七所収河野家文書

今月十七日注進状披見畢、於討死跡之輩者、可令抽賞也、且所差遣安芸(武田信武)・土佐(細川顕氏カ)両国守護幷軍勢也、相共可令誅伐凶徒之状如件、

建武四年七月廿二日　同(足利直義)判

河野対馬入道(通盛)殿

〇七二八　足利尊氏御教書案　〇山城三宝院文書

密厳院(伊豆国賀茂郡)別当職事、任先例可被致沙汰之状如件、

建武四年七月廿四日　尊(氏)丨(足利)御判

水本僧正(隆舜)御房

〇七二九　足利尊氏寄進状　〇摂津多田院文書

寄附　多田院(摂津国川辺郡)

摂津国善源寺(西成郡)東方地頭職諏方三郎(盛経)衛門尉跡事

右、所寄附之状如件、

建武三年七月廿五日　源朝臣(足利尊氏)（花押）

○七三〇　小笠原貞宗代桑原家兼軍忠状　○石見庵原家文書

石見国河本郷(邑智郡)一方地頭小笠原信濃守貞完(宗)代桑原九郎次郎家兼
申軍忠事、打寄今月十二日河上孫三郎入道城墎(郭)、於浜手小笠
原又太郎長氏相共致軍忠候畢、為向後可預御証判候、仍言上
如件、

建武二年七月廿五日

「承了(証判)（花押）(上野頼兼)」

○七三一　尼法宗重申状案写　○伊勢光明寺文書

伊勢国住尼法宗重申
為定願幷豊後房不知実名等、御使春真(新家)雖付渡御下知訴状等、違
背御成敗旨、不及是非陳状上者、於所抑留四艘船幷千余貫
銭者、急速被糺渡于法宗、至其身等者、相触在所検断、欲
被令糺行非分抑留科事

副進
二通　政所殿(荒木田経茂)御下知・御使告状案

右、子細先度言上畢、所詮彼等非分抑留、無所于陳謝条勿論
也、然早於四艘之船幷千余貫之銭等者、急速可沙汰于法宗之
由、重被仰下之、至其身等者、相触在所之検断、為申行罪科、
重言上如件、

建武四年七月　日

○定願が駿河国江尻の住民なので収めた。

○七三二　曾我貞光申状写　○陸奥南部文書

曾我太郎貞光謹目安言上
両年于合戦致忠節間事
一去年建武三正月六日、大将軍国中御発向之時、応于将軍家(足利尊氏)
御教書、最前令参御方候、同廿日押寄船水楯(陸奥国)、被致合戦之
時、若党羽鳥次郎兵衛尉重泰、右肩被射通候了、中間二郎
五郎左膝被射抜候了、
一同年五月廿七日、御奉行御楯押寄、諸方敵致合戦之時、貞
光之手勢、同一族等計、押寄倉光之楯、致終日合戦之時、
親類曾我弥三郎光俊、右頸骨乍被射通候、敵一人打取候了
侍名字不知、若党平賀又次郎貞泰、腰乍被射抜候、分捕仕候了、

討死二人、若党小林六郎時重・紀佐市弥八盛忠云々、中間彦五郎右目下被射通候了、其上仕生虜三人候了、

一同年六月廿一日、田舎（同国）楯合戦之時、若党矢木弥二郎光泰、仕分捕候了、同矢木太郎光俊、右肩被射通候了、

一同年七月、新里（同国）・堀越両所被楯築之時、敵倉光孫三郎出張致合戦之時、依抽軍忠、若党印東小四郎光盛仕分捕候了、次小河又三郎貞長、左耳下被射通候了、仕生虜二人候了、

一今年正月廿四日、又田舎楯合戦之時、若党紀佐市弥二郎盛国、右足手被射通候了、

一貞光築各別楯、御方諸方於通道、無煩者也、是又一忠哉、

右、両年中度々合戦之間、親類・若党等或討死、或分捕・生虜及数ケ度、抽軍忠之条、不可勝計、向後可致忠節候、所詮賜　大将軍御判、施弓矢面目、為備後証、粗目安言上如件、

建武二年七月　日

（証判）「承候了　在判」

○七三三　円信等連署紛失状写　○宮内庁書陵部所蔵古文書

（端書）「深草支証紛失状本文」

□（願カ）蓮寺領山城国紀伊郡内深草散在田地幷当寺文書等正文紛失事

右、去年二月六日、為大理卿（北畠顕家）奉行就被没官当寺、以使庁下部等、被追捕寺庫、同八月廿三日、新田掃部助長氏重打入当寺、焼払庫倉等畢、彼両度動乱時、深草散在田地文書幷当寺文書正文等、少々令紛失了、此条敢無其隠者也、仍以彼手継券文等相残案文、為後代亀鏡立紛失状、各令加証判矣、若自今以後、有出帯彼文書等之輩者、可被処盗犯罪科之状如件、

建武肆年八月三日　円信（花押影）

法橋宗舜（花押影）

法印了賢（花押影）

権少僧都源順（花押影）

法眼任宗（花押影）

威儀師相暹（花押影）

○七三四　足利直義御教書　○伊豆三島大社文書

吉野凶徒対治事、所被下　院宣（後光厳上皇）也、早御祈禱可令致精誠之状

如件、

建武四年八月九日　(足利直義)(花押)

(伊豆国田方郡)三嶋社神主殿

○七三五　細川顕氏書下　○西野嘉右衛門氏所蔵文書

佐竹侍従房行慶・庄十郎四郎資方・豊嶋三郎五郎重将等申、(讃岐国寒川郡)造田庄是弘名事、造田新大夫長守抑留領家年貢之間、度々遣奉書之処、不叙用云々、太以招其咎歟、所詮来廿五日以前、可究済之旨可被相触也、使節有緩怠之儀者、可有其咎之状如件、

「廿日到来」(追筆)
建武四年八月十一日　(細川顕氏)(花押)

桑□(原)左衛門五郎(常重)殿

周敷助房(浄円房)(殿脱ヵ)

○武蔵国豊島郡を本拠とする豊島氏の一族とも考えられるので、便宜ここに収める。

○七三六　中御門冬定譲状写　○陸奥南部文書

判

藤中納言冬定卿譲状案

譲与　庄園文書所領楽器本譜等事

一本譜已下大概目録在之

一中御門家地　一遠江国小高下御厨(佐野郡)

一伊勢国昼生中下両庄(鈴鹿郡・奄芸郡)　一深草領

一施涼寺塔跡　一日野堂跡

一丹波国新屋庄(氷上郡)　一越後国小泉庄(岩船郡)

右、堀河右大臣(藤原頼宗)以後累代相伝之文書・所領已下券契明鏡也、仍所譲与右少将宗重朝臣(中御門)也、知行領掌不可有相違、一期之後者、可譲与二千石冬家(中御門)(宗泰本名)、故宰相子孫等可加扶持、仍件文書以下令譲与之状、如件、

建武四年八月十一日　正二位藤原(中御門冬定)判

○七三七　中御門冬定譲状写　○陸奥南部文書

藤中納言譲宗泰状案

譲渡　家領文書等事

一丹波国新屋庄(氷上郡)三分一　一讃岐国山田庄内水田名

一越後国小泉庄(岩船郡)年貢五分一　一摂津国藤大納言位田
右、堀河右丞相(藤原頼宗)以下代々相伝之文書已下、譲与右少将宗重朝
臣畢、譲状案文遣之、彼一期之間、知行不可有子細、別自当
時冬家(中御門)宗泰本名可知行地等先所注渡也、件文書以下所領等、宗重朝臣
一期、可成水魚親子之思、彼朝臣若有不義之子細者、天神地
祇定有冥罰歟、兄弟不可存異心又同前、仍譲与如件、
建武四年八月十一日　正二位藤原(中御門冬定)判

○七三八　中御門家家領相伝系図※　○陸奥南部文書

庄事
一相伝系図
大宮右大臣―宗俊卿―中御門右大臣―中御門内大臣
―宗家卿―宗経朝臣―宗平卿不知行―宗雅卿先父早世―宗冬卿
―冬定卿―宗泰

○本系図は前号文書にかけて、便宜ここに収める。

○七三九　足利尊氏下文　○東京大学史料編纂所所蔵小笠原文書

(花押)(足利尊氏)
下　小笠原兵庫助政長
可令早領知美濃国中河御厨(安八郡)地頭職得宗領事
右人、為勲功之賞所充行也、早守先例可致沙汰之状如件、
建武四年八月十三日

○七四〇　斯波家長挙状案　○相馬市教育委員会寄託相馬岡田文書

相馬泉五郎胤康今者討死子息乙鶴□(丸申カ)、下総国相馬(相馬郡)御厨内泉郷本
領并手賀・藤心両郷新田跡源三郎安(ママ)堵事、胤康者為御方、自奥州致
軍忠、去年二三両月前代(北条氏)一族蜂起之時、散々致合戦、同四月
十六日奥州前司顕家(北畠)卿下向之刻、最前馳向鎌倉片瀬河(相模国)討死訖、
先度雖致注進、依無誓文、残御疑貽候歟、将又討死無異儀候、
此条偽申候者、
八幡大菩薩可蒙御罰候、以此旨可有御披露候乎、恐惶謹言、
建武四年八月十八日　陸奥守家長(斯波)上
進上　武蔵権守(高師直)殿

○七四一　陸奥国国宣案　○伊勢結城文書

結城郡(下総国)内上方者為朝祐(結城)跡、先立拝領之下方者号山河、此領
主山河判官(景重カ)者今度成朝敵了、
一寒河郡(下野国)十二郷内六郷為闕所、先立残六郷領主拝領了等、今度悉成御敵
候了、下野国寒河郡事、領主等悉与同凶徒云々、然早彼跡
可被領掌由、国宣候也、仍執達如件、
延元二年八月廿二日　　鎮守軍監有実奉
結城上野入道(道忠、宗広)殿

○七四二　相馬胤平軍忠状　○陸奥相馬文書

合戦目安
相馬六郎左衛門尉胤平申合戦事
右、陸奥国高野郡内矢築宿仁天去年建武三十二月廿三日夜、御
敵数千騎押寄之処仁、捨于身命令塞戦之処仁、幡差平七助久
小耳尾被射抜畢、同廿六日、当国行方郡高平村内寛徳寺打越、
舎弟八郎衛門尉家胤、同九郎兵衛尉胤門、幷次郎兵衛尉胤景、
同又次郎胤時、同彦次郎胤祐、同孫五郎親胤相共構城館、於
御方館築候之処仁、当年建武四三月八日、為凶徒対治、自伊達
郡霊山館、於広橋修理亮経泰大将軍、小手保河俣城被相向候
之由有其聞之間、同十一日馳向之処仁、先立于御敵成于降人
参之間、同十三日信夫庄(信夫郡)打入天対治凶徒余類、同十五日、同
庄荒井城押寄、致合戦之忠、捨身命令相戦之間、御敵降人仁
出来候訖、同廿三日行方郡小鷹館責寄、不惜身命塞戦之間、
中間彦四郎家守蒙疵候畢、此段被見知候訖、同廿四日、凶徒
成于降人令参候訖、同年四月六日、菊田庄(菊多郡)三箱・湯本・堀・
坂口・石河凶徒等、引率多勢、押寄之間、捨于身命、一族相
共懸先令戦之間、御敵送散候訖、同月九日常陸国小田兵衛介
館籠于御敵、同越中入道館、同田中城(新治郡)、幷北条城(筑波郡)幷村田館(真壁郡)、
同小栗城(同郡)馳向、於凶徒者、送落城館、令対治候畢、同月廿四
日、御下向之由承及候之間、宇都宮(下野国河内郡)馳参候、同五月一日、
足利(足利郡)為凶徒対治馳向天、御敵送落候畢、同月八日、名須城自
搦手押寄、捨于身命令戦之間下館(常陸国真壁郡)送落、致合戦忠節之処仁、
同十日、胤平左肩被射抜候訖、此段被御疵見畢、同月廿二日、
田村館、同廿三日、不軽堂城、一族相副天軍勢差向候畢、又

為凶徒小河・松山誅戮、可発向之由重被仰下之間、同年八月五日石河庄松山城、自搦手押寄懸先、捨于身命令相戦之処仁、御敵成于降人罷出候畢、同月廿二日佐竹・石河凶徒等、引率多勢相向之間、久慈(久慈郡)東小里郷内自西山手一佚相共馳向天、捨于身命令合戦之間、郎従橘内新兵衛尉光胤懸先、二階堂五郎打留頸取候畢、此段乃時被御見知畢、彼此度々合戦、令忠節候之上者、為賜御判、合戦目安之状如件、

延元々(二)年八月廿六日

「(証判)検知了（花押）」

○七四三　宣旨写　○楓軒文書纂五十一所収葦名家文書

建武四年八月廿八日　宣旨

従五位下平(三浦)高連

宜叙従五位上

蔵人民部権大輔藤原清経奉

上卿　左衛門督

○七四四　野本鶴寿丸軍忠状　○長門熊谷家文書

目安

野本能登四郎朝行今者死去子息鶴寿丸申軍忠事

右、朝行為当家一流之跡、自祗候将軍(足利尊氏)家以来、或捨所領、或軽命、致無弐忠節事、無其隠之上者、始而雖不能挙功、粗注進之、

一去建武二年十二月八日、将軍鎌倉(相模国)御立之間、朝行御共、同十一日、於伊豆国愛沢原合戦之時、最初馳向、懸先致合戦之忠畢、其子細、上杉兵庫入道(憲房)幷侍所三浦因幡守(貞連)等令見知畢、同日、中山合戦之時、御方之先陣、依御敵等強敷、少々被引退之間、結城判官(朝祐)手勢、朝行若党岩瀬彦太郎信経・同又五郎光家・同又太郎胤経・同孫五郎家綱等、相共十余騎、入替懸先、切落御敵一騎、欲取頸之処、山名伊豆守(時氏)殿為日大将、令見知之上者、雖不取頸、可進于先之由、被仰之間、随彼命、則追落御敵於河鰭、預大将御感畢、此子細等、翌日被付着到畢、

一同十二日、同国佐野河合戦之時、自中手渡河、致軍忠畢、

一同十三日、伊豆国苻（府）（田方郡）合戦之時、中間平五郎男令打死畢、
□（一）建武三年正月三日、近江国伊幾寿宮（栗太郡）合戦、朝行若党岩瀬彦
太郎信経、最初押寄城之辰巳角、切入城垣之処、信経左右
之保宇（頬）於被射抜畢、仍大将兵部大輔（仁木頼章）殿、山名伊豆守殿有御
見知而及御感畢、加之、同若党丸山彦次郎為時・片切五郎
成義被疵畢、翌日於野路（同郡）宿、被付着到畢、
□（一）同八日、朝行若党岩瀬彦太郎信経・同又五郎・同又太郎・
同孫五郎・結城手勢相共、追落八幡（山城国綴喜郡）御敵、至于大渡橋（同郡・乙訓郡）之際、
懸先、亦彼等四人、打破橋上之箭（櫓）蔵、切入之処、踏落中橋
桁之後、岩瀬亦太郎胤経被疵畢、其子細等、高武蔵守（師直）之陣
為橋上之間、則申入之畢、
□（一）同十六日合戦、朝行若党信経・光家等懸先、追籠御敵於法（愛
宕郡）勝寺脇而、纐纈直垂所着之武者一騎切落之畢、其子細、土
岐伯州（頼貞）禅門・佐々木左衛門七郎等、所令見知也、
□（一）同廿七日合戦之時、亦朝行若党信経・光家・胤経・家綱・
高田弥三郎光幸等懸先、自中賀茂之西、鞍馬法師三人生捕
之、於戦場、侍所佐々木備中守所令見知也、同日山河判官（景重）
被懸中賀茂比（北カ）之間、信経・光家等、亦責付御敵之楯際而相
戦之刻、被射信経之乗馬畢、仍山河判官以下令見知畢、
一同卅日合戦、於法成寺西門前、朝幸郎等杉本余一吉弘、組
落太田判官（結城親光）家人関孫五郎而、則取頸畢、而侍所佐々木備中（仲親）
守令見知畢、
一同二月一日、朝行自丹波国志（篠）野村（桑田郡）、至于幡广（播磨）国兵庫（摂津国八部郡）、将軍
御共（供）仕、同十日、摂津国西宮（武庫郡）合戦之時、属左馬頭殿（足利直義）御手、
進于御前令登山、致軍忠畢、其子細、大高伊予守（重成）被見知畢、
一同十一日、摂津国手嶋（豊島郡）河原合戦之時、於河原被取御宿陣之
処俄兵庫江御帰之間、其夜被召具御共畢、
一同十二日、左馬頭殿、自兵庫摩那（耶）城（摂津国兎原郡）御発向之間、御共仕之
処、皆以可有打死之由、被相触之間、存其旨之処、亦俄被
召御船之刻、夜陰之間、朝行不存知之、不御共仕之条、失
本意畢、且雖相似不忠之至、西国居住一族等、猶以如此、
朝行当所不知案内上、御敵已近付来之間、失為方而無力交
入京都、同卅日、逃下京都之処、於参河国、為野伏等欲落
命事及度々畢、且其子細、高五郎兵衛尉（師兼カ）・高美作太郎（師秋）等、

委細所被存知也、其後被向遠江国井(伊カ)原(引佐郡)城之間、追落御敵之
後申暇、関東江令下向畢、
一小山(下野国都賀郡)城合戦事、将軍鎮西御下向之後者、前国司(北畠顕家)方軍勢等令
蜂起、人民無安思、然而当城者為一陣之間、御方仁存御志
一族等、馳籠彼城、連々尽合戦忠者也、去年建武三十一月三
日、横田(河内郡)・毛原合戦之時、分取頸一、入大将見参畢、加之、
郎等大淵彦九郎入道被疵之間、所被付着到也、此次第一族
等令見知畢、仍大将弁小山常犬丸(朝氏)祖母証判状在之、亦桃井
駿河守(直常)殿着到、同給之畢、
一今年建武四三月十日、小田宮内権大輔春(治)久弁益戸虎法師丸等、
為張本率数輩凶徒等、出向常州府中(南郡)之間、朝行代官岩瀬彦
太郎信経、致合戦之忠節之処、切落御敵一人畢、而益戸常
陸介広政馳合、所令見知也、随而佐竹刑部大輔(義篤)一見状分明
也、
一同年七月八日、常州関城(関郡)合戦之時、鶴寿丸代官等数輩馳向
之内、金崎右衛(門脱)五郎・堺又太郎・肥田七郎・新妻又次郎等、
山河判官(景重)・結城犬鶴丸等手勢相共懸先、追越絹河(鬼怒川)、至于関
郡盤(般)若原弁城際責寄、致忠節之間、新妻又次郎胤重令討死
畢、将又、一族庶子野本五郎高宣以下若党四人、同所令討
死也、此等次弟(第)、山河判官・小山常犬丸代官等、令見知畢、
仍桃井駿河守殿一見状分明也、
一下総国神崎庄(香取郡)内多賀郷合戦事、当郷者朝行所領也、而千葉
下総守(貞胤)一族等、為先帝(後醍醐天皇)御方、令乱入之間、千葉余三清胤、
朝行代官等相共為御方、連日致合戦之間、若党等数輩被疵
畢、其上、差置代官多賀七郎行胤・小栗左衛門次郎重高・
多賀七郎三郎等於千葉大隅守(胤貞)留守大嶋城畢、亦常州大枝郷(南郡)
栗俣村等、同朝行知行分也、而前国司勢弁小田勢等、率大
勢責来之間、朝行代官等焼払在所、妻子交山林畢、是併非
奉公之一分哉、
以前条々、如斯、朝行存日、将軍御帰洛之時、最前馳参可
懸御目之処、相待合戦静謐之刻、今年三月廿七日、令他界畢、
鶴寿丸亦為彼跡、則可令参洛処、未幻(幼)少之上、可召具若党等
合戦最中之間、所及遅々也、以此旨、為被載御注進、粗目安
如件、

建武四年八月　日

「一見了（証判）（花押）（小山朝郷）」

〇七四五　延時忠種軍忠状　〇薩摩延時文書

目安

延時又三郎（忠種）入道法仏申、薩摩国市来院所々合戦軍忠事

一法仏当病之間、今月十日差遣捨（舎）弟彦五郎忠義於代官之処、市来太郎左衛門入道（道尊、時家）以下凶徒等、於当院石走待請之、致合戦之刻、射臥数輩凶徒等、令追還之条、同所合戦之輩宮里九郎入道并石塚平太郎等所令見知也、

一同十四日夜、当院内赤崎合戦之時、捨身命令致数尅合戦之条、在国司又次郎并甑嶋小河小太郎（季久）等令見知之訖、

右、合戦次第、賜承判、預御注進、浴恩賞、為施弓箭面目、言上如件、

建武四年八月　日

「承了（証判）（花押）（酒匂久景）」

〇七四六　権執印俊正軍忠状写　〇薩藩旧記雑録前編十九所収水引執印文書

権執印三郎次郎俊正（宮里）（申脱カ）合戦軍忠事

右、今月十四日夜、市来院（薩摩国）赤崎合戦時、致種々軍忠之条、甑島地頭小河小太郎（季久）・同小三郎等、同所合戦之間、令見知畢、然早預御注進、為施弓箭面目、言上如件、

建武四年八月　日

「検知了（証判）　在判（酒匂久景）」

〇七四七　莫禰成助軍忠状写　〇薩藩旧記雑録前編十九所収禰寝文書

薩摩国御家人莫禰平次郎成助申、合戦軍忠事

右、今月十四日市来院（薩摩国）赤崎合戦致軍忠之条、甑嶋地頭小川小太郎（季久）・武光伴三郎入道・宮里三良（郎）次郎（俊武）等同所合戦之間、令見知畢、然者早預御注進、為施弓箭面目、言上如件、

建武四年八月　日

「承了（証判）（花押影）（酒匂久景）」

○七四八　斯波家長奉書　○飯野八幡宮所蔵飯野家文書

属中金八郎義長手、致軍忠由、被聞食了、尤以神妙也、至恩賞者、急可令申沙汰、尚可被致忠節之状、依仰執達如件、

建武四年九月一日　陸奥守（斯波家長）（花押）

伊賀式部三郎（盛光）殿

○七四九　足利直義御教書　○出羽上杉家文書

□□（奥州）前国司（北畠顕家）已下凶徒等、寄来小山城（下野国都賀郡）間、自上野国馳越、被対治事、誠所感思也、委細之旨、被仰使者畢、向後弥可致精誠、次条々被注申間事、所遣事書也、得其意、可致沙汰之状如件、

建武四年九月三日　（足利直義）（花押）

上杉民部大輔（憲顕）殿

○七五〇　佐竹貞義挙状案　○水戸彰考館所蔵諸家所蔵文書六所収烟田文書

烟田又太郎時幹申軍忠事

於常陸国蒲田（烟）原・小田城（筑波郡）合戦等、致軍忠訖、仍時幹所進目安状壱通、進覧之候、若此条偽申候者、八幡大菩薩御罰於可罷蒙候、以此旨可有御披露候、恐惶謹言、

建武四年九月十四日　沙弥道源（佐竹貞義）在判

進上　御奉行所

○七五一　桃井貞直奉書　○薩藩旧記雑録前編十四所収岩下佐次右衛門蔵文書

為宇都宮（下野国河内郡）凶徒誅伐所令発向也、世間静謐之間、将軍家（足利尊氏）被致御祈禱精誠者、殊忠賞可有申沙汰候、仍執達如件、

建武四年九月十五日　兵庫助（桃井貞直、直常）（花押）

豊田大進阿闍梨御房

○七五二　桃井貞直挙状　○吉成尚親氏所蔵茂木文書

「充所」（異筆）

□（茂）木越中弥三郎知政属貞直（桃井）手、今年建武四□（三）月五日下野国下条原合戦、中間一人討死、一人被疵、同四月一日宇都宮々隠（坂）原合戦御敵五人打取之、家人□井九郎秀知令討死、同七月四日小山庄（都賀郡）乙妻・真々田原合戦致軍忠、同八日於常州関（関郡）城合戦、□（知）政親父越中入道明阿養子茂木彦六知顕令□（打）死之条、令見知候畢、如

此軍忠抜郡（群）候之上者、速恩賞御沙汰候者、可被目出候、彼知
政軍忠之□、若偽申候者、可罷蒙
□（八）幡大菩薩御罰候、以此旨、可有御披露候、恐惶□（謹）言、
建武四年九月十八日　兵庫助貞直（桃井直常）（花押）
進上　御奉行所

○**七五三**　足利尊氏下文案　○広島大学文学部所蔵摂津四天王寺旧蔵如意宝珠御修法日記紙背文書

（足利尊氏）御判
下　富樫介高家
可令早領知常陸国方穂庄（筑波郡）内東城寺城加賀入道道誓跡・加賀国北郡（河北郡）興保（同郡）海老五郎（名脱カ）□衛門尉（惟則）跡（左）・北英田保（同郡）遠江前司妻跡（名越公篤カ）等地頭職事
右以人、為勲功之賞、所充行也者、守先例可致沙汰之状如件、
建武三年九月廿二日

○**七五四**　足利尊氏下文写　○広島大学文学部国史学教室所蔵今川家古文章写

下　今川五郎（範国）法師法名心省
可令早領知駿河国羽梨庄（志太郡）・遠江国河会郷（豊田郡）弁八河郷（周智郡）事
右、以人為勲功之賞所充行也者、守先例、可致沙汰之状如件、
建武四年九月廿六日
等持院殿（足利尊氏）御判

○**七五五**　中野定信代同家氏軍忠状　○本間美術館所蔵市河文書

信濃国中野孫五郎入道定信代子息八郎家氏軍忠事
右、越後国池・風間（信昭）以下凶徒等蜂起之間、為御対治、当国守護高八郎（師貞）殿御発向之間、馳参之処、去月廿八日当国凶徒等寄来苻（府、下同ジ）中之刻、馳渡大川於苻須厩、一族等相共及散々合戦、致軍忠上者、給御証判、為備後証、恐々言上如件、
建武四年九月日
「承（証判）候了（花押）（高師貞）」

○**七五六**　明仙・景隆連署打渡状　○静岡県立美術館所蔵大宮司富士家文書

駿河国下嶋郷（有度郡）地頭職事、任去月八日国宣之旨、所奉打渡富士大宮司也、仍渡状如件、

建武四年十月二日

景隆（花押）

明仙（花押）

○七五七　武田信武書下案　○長門熊谷家文書

（異筆）「校正了」

熊谷小四郎直経申安芸国（安北郡）三入本庄三分壱内壱方頼俊（新野）跡地頭職事、目安副申状具書如此、如申者、号預所香河兵衛五郎等致濫妨狼藉云々、為事実者、甚不可然、所詮可沙汰居直経代官於当方、若有子細者、可被注申状如件、

建武四年十月七日　源在判（武田信武）

福嶋左衛門四郎入道殿

○七五八　足利直義安堵状案　○相模宝戒寺文書

円頓宝戒寺（相模国鎌倉郡）住持職幷寺領相模国金目郷（淘綾郡）半分事、早如元可被致沙汰之状如件、

建武四年十月十六日　左馬頭（足利直義）在御判

円観（恵鎮）上人

○本文書は二一九号文書と同紙に書かれている。

○七五九　細川和氏奉書△　○伊予国分寺文書

極楽寺（相模国鎌倉郡）雑掌隆慶申、当国々分寺（伊予国越智郡）、同寺領等事、解状如此、去年十二月十二日、所被下　院宣也、早任先例、可沙汰付雑掌、若有帯証文申子細之族者、且取進校正案、且可催上其仁、使節亦有緩怠者、可有其科之状、依仰執達如件、

建武四年十月十七日　阿波守（細川和氏）（花押）

伊予国守護

○七六〇　丹波有世軍忠状写　○西行雑録所収薬丸文書

新田禅師幷大友式部大輔以下凶徒等、今月十一日夜、自豊前国宇佐郡打出、於桑野原致合戦之時、薬丸兵衛五郎有世馳向、致軍忠候畢、次馳参嘉摩城、同廿日当城没落之時、攻入城内、抽軍忠候畢、以此旨可有御披露候哉、恐惶謹言、

建武四年十月廿一日　丹波有世上

進上　御奉行所

「(証判)承了(佐竹義尚)(花押影)」

○七六一　二階堂時藤奉書土代　○飯野八幡宮所蔵飯野家文書

(端裏書)「自引付五番之手被成下之、頭人二階堂備中入道殿(道存、時藤)
表書云
佐竹源次入道殿　　沙弥道存
小山出羽小四郎判官殿　沙弥道存」

伊賀式部三郎盛光申、常陸国伊佐郡内石原田郷地頭職、陸奥国好島庄内飯野村并好島村預所職等安堵事、所申無相違否、云当知行之段、云可支申仁之有無、載起請之詞、可被注申之状、依仰執達如件、

建武四年十月廿八日　　沙弥在判

小山出羽小四郎判官殿
佐竹源次入道殿　文章同前別紙

追仰
申状具書、相副請文、可被返進之由候也、

証人交名事当参
奥州分
〃〃〃〃 佐竹御房
小山出羽
〃〃 藤井小四郎判官

常州分
佐竹源次入道
御つかいの請文到来、十二月(建武四)四日引付被返也、

○七六二　莫禰成助軍忠状写　○薩藩旧記雑録前編十九所収莫禰家文書

薩摩国御家人大平平次郎成助(莫禰)申、軍忠事
去九月十七日馳向市来城(薩摩国日置郡)、昼夜致合戦之条、御見知之上、莫禰太郎二郎・甑島地頭小川小太郎(季久)・同小三郎・国分平次郎等令見知畢、同卅日馳向後巻、致散々合戦之条、守護御代官酒勾兵衛二郎(久景)・石塚弥八等令存知畢、
右、今年□(三)月廿五日以来、云守護所警固、云城攻後巻合戦、抽忠勤之条無其隠、且給御判、且為預御注進言上如件、

建武四年十月　日
(証判)「沙弥御在判」

○七六三　高師直奉書　○出羽上杉家文書

八幡庄(上野国碓氷郡)已下事、所被遣事書也、守彼状、可被致沙汰之状、依仰執達如件、

建武四年十一月二日　武蔵権守（高師直）（花押）

上杉民部大輔（憲顕）殿

○七六四　康円聖教借用状　○神奈川県立金沢文庫保管称名寺文書

曼荼羅作法六条
密宗散花作法
密宗仏経供養
已上八帖

右、所借請如件、

建武四年十一月七日　康円（花押）

（折下端書）
「無言行道者衲衆着座□出家事」

○七六五　足利尊氏寄進状　○明治百年古文書展出品文書

神用米料所事

駿河国得倉郷（駿東郡）

右神用米等者、以当国之乃貢往代致沙汰之処、追年及難済云々、仍為彼料所々令寄附当郷也、為一円不輸地、可致沙汰之状如件、

建武三年十一月十日　源朝臣（足利尊氏）（花押）

○七六六　烟田時幹軍忠状案　○京都大学総合博物館所蔵烟田文書

目安

烟田又太郎時幹申軍忠事

右、去七月（建武三）為東条（常陸国信太郡）城凶徒対治、常陸介（佐竹）義春御発向之刻、時幹即時馳参、自同月至于九月十九日、東条（同郡）亀谷城仁差置若党富田新左衛門尉胤幹以下五人之条、義春御存知之訖、就中為笠間城凶徒等対治、又義春被打向之間、時幹同馳向畢、将又同十月廿七日、為奥州前国司（北畠顕家）勢春日侍従顕国大将軍打越当国、小田宮内権少輔治久以下凶徒等成一手、南郡大枝口仁令出張之間、一族相共馳向之処、於小河郷大塚橋爪、時幹致散々合戦之刻、家人富田左近允信行、捕御敵頸訖、旗差別当三郎国重被射左肩訖、此等次第、義春御見知之上者、預御注進、為浴恩賞、目安如件、

建武二年十一月日
「（証判）一見候了　在判」

○七六七　尼妙心申状　○常陸真壁長岡古宇田文書

□（目）安
真壁弥太郎□□（政光カ）法師（法号道法）後家尼妙心申、（常陸国）真壁郡長岡郷事
右、当郷者、本主道法去元徳元年□□（置カ）預□文於真壁入道法超（幹重）、給与案文於妙心死去訖、如判□□認置譲状、任本主素意、又太郎幹政□（無）男子者、又次郎宣政彼跡ぉ可知行、宣政無男子者、幹政此分ぉ可知行、但男女子皆一腹之上者、妙心一期之間者、可為彼計、遺領知行輩□（背カ）此命者、彼跡ぉ別子孫等仁妙心可譲与、為止向後之煩、惣領仁置文ぉ書加世末以羅勢申、加判奉預置云々、仍当知行之条、（同国鹿島郡）鹿島社役・国衙正税関東先代守護人催足状等所見也、
一　当郷内又次郎宣政・即心房処久等無知行分事
舎兄又太郎幹政、元徳二年閏六月廿二日死去之刻、妙心当知行之間、不能処分之処、幹政後家本照（小栗孫二郎左衛門尉重宗女子）号亡夫譲状、構謀書、於先代一番引付為斎藤九郎兵衛尉基連奉行、被仰御使結城七郎左衛門尉朝高・小栗六郎二郎入道円重等、如本解状者、幹政遺領長岡郷内田三町在家三宇・堀内・山野半分事、元徳二年閏六月廿二日分譲後家本照女子平氏、令他界、任譲状申給御外題了、爰母尼阿妙（真壁弥太郎入道々法後家）子（家）息宣政致押領狼藉云々、両使令施行之間、任本主置文、妙心知行之由支申之、元徳四年三月属賦、申寄斎藤九郎兵衛尉基連奉行、可被止不知行之本照与宣政非論旨《シニ》、就令言上、如同月廿八日御教書者、真壁弥太郎入道々法後家尼妙心代頼円申、常陸国長岡郷田在家事、訴状如此、早企参上可被弁申之状、依仰執達如件、真壁又太郎後家云々、因茲被止御使入部之間、可被行本照於謀書之咎之由、言上之刻、基連他界之後、被渡嶋田甲斐二郎之処、依先代滅亡延引畢、無宣政等跡之条、不及御不審者也、
一　妙心男女子等事
道法遺領狭少之処、国衙正税・鹿島社役以下繁多之間、依男女子扶持不合期《コ》、又次郎宣政就諸事背命、為成彼阿党罷

成御敵、即心房処久者、故不諧之間、籠居畢、了珍房妙幹為御方、不断参候宇《クウ》都宮(下野国河内郡)、致軍忠、帯数通御一見状等之子細、先立令言上歟、随而大将軍所被知食也、嫡女真壁禅心房後家者、進子息祖一房道意於御方、尽忠節、二女夫大和刑部左衛門入道妙阿者、当奉公也、依遺跡不知行、宣政不調、被分召妙心所領令牢籠条、不便次第也、可然者、当知行妙心無罪怠之上者、為蒙安堵御成敗、目安如件、

延元二年十一月　日

○七六八　尼妙心譲状　○常陸真壁長岡古宇田文書

(端裏書)「譲状」

ゆつりわたす、ひたちのくに(常陸国真壁郡長岡郷)まかへのこほりなかをかのかうのちとう(地頭職)しきの事

右のかうハ、まかへのいやた郎(弥太)まさミつ(政光)ほうミやうたうほう(道法)のしりやう也、これを男女のしそくにゆつりてのち、くゑんとく(元徳)元年九月廿九日こけめうしん(後家妙心)しんたい(進退)すへきよし、おきふミをかき、そうりやう(惣領)まかへのひこ(彦)二郎とのほうてう(法超)のハ(判)んを申くわへて、あつけおきまいらせられる、しさい、かのしやう(状)にのせられぬ、ちやくし又た郎もとまさ(幹政)ハ、なんしな(男子)くしておなしき二年六月廿二日たかいし(他界)、二なん又二郎のふまさ(宣政)ハ、めうしんかめい(命)をそむき御かたき(敵)になりぬ、三なんそくしん(即心)房ハ、いつかたへもまいらすひきこもりぬ、れうちん(了珍)房めうかん(妙幹)そうりやうにはなれ(離)申さす、御かたにてちう(忠)をいたすあひた、ゐいたいゆつりわたすところしち(実)也、よんてゆつりしやう、くたんのことし、

めうしん(花押)

○本文書は年月日未詳。前号文書に関連するのでここに収める。

○七六九　大中臣実材ヵ申状土代　○下総香取大宮司家文書

新造山採　宣下□□沙汰年記空令違期上者、□先規可遵行旨、被▨(下)▨▨(御教書)(下勅定)、弥仰神□□奉祈国家宝祚子細事

副進

宣旨案先度御遷宮日時年記満足事

右、鹿嶋（常陸国鹿島郡）・香取（下総国香取郡）両社者、二〈名〉明一体分身、日本開闢霊応、異国
征罰軍神也、於御笠山霊祠者〈〻〉、近□（年カ）王城守護誓容、爰尋当社
造宮初当者、神武天皇御宇戊寅、被卜当国香取郡大槻郷、被
立創宮柱以来、廿一年一度造替、于今無退転、所謂山採七年、
〈採〉。木。〈之劫〉七年、遷宮以後正神殿御坐七年、首□（尾カ）廿一ヶ年是也、
追彼佳例、年記満足之時者、毎度被下〈成〉〈御教書〉▨▨〔宣旨〕、被終其劫（功）之条、
代々聖代如斯、彼役所者於以往例者暫閣之、至治承以来者、
千葉介常胤・葛西三郎清重勤仕之、彼其子孫相継、打違々々
勤仕之条、至于今無相違、随而於先造営者、葛西伊豆入道明
蓮、終其劫之間、被撰元徳二年六月廿四日日時、被下　宣旨、
被遂遷宮節畢、随而正神殿御坐七ヶ年、々記▨▨▨▨▨▨〔建武已満／去年壬戌〕〈相当去建武二年之間、〉
▨▨〔足畢〕、〈山採年已八ヶ年違期了、〉仍去年者雖相当山採年記、〈御沙汰遅々〉▨▨〔宣下〕〻〻遅々之上、今度役人千〔貞
胤〕葉介者在京之間、不及其経営、年限空馳過之上者、且▨〈似〉〔違〕神事〈成〉
違例、且可謂御祈禱退転、早被経急速御▨▨〔奏聞〕〈沙汰〉、任旧規被下
〈御教書〉▨▨〔勅定〕、不日可遵行之旨、被仰下者、弥為奉祈国家安全天下静
謐、恐々言上如件、

建武四年・延元二年十二月

建武三年十一月　日

○〔　〕内は楓軒文書纂により補う。

○七七〇　結城宗広書状写　○国立国会図書館所蔵有造館本結城古文書写

彦五郎ニ馬のせてたひ候、いたつら物にて、壱人もやう
〳〵として引て来候と申候間、返下候也、
来八日、此辺又小山（下野国）対治候へきよし被仰候、又福原（那須郡）事、如今
は道行ましけに候、此上は凶徒対治事も枝葉候歟、人の所領
にて候ハんをハ、若党のほねをり、馬わひしめと覚候、小田
か代官の入候ハんまて可対治候由、被仰候へとも、不可叶之
由申て候、今は奥道も塞候ぬと存候由申て候、此事治定候ハ
さらんにハ、福原凶徒対治無益候哉、依上道ハ何にもしてあ
けらるへく候歟、何事も無正体候之間、無申計候、若被仰候
旨や候とて、使今まてと丶めて候、兎角無申計事共候也、
恐々謹言、

（延元二年カ）十二月二日　道忠（結城宗広）（花押写）

大蔵権少輔（結城親朝）殿参

○七七一　細川和氏奉書案　○神奈川県立金沢文庫保管称名寺文書

（端裏書）「御奉書案金山郷事」

御奉書案　奉行　諏大（諏訪大進房円忠）

金沢（武蔵国久良岐郡）称名寺雑掌光信申、越後国奥山庄（蒲原郡）内金山郷事、重解状如此、子細見状、三浦下野（貞宗）入道道祐帯後日御下文、雖申子細、依為寺領、可充賜其替之旨御沙汰畢、早任先日安堵状、止方々違乱、可沙汰付下地於雑掌、遵行之後亦有濫妨之訴者、重雖不被仰下、毎度加対治、全寺家知行、載起請之詞、可注申子細、使節緩怠者、可有其科之状、依仰執達如件、

建武四年十二月五日　阿波守（細川和氏）在判

高越後守（師泰）殿

○七七二　長井広秀奉書　○東京大学史料編纂所所蔵小笠原文書

将軍家政所進近江国兵主社（野洲郡）年貢米五十石事、近年依動乱被閣之訖、所詮守員数、今月廿日以前可被究済、更不可有緩怠、若令違期者、可有殊沙汰之状、依仰執達如件、

建武四年十二月九日　散位（長井広秀）（花押）

小笠原信濃守（貞宗）殿

○七七三　高重茂奉書　○保阪潤治氏所蔵文書

武蔵国入西郡勝郷内明円作田在家事、為鎌倉御所（足利義詮）御壇所料所之由、就訴状、雖〔可〕令守沙汰、動乱之境物忩之間、無其儀、所詮先可令所務給、有子細者、追可有其沙汰候也、仍執達如件、

建武四年十二月十三日　大和権守重茂（高）（花押）

少輔法印御房

○七七四　足利尊氏下文　○京都府立総合資料館所蔵東寺百合文書テ函

（足利尊氏）（花押）

□（下）　佐々木信濃阿闍梨頼宗

□（可令早）領知越中国田中保（婦負郡）惣領分半分、□（越）後国佐味庄（頸城郡）参拾弐分壱地頭職事

□（右カ）為勲功之賞所充行也者、□□（隠岐）大夫判官高貞（塩冶）配分可致之状如

件、

建武三年十二月廿四日

○七七五　国魂行泰軍忠状　○磐城大国魂神社文書

(陸奥国)岩城郡国魂太郎兵衛尉行泰合戦目安

一当年三月十日、自宇都宮(下野国河内郡)、霊山(陸奥国伊達郡)御楯属于当手仁令参上畢、次東海道行方郡(同国)小池楯大将之御共令申刻出張、御敵連々間、致散々合戦之軍忠畢、

一同四月九日、押寄小高楯(行方郡)、抽合戦軍忠者也、

一同五月中、馳向于渡城、致合戦之忠節畢、

一同六月廿四日、押寄小高楯、抽合戦之軍忠所也、

一同九月、自霊山、上方宇都宮御上之間、令供奉、至于御所、大番令動(勤)仕者也、

右、自最初至于今、属于当御手、合戦之忠節之条、御見知之上者、領(預)御注進、且預御証判、為備向後亀鏡、恐々言上如件、

延元二年十二月日

「承了(証判)(花押)(広橋経泰)」

○七七六　覚園寺住僧申状案　○相模覚園寺文書

(相模国鎌倉郡)□(覚)園寺住侶謹言上

欲蒙恩助、造立一宇仏殿、舎□(利カ)聖教安置子細事 副御教書等案二通

右当寺者、為降伏異国、鎮護　朝廷、永仁年中所草創也、三国相承之真言、殊□于当寺、吾朝無双之碩徳、多出自斯処、恢弘法水、卓礫他寺、爾降一天四海之精祈未退転、数代莫(幕)府之護持斎清撰、是以去々歳(建武二年)十一月七日可致御祈禱精誠之旨、被降慇懃御教書以降、始従当寺、至于末寺、各励悃禱之誠、既致泰平之道、雖知天授之御運、豈非日新之効験乎、御感之趣、載而在右、於是当寺去二月十日綷出不図、忽遭廻(回)禄、仏像経典之免煙炎也、未避雨露之難、青眼白足之臥山林也、争企土木之営、寺領是一両土、宜稲不幾、枉被寄一所之田園、先欲祐一宇之基趾、嗟乎、震旦祇園寺之在北朝矣、寧遠将軍専究大厦之殊功、日域覚園寺之在東関矣、征夷将軍(足利尊氏)盍憐造営之微力、帰法之道亦又宜然、衆侶懇款之趣、大概言上如件、

建武四月(ママ)日

○七七七　相馬乙鶴丸代妙蓮申状案※

○相馬市教育委員会寄託相馬岡田文書

相馬泉五郎胤康今者討死子息乙鶴丸代妙蓮謹言上
欲早預一族一烈(列)御注進、蒙恩□相馬五郎胤康軍忠所預給
地下総国相馬郡内手賀・藤心両村新田源三郎跡已下所々事
副進
一巻　胤康合戦幷討死一見状
一通　預所幷由緒地注文
右、胤康去々年建武二陸奥守殿(斯波家長)自奥州御発向時、一族相共馳参
河名宿(陸奥国)、令対治所々城墎(郭)、於鎌倉(相模国)両三ケ度合戦抽軍忠之条、
目安明白也、而奥州前司顕家卿(北畠)下向之時、馳向片瀬河(相模国鎌倉郡)最前討
死訖、然早預恩賞欲備後代面目、爰相馬郡手賀・藤心両村者、
為先祖本領之上、胤康存日依有殊忠、抜一族中充□(于)胤康身直
預給訖、早欲充給之、次上総国三直(周東郡)・津久良海(天羽郡)・真利谷(望陀郡)等郷、
常州伊佐郡西方者、為度々合戦賞、預給一族中訖、次奥州行
方郡□由緒地所令注進也、早預御吹挙、為蒙御成敗、恐々言
上如件、

(証判)「(花押)」(岡重直)

○本文書以下四通は年月日未詳。本文中に建武四年を示す文言があるので、ここにまとめて収める。

○七七八　相馬福寿丸申状写※

○相馬市教育委員会寄託相馬岡田雑文書

相馬四郎成胤□(子息福寿丸謹言上カ)
欲早預御吹挙蒙恩賞、亡父成胤□(於奥州)行方□(郡小)高城討死事
右、成胤去々年建武二陸奥守殿(斯波家長)御発向之時、一族相共馳参、致
所々合戦畢、爰為国中静謐、相馬孫五郎重胤屋形構城墎(郭)、重
胤者乍令在鎌倉(相模国)、差置次男弥次郎光胤之処、凶徒等以大勢責
来之由、依有其聞、成胤馳下致度々合戦畢、而奥州前司(北畠顕家)下向
之時、令討死畢、早被経御注進、為預恩賞、恐々言上如件、

(証判)「(花押)」(岡重直)

○七七九　相馬竹鶴丸申状写※

○相馬市教育委員会寄託相馬岡田雑文書

相馬七郎胤治子息竹鶴丸謹言上
欲早被経御吹挙預恩賞、亡父胤治於奥州行方郡小高城討死
事

右、胤治去々年建武二陸奥守(斯波家長)殿御発向之時、一族相共馳参、致所々合戦畢、爰為国中静謐、相馬孫五郎重胤屋形構城墎(郭)、重胤者乍令在鎌倉(相模国)、差置次男弥次郎光胤之処、凶徒等以大勢責来之由、依有其聞、胤治馳下致度々合戦畢、而奥州前司(北畠顕家)下向之時、令討死畢、早被経御注進、為預恩賞、恐々言上如件、

「(証判)(花押影)(岡重直)」

○七八〇　相馬乙鶴丸代祐賢申状案※　○相馬岡田文書

相馬泉五郎胤康今者討死子息乙鶴丸(胤家)代祐賢謹言上

欲早重以御誓状預注進、施弓箭面目、下総国相馬(相馬郡)御厨内泉郷并手賀・藤心両郷新田源三郎跡、奥州行方郡内岡田村・八菟村・飯土江狩倉一所・矢河原、同国竹城保内波多谷村事

件条、先度具言上畢、今年建武四四月十七日下賜御吹挙状、云本領安堵云申立恩賞之処、依無御誓文、御注進相残御不審歟、可申重御注進之由、被仰出之間、令言上者也、於胤康者、致度々合戦高名、四月建武三十六日顕家卿(北畠)御発向之時令討死畢、乙鶴丸者於奥州属石塔源蔵人殿、致合戦之上者、早預御注進、蒙恩賞、為備後代亀鏡、仍恐々言上如件、

建武五年
暦応元年・延元三年（西紀一三三八）

○**七八一**　今川範国書下写　○土佐国蠹簡集残篇所収松井利兵衛所蔵文書

駿河国葉梨（志太郡）庄内田地壱町幷屋敷壱所・地頭代職事、守先例、
可令知行之状如件、
建武五年正月二日　（今川範国）（花押影）
松井兵庫允殿

○**七八二**　今川範国書下写　○土佐国蠹簡集残篇所収朝比奈永太郎所蔵文書

駿川（河）国葉梨（志太郡）庄内田地壱町幷屋敷壱所・地頭代職事、守先例、
可令知行之状如件、
建武五年正月二日　（今川範国）（花押影）
松井八郎（助宗）殿

○**七八三**　北畠顕家寄進状　○伊豆三島大社文書

寄進　（伊豆国田方郡）三嶋社
伊豆国安久（同郡）郷事
右、為天下泰平所願成就、奉寄進之状如件、
延元三年正月七日
権中納言兼陸奥大介鎮守大将軍源朝臣（北畠顕家）（花押）

○**七八四**　足利尊氏下文写　○萩藩閥閲録五十八内藤次郎左衛門

（足利尊氏）御判
下　内藤次郎教康
可令早領知甲斐国藤太郷（巨摩郡）内越生四郎左衛門尉跡事
右人為勲功之賞所充行也、早守先例、可致沙汰之状如件、
建武五年正月八日

○**七八五**　足利尊氏カ下文写△　○続錦雑誌三十一

（足利尊氏カ）（花押影）
下　志水与三郎実俊

可令早領知信濃国石河内(更級郡)小山田村地頭職事

右人、為勲功之賞所充行也者、守先例可致沙汰之状如件、

建武五年正月十八日

建武五年正月廿日　(足利直義)(花押)

吉河小次郎(経時)殿

○七八六　足利尊氏下文写　○萩藩譜録阿曾沼宮内

(足利尊氏)大将軍　御判

写

下　阿曾沼下野権守師綱

可令早領知安芸国三津村(沼田郡)地頭職事

右、為伯耆国矢送庄(久米郡)之替所充行也「者、守先例可致沙汰之状

如件、」

建武五年正月十九日

○「　」内は、「今川家文書」の写により補う。

○七八七　足利直義軍勢催促状　○周防吉川家文書

(北畠)顕家卿追討事、相催一族、属高参河守師冬、不日令発向海道、

可致軍忠之状如件、

○七八八　足利直義軍勢催促状　○周防吉川家文書

(北畠)顕家卿追討事、属高参河守師冬、令発向于海道、可加誅伐之

状如件、

建武五年正月廿日　(足利直義)(花押)

吉河彦次郎(経久)殿

○七八九　心日書状　○早稲田大学図書館所蔵称名寺文書

殊勝御茶両種拝領、芳志気味深候、

下総国東禅寺(香取郡)住持職事、只如年来、有御管領、弥可令致真俗

興隆給候、此旨申老僧進候畢、委細御使者僧弁彼寺之僧可被

伝申候、恐々敬白、

(建武五年カ)正月廿二日　心日(花押)

(武蔵国久良岐郡)称名寺御報

○七九〇　足利尊氏下文　○東京大学史料編纂所所蔵島津家文書

(花押)(足利尊氏)

下　嶋津大夫判官宗久

可令早領知信濃国(水内郡)太田庄内大蔵郷(金沢)貞顕跡地頭職事

右人、為勲功之賞、所充行也、早守先例可致沙汰之状如件、

建武五年正月廿四日

○七九一　北畠顕家書下写　○楓軒文書纂九十所収白河証古文書

上野・武蔵・鎌倉(相模国)以下所々合戦、悉無子細候、仍昨日廿四日渡阿志賀川(美濃国足近河)対治候之間、京都事不可有子細候、国中静謐、能々可有沙汰之状如件、

延元三
正月廿五日　(花押影)(北畠顕家)

大蔵少輔殿(結城親朝)

○七九二　足利直義　○後鑑所収古証文

勢多橋(近江国滋賀郡・栗太郡)警固事、度々被仰之、無沙汰之由有其聞、仍所遣白井八郎左衛門(宗明)也、早不廻時刻、打寄橋本、且注申事体、且無昼夜之堺、厳密可被致沙汰之状、如件、

建武五年正月廿五日　左馬頭(足利直義)判

園城寺(同国)衆徒御中

○七九三　足利尊氏下文　○長門内藤家文書

(花押)(足利尊氏)

下　内藤二郎教泰

可令早領知甲斐国(巨摩郡)藤太郷内越生四郎左衛門尉跡事

右人、為勲功之賞所充行也、早守先例、可致沙汰之状如件、

建武五年正月廿八日

○七九四　足利尊氏下文　○長門内藤家文書

(花押)(足利尊氏)

下　内藤左衛門四郎泰廉跡

可令早領知甲斐国(山梨郡)飯田郷内武田源七跡事

右人、為勲功之賞所充行也、早守先例、可致沙汰之状如件、

建武五年正月廿八日

○七九五　別符幸実着到状　○駿河別符文書

着到
　武州
別符尾張太郎幸実
右、自正月十六日立武州、京都御共仕候畢、仍着到如件、
　建武五年二月十一日
　　　「（花押）（証判）（高重茂）」

○七九六　智真夢記　○相模円覚寺文書

　夢記
暦応元年戊寅、奥州国司顕家卿（北畠）上洛之時、往反之軍勢余ニ致狼籍（藉、下同ジ）之間、門前在地之者共訴訟ニ曰、裏築地ノ路ヲ瓜谷（相模国鎌倉郡）ヨリ山越ニケワイ坂（同郡）ヘ被付候者、門前狼籍可遁之由申間、任彼訴訟ニ、菜園ノ山ヲ在家別ニ分充テ、可作路之由、在家ニ相触テ、修造司圭照監寺・直歳嗣広監寺為両奉行ト、路ノ通ヨリ各堀崩処ニ、二月十日夜智真夢ニ、件ノ路ヲ奉行スル心地ニテ、惣門ノ前ニ立テ山ノ方ヲ見時、白キ浄衣ニ立烏帽子着タル人来テ問ウ、前山ヲハ何事ニ切崩サレ候ヤラント申間、上件ノ子細ヲ具ニ返答ス、此人大驚曰、此山ハ当寺ノ案山（ママ）也、少キモ手（ママ）ヲカケマシキ山ニテ侍ル也、然間告申云々、其時夢中思様、是ハ非尋常人、化現之体不審ニ覚ル間、問曰、貴方何人ニテ御渡候ヤラント尋ル程ニ、答曰、我是当寺守護神也、莫違我語云々、俄罷失所在也、爰夢覚テ不思議之余、参　長老大川和尚（道通）、具ニ夢事ヲ告申処、長老曰、我モ今夜如此与彼浄衣老人ト夢中ニ返答上件事ヲ上ハ、不可然トテ、任神ノ語ニ、被止之畢、其時、門前者共此夢ヲ聞及テ、作懼怖之思、堀鑿タル土ヲ如元塡之畢、自今而後モ、裏築地ノ菜園畠ノ山不可有堀崩、仍為後代亀鏡可紀（記カ）置之由、長老ヨリ蒙仰之間、有ノマ、ニ誌之者也、
　曁暦応（ママ）元年戊（戊）寅二月十一日　　智真
「任（異筆）
大川和尚・智真都聞夢記録之旨、加裏書判形了、
応安元年戊申六月三日
住持帰山（光一）（花押）」

○紙継目裏に智真の花押があり、同奥に人名未詳の花押の左半分がある。

なお暦応元年の改元は八月二十八日である。

○七九七　足利尊氏袖判御教書写　○紀伊米良文書

（足利尊氏）
（花押影）

自義国（足利）以来、於当家一門者、所補任高坊小納言法印良助也、早可致祈禱精誠之状如件、

暦応元（ママ）年二月十五日

○七九八　足利尊氏袖判御教書写　○紀伊米良文書

（足利尊氏）
（花押影）

熊野山（紀伊国牟婁郡）□（本宮御カ）師職事、於当家一門者、可為高坊法眼御房、然者、被致御祈禱之精誠者、可為本意、仍美作国稲岡南庄（久米郡）之内御師職名、任元応二年二月十三日御教書之旨、可令領掌之状如件、

暦応元（ママ）年二月（十脱カ）五日

○七九九　岩松頼宥書下写　○集古文書十五判物類

予州凶徒為誅伐、所令下向也、可被致御祈禱神誠（精）之状如件、

建武五年二月廿日　　頼有（宥）（岩松）（花押影）

三嶋大祝（安顕）大夫殿

○八〇〇　別符幸実着到状　○駿河別符文書

着到

武州

別符尾張太郎幸実

右、罷立今月京都、伊賀・伊勢御共仕候畢、仍着到如件、

建武五年二月廿三日

「（花押）」（証判）（高重茂）

○八〇一　三戸頼顕軍忠状案　○長門毛利家文書

三戸孫三郎頼顕申軍忠事

右、為誅伐顕家卿（北畠）以下凶徒等、去二月十一日勢州御発向之間、属于当御手、同十六日渡雲津河（一志郡）、於八太野（同郡）戦場致軍忠之条、内藤次郎・長江左衛門二郎、同所合戦之間、見及候者也、（仍）賜

御判可備後証候、以此旨可有御披露候、恐惶謹言、
建武五年二月廿三日　源頼顕上（裏判）
進上　御奉行所
（モト付箋カ）「兵庫殿」
（証判）「承了（判）」（武田信武）

○八〇二　武田信武施行状案　○長門毛利家文書

（山城国綴喜郡・乙訓郡）大渡警固事、御教書如此、早任被仰下之旨、可被致軍忠也、
仍執達如件、
建武五年二月廿三日　（武田信武）甲斐守在判
（頼顕）三戸孫三郎殿

○八〇三　小早川景宗譲状　○長門小早川家文書

譲与　所領事
一安芸国（沼田郡）都宇庄除西堤田三丁余幷二王丸法花田以下神田、小山畠五丁等、
一同国（同郡）竹原庄
一同国（同郡）梨子羽郷半分除小梨子村幷香根嶋楽音寺々田等、
一同（同郡）沼田新庄内吉名村後家一期後可知行之、
一備前国（邑久郡）裳懸庄
一美作国（久米郡）打穴庄上下村除万福丸幷高元分、
一相模国（足柄下郡）成田庄内藤太作屋敷田五段
一（同国）鎌倉米町屋地
右、以弥四郎重景祐景嫡子為嫡子、相副御下文以下証文所譲与也、
但於吉名村者、後家一期之後可知行、此外若称有前後譲状、
雖有掠申之仁、以自筆譲与上者、更非御沙汰之限、仍譲状如
件、
建武五年二月廿四日　（小早川）景宗（花押）

○八〇四　武田信武施行状案　○長門毛利家文書

（山城国乙訓郡）山崎警固事、御教書如此、早任被仰下之旨、可被致軍忠候也、
仍執達如件、
建武五年二月廿四日　（武田信武）甲斐守在判
（頼顕）三戸孫三郎殿

○八〇五　釼阿印信　○神奈川県立金沢文庫保管称名寺文書

（端裏書）「印信私」

授与　両部伝法印可事

大法師凞允

右、久積味道之功、頻有求請之望、可遂伝法職位之重受企慇懃懇切之志意於是仏子窃訪彼現前大阿闍梨耶前権僧正嫡々之厳誨、且応此深法密々之授請、方今金剛弟子能持斯以此道、奉酬三世仏恩、謝一世師徳、悉願如此不可疲忘、為示後代与印信耳、

建武五年二月廿六日「示」

現前大阿闍梨耶金剛乗沙門釼阿（花押）

○八〇六　諏訪部扶重軍忠状写　○水戸彰考館所蔵諸家文書二三刀屋文書

目安

諏方（訪）部三郎入道信恵（扶重）申、属于当御手、致度々軍忠間事

一今年正月廿二日、海道御発向之間、御共仕、於美濃国山中用害、致無弐之警固畢、

一同月晦日夜、就御敵没落、伊勢国御発向之間、御共仕、二月十四日、同国雲津河（一志郡）合戦、致軍忠者也、

一二月十六日、同国於櫛田河（多気郡）合戦、馳向山手、同所抽合戦忠節也、此条山口三郎・若槻下総孫太郎・佐々布周防房令存知者也、次去年南都御発向之時、同御共仕、数ケ月致警固畢、然早下賜御判、為備亀鏡、恐々言上如件、

建武五年三月三日　（異筆）「判同前」

（証判）「承了」

（異筆）「師泰」（高）

○八〇七　大井田義隆奉書　○和泉久米田寺文書

（付箋）「大井田蔵人左兵衛尉義隆御奉書」

和泉国山直郷（南郡）包近名以下寺領、止方々妨、可令知行久米多（南郡）寺々僧等之由事、任延元二年八月五日綸旨（後醍醐天皇）、同七日殿下（近衛経忠）御教書等之旨、可被沙汰居雑掌於当所也、仍執達如件、

延元三年三月十日　左兵衛尉（大井田義隆カ）（花押）

大塚掃部(惟正)助殿

○八〇八　某安堵状写　○安房妙本寺文書

（花押影）

安房国北郡(平郡)吉浜村法華堂坊敷幷門前田畠山等之事

右、永代可為宰相阿闍梨日郷師資相伝之地、若違乱妨之人有

之者、可被処罪科之状如件、

建武五年『二年』戊寅三月十一日　左衛門尉奉

『建武者二年三年八延元也』

○本文書の花押形は元弘三年八月十日付南条時綱着到状写（尊経閣文庫所蔵）の証判と類似する。本文書の写があり、端裏書に「尊氏之写」、裏書に「建武五年戊寅□□暦応元二□　□建武五延元二暦応元」とある。また本文は同じであるが、日付を「建武二年三月十一日」とする写がある。

○八〇九　忽那重清軍忠状　○伊予忽那文書

伊予国忽那次郎左衛門尉重清申、小早河民部大夫入道相順・

同左近将監景平以下輩等、今月三日起謀叛、安芸国沼田(沼田郡)庄内

楯籠妻高山之城之間、為誅伐、同七日御発向之御共仕、致軍

忠之条、御着到明鏡之上者、為後証可賜御判候、恐惶謹言、

建武五年三月十一日　左衛門尉重清状

進上　御奉行所

「承了(証判)　(花押)(岩松頼宥)」

○八一〇　足利直義御教書　○相模円覚寺文書

正続院(相模国円覚寺)領相模国山内(鎌倉郡)庄秋庭郷内志奈野(信濃)村事、自鎌倉(足利義詮)依預置于

軍勢、僧食闕如云々、甚無謂、早停止預人等之違乱、可全寺

家所務之由、可加厳密催促之状如件、

建武五年三月十七日　(花押)(足利直義)

三浦因幡六郎左衛門尉殿

○八一一　高梨経頼・同経家連署裁決状　○本間真子氏所蔵高梨文書

高梨小次郎入道定仏女子源氏与舎弟同次郎四郎忠保相論信州

東条庄(高井郡)山田郷小馬場村内宗二郎入道在家田畠事

右、両方対決之処、如氏女代夫人五郎太郎時綱申者、氏女依

為幼少収養自祖母尼法阿之手、去文保二年十二月十日、以自筆譲得之云々、如忠保申者、此条顕然謀書也、其故者、氏女若帯如此状者、定仏逝去之後、妹伊豆若女等与忠保相論之時、争不申子細乎、縦雖為実書、於出後状者、被奇（寄カ）量之条傍例也云々、如時綱申者、定仏他界之後、依法阿之譲、雖可知行之、父病床之刻、伊豆若已下幼稚子息等事、誠以不便也、定仏臨終之後者、汝可憐愍之由、対氏女遣（遺）言之間、依彼遺命、成撫育之思、雖不申子細、彼等皆死亡之後、忠保竟（競）望之間、守本守索（素カ）意申子細之条、敢不足所難、次出後段事、去々年建武三九月、定仏令死去、翌年四月、令披露此状之上者、年月不幾、争争（衍）令違期之由、可掠申哉、次祖母自筆事、於彼手跡者、云田畠沽券、云所領譲状、所持之仁雖多之、可校合定仏加判一筆状之由申之、出帯之処、云祖母手跡、云父判形、旁以相違之由、忠保申之、如時綱申者、於定仏死、給数子建武三年七月五日譲状者、忠保並舎弟小三郎為保加判之上者、無異論状也、可被校彼判刑（形）云々、因茲令披見忠保・為保之処、自判之条、両人共承伏訖者、所詮、於氏女所帯文保二年祖母譲者、為謀書之由忠保申之、被校合父加判類書之時、法阿手跡之条無異議是一、次件類書判非定仏判之由、雖難申之、被校忠保・為保加判状之時、為父判之条無相違之上者、可為類書之条勿論也是二、次縦雖為実書、令違期之上者、難被挙用之由、忠保雖申之、対于妹等存撫愍之儀、彼等存日、雖不申子細、死去之後、号無主地押妨間、申之（子カ）細之条、非所難之上、父他界之後、纔一両年中披露之上者、全不令違期之由、時綱所申有其謂是三、此上者、為氏女分領之条無子細、但於在国如此裁許事、依尫弱、相論経上裁、上洛下向、訴論人共其費多之、向後可依一門輩披判之由、各一同之間、自本、以愚情身了見不及者、全非私曲、只愚存之趣、無親疎無好悪、不憚傍輩、可加理非異見之由、致誓言之上者、不限斯一事、自今以後、就于裁許不可有愁欝、仍以衆中一同之儀所裁判如件、

建武五年三月十八日

源（高梨）経頼　（花押）

源（高梨）経家　（花押）

○八一二　逸見有朝軍忠状写　○長門小早川家文書

逸見四郎有朝申軍忠事
一今月十三日属御手、馳向八幡(山城国綴喜郡)、於洞塔(峠)下(同郡・河内国茨田郡)致至極合戦、追散
凶徒等畢、柏原与三・同孫四郎等同所合戦之間、所見及也、
一同十六日於天王寺(摂津国東成郡)・安部野(同郡)、懸先散々合戦、追散御敵等畢、
南古弥九郎・入野七郎等、致同所合戦畢、然早為後証可預御
判之由、相存候、以此旨可有御披露候、恐惶謹言、
建武五年三月廿六日　源有朝裏ニ判アリ、
進上　御奉行所
「承了(証判)(花押影)(武田信武)」

○八一三　周防親重軍忠状　○周防吉川家文書

安芸国宮庄(山県郡)地頭周防四郎二郎親経子息二郎六郎親重申、御敵
小早河掃部助・同民部入道等、前与石見国福屋城(那賀郡)凶徒幷同国
桜井(邑智郡)領家、率数万人凶徒等、今月十日打入当国大朝新庄(安芸国山県郡)候之
間、同十一日馳参守護(武田信武)御方、同十四日平石着到、同十五日打
入開田庄(安南郡)内、火村山(同郡)執上、構城墎(郭)候之間、属御代官福嶋四郎
入道手、数ケ度致合戦忠、至于同廿日自西木戸責上、致合戦
忠、責落彼城候畢、給御証判可備後証候、以此旨可有御披露
候哉、恐惶謹言、
建武五年三月廿七日　藤原(周防)親重（裏花押）
進上　御奉行所
「承了(証判)（花押）」

○八一四　国魂行泰軍忠状　○磐城大国魂神社文書

陸奥国岩城郡国魂太郎兵衛尉行泰申合戦事
一去年十二月十三日、上野国富根(利)河合戦致忠畢、
一同十六日、武州安保原(賀美郡)合戦抽軍忠者也、
一同廿四日五日、鎌倉(相模国鎌倉郡)・飯嶋・杉本合戦捨身命致忠畢、
一今年正月廿四日、美濃国阿時河亦(赤カ)坂(不破郡)合戦致忠者也、
一同二月十四日・十六日・廿八日、伊勢国河又河口合戦抽軍忠畢、
一同廿八日、奈良合戦致忠了、
一同三月八日、河内国古市(古市郡)河原合戦、抽軍忠者也、
一同十三日・十五日・十六日、八幡(山城国綴喜郡)、渡野辺(渡辺)(摂津国西成郡)、天王寺(東成郡)於所々、
合戦致忠節畢、

所詮自動乱最前至于今、抽忠節之条、大将軍（北畠顕家）御見知之上者、
預御証判、為施弓箭面目、恐々言上如件、

延元三年三月日

「（証判カ）　　」

〇八一五　色部高長軍忠状案　〇反町英作氏所蔵色部文書

『佐々木加地近江権守一見状』

越後国小泉庄（岩船郡）加納方一分地頭秩父三郎蔵人高長申軍忠事
右、当国御敵小国兵庫助政光・河内余五為氏弁池・風間（信昭）以下
朝敵、去三月十六日責入加地庄（蒲原郡）之間、属于当御手、馳籠奥山（同郡）
庄鳥坂城之処、彼御敵等同三月十九日、打入加地庄桜曾禰之、
付佐々木七郎右衛門尉時経・太宰五郎宗綱手馳向件在所、高
長家子飯岡五郎長家致合戦候畢、然者為賜御証判、恐々言上
如件、

建武五年三月　日

「（証判）承了在御判」

〇紙継目裏に花押がある。

〇八一六　北畠顕家感状写△　〇武家雲箋

今度於洞当下（峠）男山（山城国綴喜郡）所々、致忠節、敵数多被討捕之段、尤以神
妙候、弥可被抽戦功状如件、

暦応元也
卯月七日　顕家（北畠）

千葉新介（高胤カ）殿

貞胤也

〇八一七　三戸頼顕軍忠状案　〇長門毛利家文書

三戸孫三郎頼顕申軍忠事
右、為警固山崎（山城国乙訓郡）御発向之間、去二月廿五日属于当御手、馳向
彼所、致警固訖、次三月四日南都（大和国）御進発之間、罷向畢、同十
三日八幡（山城国綴喜郡）御合戦之時、抽軍忠訖、同十六日於天王寺（摂津国東成郡）・安部野（同郡）
戦陣、致軍功候之上者、賜御判、可備後証候、以此旨可有御
披露候、恐惶謹言、

建武五年四月十日　源頼顕上

進上　御奉行所「（モト付箋カ）守護所」

「承了判」（証判）（武田信武）

○八一八　大館氏明禁制△　○和泉久米田寺文書

於久米多寺（和泉国南郡）、軍勢并甲乙人等、不可致狼藉、尚以至違犯之輩
者、可有罪科之状如件、
延元三年四月十一日　源朝臣（大館氏明）（花押）

○八一九　某安堵状写　○越後弥彦神社神官大矢文書

（花押影）
補任　当国（越後国）一宮弥彦（蒲原郡）社神職中条黒□（大夫）名田数壱町二一定屋敷一
所事
右、於彼名田者、依為重代之所職、任孫二郎氏忠譲状之旨、
令補任右近五郎正綱処也、有限於有社役者、任先例可勤仕、
仍神官・神人等宜承知、敢勿違失、故以下、状如件、
暦応元年四月廿五日
惣検校石栗宗安

○暦応改元は八月二十八日である。

○八二〇　藤原有範奉書案　○神奈川県立金沢文庫保管称名寺文書

御施行案
本案
称名寺（武蔵国久良岐郡）領信濃国大田庄（水内郡）内大倉郷雑掌光信申、保巣孫次郎長俊
押妨事、重訴状具書如此、子細見状、長俊逐電云々、可沙汰
付寺家、更不可有緩怠之儀状、依仰執達如件、
建武五年四月廿六日　散位（藤原有範）判
村上河内権守（信貞）殿

○八二一　茂木知政軍忠状　○吉成尚親氏所蔵茂木文書

茂木越中弥三郎知政申
□（於）当御手致戦功事　先々於他方手致軍忠分略之、
□□（建武）四年三月五日、下条原合戦致忠、討死一人、手負一人、
中□、
□（同四）月十一日、宇都宮（下野国河内郡）々隠原合戦、分取五人、討死一人、坂
井九郎、
□（同七）月四日、小山（下野国都賀郡）・乙妻・真々田原合戦致忠、
□（同八）日、常州関（関郡）城合戦、家子茂木彦六知顕討死、□下留守

城度々合戦、毎度申入之、賜御証判、□城幷要殺(害カ)警固之時、
不奉離于大将致忠事、
□(十二)月廿五日、鎌倉(相模国)合戦致軍忠事、
□□(建武)五年正月廿八日、美濃国青野原(不破郡)合戦、分取以下致忠事、
□(同二)月廿八日、南都合戦致軍忠、被射乗馬、知政被疵事、
□(同三)月十三日、八幡(山城国綴喜郡)合戦致軍忠、被射乗馬等事、
□(同十)六日、天王寺(摂津国東成郡)合戦致軍忠、被。射乗馬等事、
□(右注)進如件、

建武五年四月日

○八二二　鍐阿印信案　○神奈川県立金沢文庫保管称名寺文書

伝法灌頂阿闍梨位事

昔大日如来開大悲胎蔵・金剛秘密両部界会授金剛薩埵数百歳之後、授龍猛菩薩、如是金剛秘密之道、迄吾祖師根本阿闍梨弘法(空海)大師既八葉、今至愚身第二十七代大悲胎蔵第廿六葉伝授次第師資血脈相承明鏡也、小僧数年之間、尽求法之誠、幸随先師開山蒙具支灌頂印可、爰友海大徳深信三密奥旨、久学両部大法、今機縁相催已授与伝法職位為次後阿闍梨為示後哲記而与之、能洗五塵之染、可期八葉之蓮、是則酬仏恩答師徳、吾願如此、不可余念耳、

建武五年五月四日　　大法師友海

伝授阿闍梨大法師鍐阿

○八二三　三宝院受者交名案　○神奈川県立金沢文庫保管称名寺文書

友海　倫空房　堅固金剛　台遍照金剛
寂忍　覚禅房　遍照々々　台遍照金剛
覚主　全収房　堅固々々　台遍照金々
寥巌　証也房　遍照々々　台迅疾剛
迅疾々々
英禅　道空房　清浄々々　台遍照々々
隆兼　良音房　遍照金剛　台遍照金剛

朴慧
堯禅房　堅固々々　台遍照々々
弁宗
壱岐房　堅固々々　台遍照々々
乗心
一恵房　遍照々々　台遍照々々
如空
東殿　作業々々　台遍照々々
宗忍
道顕房　真如々々　台遍照々々
良恵
恵印房　遍照々々　台遍照々々
法俊
性心房　堅固々々　台遍照々々
（折下端書）
「三宝院受者建武五々四」

○八二四　釼阿印信　○神奈川県立金沢文庫保管称名寺文書

胎蔵界　外五股（鈷）印　五字明

金剛名号　遍照金剛

建武五年・暦応元年・延元三年五月

金剛界　大率都婆印　普賢一字明

帰命

金剛名号　遍照金剛

右於（武蔵国久良岐郡）金沢称名寺灌頂道場授両部印可於淝允畢、

建武五年五月五日星宿月曜

大阿闍梨釼阿（花押）

○八二五　保寿院受者交名案　○神奈川県立金沢文庫保管称名寺文書

心慶
良達房　後中台　初中台
全海
一乗房　後中台　初清浄々々
淝允
元寥房　後中台　初中台
行吽
応吽阿闍梨　後堅固々々　初中台
良秀
越後房　後持宝々々　初清浄々々
御
公珍
浄円房　後中台　初中台
実真
観蓮房　後清浄々々　初中台

素睿
本泉房初中▨台後中台
（折下端書）「保寿院受者建武五―五―五」

○八二六　南条時綱寄進状　○安房妙本寺文書

大いしてら（石寺）のひかしかた（東方）ハ、ときつな（時綱）かそりやう（所領）なるあひた、のこるところなく、さいしやうのあさり（宰相阿闍梨）（日卿）の御はう（房）に、きしん（寄進）つかまつるところなり、よんてのちのためにきしんのしやう（寄進状）くたんのことし、

けんふ（建武）五ねん五月五日　平（南条）時綱（花押）

さいしやうのあさりの御はう

○八二七　後醍醐天皇綸旨写　○国立国会図書館所蔵有造館本結城古文書写

凶徒可没落東国之由有其聞、然者於路次可被誅伐旨、其
沙汰候也、
奥州国司（北畠顕家）参着之後、連々合戦最中也、以夜継日、忩可令馳参
者、
天気（後醍醐天皇）如此、悉之、以状、

（延元三年カ）五月八日　右中弁（高倉光守）（花押影）

白川一族（結城氏）等中

○八二八　足利尊氏書状　○東京大学史料編纂所所蔵小笠原文書

あふミ（近江）の国兵主社（野洲郡）かハりの事、御返事さうゐなく候へハ、めてたく悦おほして候、よろつあとの事ハ心やすくおもハれ候へく候、

（建武五年カ）五月十七日　（足利尊氏）（花押）

小笠原信乃入道（貞宗）殿

○八二九　足利直義書状　○東京大学史料編纂所所蔵小笠原文書

御札之旨、謹拝見仕候了、小笠原信乃入道（貞宗）申候江州兵主社（野洲郡）替事、可致其沙汰候、以此旨可有御披露候、恐惶謹言、

（建武五年カ）五月十七日　（足利）直義上

（花押）

○八三〇　今川範国願文写　○続群書類従所収今川記一

沙弥心省(今川範国)謹言、
駿州国務成敗の間、諸事の理非をわきまへなから、遵行のさたをいたさす、沙汰に親疎ありてへんは(偏頗)を存、わいろ(賄賂・嘱)そくたく(託)にふける思ひあらは、心省以下諸奉行並家人等に至るまて、ねかはくは、浅間大菩薩たち所にはつ(罰)したまへと也、仍せい(誓)くはん(願)如件、

建武五年五月十七日　心省敬白

○八三一　高師直奉書　○田中教忠氏所蔵文書

(懸紙ウハ書)
「(裏書)「金江執行
建武五」
上杉(憲顕)民部大輔殿　武蔵権守師直(高)」

走湯山(伊豆国賀茂郡)密厳院雑掌通性申、相模国金□(江)郷事、甲乙人并悪党等、致濫妨狼藉云々、頗□(難カ)遁其咎、不日退彼狼藉人等、可被沙汰付于雑掌之状、依仰執達如件、

建武五年五月廿七日　武蔵守(高師直)（花押）

上杉民部大輔殿

○八三二　高師直奉書　○田中教忠氏所蔵文書

走湯山(伊豆国賀茂郡)密厳院雑掌通性申、伊豆国大立野村内田地五町在家壱宇事、甲乙人已下致違乱云々、不日可被沙汰付于雑掌之状、依仰執達如件、

建武五年五月廿七日　武蔵守(高師直)（花押）

伊豆守(上杉重能)殿

○八三三　今川範国書下写　○土佐国蠹簡集残篇所収松井利兵衛所蔵文書

駿河国池田郷(有度郡)正税事、為井伊城(遠江国引佐郡)責兵粮所、充行之状如件、

建武五年五月廿七日　(今川範国)（花押影）

松井兵庫丞(允)殿

○八三四　今川範国書下写　○土佐国蠹簡集残篇所収松井利兵衛所蔵文書

駿河国香貫郷(駿東郡)正税四分壱事、為井伊城(遠江国引佐郡)責兵粮所、充行之状如件、

建武五年三(五カ)月廿七日　(今川範国)（花押影）

松井八郎(助宗)殿

○八三五　上杉清子消息　○出羽上杉家文書

「(軸装題箋)果証院殿御文　延元三年五月廿七日付」

この□□(水せカ)のそうつ(僧都)ほうこう(奉公)の人にて候なれハ、こと所をこそたま(ハ脱カ)りもし候ハむするに、かならすこれの所りやうをそハにてをさへられ候て、これよりのはからひのうへをみちやられ候ハぬ事心え候ハぬ、まん所(政)をむつなの入道にあつけて候しかとも、しんし(進士)のくら(蔵)人ほうこうの人とて候しほとに、それをこそとりかへ候てたはせまいらせ候て候しか、このとはほうこうかきりなき事にて候ほとに、このしんくわう(真光)寺をたひて候に、をさへられ候事心えかたく候、よく〳〵このやうを御心え候へく候、御になへこまかに申て候へハ、その文をも御らん(覧)せられ候へく候、かしく、

(建武五年)五月廿七日

かやうの大事のこと申候ハんをりハ、これのはん(判)をしてまいらせ候へく候、ついてに御らんしもしり候へとてはんもして候□(也カ)

(上杉清子)(花押)

御くたりの、ちなに事か御わたりさふらふらん、おほつかな(覚束)くこそ候へ、これにハ五月廿二日、てん(天)王寺といつみ(和泉)のさかひ(堺)にてをく(奥)のこくしあきいゑ(国司顕家)うたれ候て、くひ(頸)なとまいりて候、そのいくさにハめにみえて、八まん(幡)すみよし(住吉)あらはれさせをハしまし候て、ふしきの御事にて、ふね(舟)も六そうまてやけしつみて候事、一すちに神〳〵の御はからひにて候へハ、行するゑもたのもしくおほえ候、さためてそのしきくたり候し人□候らん、ほそかハのひやうふのせう(細川兵部少輔)、むさし(武蔵)のかみ(守)かう(高)名とこそ申候へ、きい(紀伊)(顕氏)のくんせ(軍勢)ひに(逃)け候けるか(高師直)、この二人してかやうに候とこそ申候へ、

さても上(候カ)□(人カ)におやまた(小山田)(武蔵国多摩郡)のしんくわう(真光)寺をたひて候へハ、そら事にてこそ候へとて、をさへて候なる、くたしふみ(下文)のあん(案)に、中さハ(沢)からうらはん(裏判)して候、御になへもこれの文なとまゐらせ候て候へハ、うたかひ候へき事にても候はぬに、それを猶もちゐられ候ハて、をさへられ候て、さま〳〵の事ともにて候なる、これの所りやうをたにかやうに候、ましての人のなけ

きをしハ□をしくこそ候、

○八三六　志村貞行軍忠状写　○金沢市立玉川図書館加越能文庫所蔵諸名将等感状集記

志村左衛門尉貞行軍忠之事
右、去月廿三日伊勢国山定(室カ)城合戦、於貞行者奉属正守護殿(畠山高国カ)、至子息孫三郎(志村)・甥郷房(志村)者、依差進当御手、各合戦忠、郷房討取御敵壱人立入太(大)輔房、執進其首之条、直御見知之上、時大将并石田太郎左衛門尉同見知訖、同日馳向坂(内)無城(伊勢国飯高郡)中、正終日致軍忠、至同廿四・五両日抽昼夜忠勤畢、毎度大将御供仕之条、直御見知之上者、不可有御不審畢、為除(預)御訛(証)判、言上如件、
建武五年
五月　日　「承之(証判)（花押影）」

○八三七　大中臣実長譲状　○下総香取大禰宜家文書

ゆつりわたす
大禰宜職
一葛原内小野織服村事(下総国香取郡、下同ジ)

建武五年・暦応元年・延元三年六月

一金丸・犬丸両名事
一大戸・神崎両庄事
一福田事下福神田
一木内神田事
一司大神田并祖石(租穀カ)検田米の事
右所々者、実長重代相伝所領也、而ちやくし長房ゆつりわたすところなり、しゝそんそんにいたるまて、たのさまたけあるへからさるしやう如件、
建武五年六月二日
大中臣実長（花押）

○八三八　大中臣実長譲状　○下総香取大禰宜家文書

ゆつりわたす(譲渡)しもつさのくに(下総国)かんとりのこほり(香取郡)かねまろいぬ(金丸・犬)まろりやうミやう(丸両名)やしきてんはくさいけら(屋敷・田畠・在家)の事
みきて(右)んはくさいけらハ、さねなかちうたいさうてん(実長重代相伝)のしりやう(私領)也、よんててうとのしようもん(調度証文)らをあいそへて、ちやくし(嫡子)長房にゆつあたうる(譲与)ところ也、しゝそん〱(子々孫々)にいたるまて、

たのさまたけあるへからさるしやうくたんのことし、

建武五年六月二日

大中臣実長（花押）

○八三九　相馬親胤打渡状　○飯野八幡宮所蔵飯野家文書

打渡

陸奥国岩城郡好嶋西庄内仁本知行分村々事

右、為最前御方、異他軍忠之上、建武四任御教書文、打渡之畢、

仍渡状如件、

建武五年六月十一日

出羽権守（相馬親胤）（花押）

伊賀式部三郎（盛光）殿

○八四〇　駿河国国宣　○駿河安養寺所蔵満願寺文書

駿河国（有度郡）満願寺事

右、任代々手継、如元可令寺務給之状、国宣如件、

建武五年六月十二日

（今川範国）（花押）

景静御房

○八四一　某下文写　○国立国会図書館所蔵有造館本結城古文書写

下

下野国那須（那須郡）上庄内横岡郷地頭代職除手向山中定事

和知次郎重秀

右為恩賞、所充行也、任先例可領知之状如件、

延元三年六月十五日

○八四二　小野寺通氏譲状　○上野小野寺文書

譲状之事

一下野国小野寺（都賀郡）七ケ村幷佐野（安蘇郡）庄之内小中郷・堀籠郷、同国足利（足利郡）庄之内河崎三ケ村、同国之内牧野（都賀郡）十弐ケ村等

右、所々知行分等地頭職之事者、左衛門尉顕通譲与所真実也、

仍為後日譲所之状如件、

歴（暦）応元年六月十八日

通氏（小野寺）（花押）

○八四三　足利尊氏書状　○出羽上杉家文書

山主のほられて候ほとに、かまくら（鎌倉）（相模国）の事、こまかにきゝ候て、

三条殿（足利直義）へ申て候ほとに、よを日につきてさたし候て、さためくたすへきよし御返事候、めてたく候、山主のゆへにさたもいそかれ候へハ、よくそくたられて候けると、めてたくよろこひ入て候、又いほう（伊北）（上総国夷隅郡）の事もさうゐなくさた候ハんするよし、三条殿へ御へんし候へハ、めてたくおほえて候、又山主してまいらせ候し文の返事も、（以下礼紙）はからひ申され候へと、民部の大輔（上杉憲顕）ニおほせ候へく候、たとひこれより申候ハすとも、さた候てよく候ぬへく候ハん事をハ、たゝはからひさたあるへく候、それ。（へ）下され候し事も、たゝそのためにてこそ候しか、かまへてあまりにしんしやくあるましく候よし、御つたえ候へ、やかてこの文を見せさせ給候へく候、あなかしく、

（建武五年カ）六月廿日

（礼紙端裏）「（墨引）」

○現在、本文書の礼紙と八五一号文書の本紙が張り継がれているが、筆跡や内容から判断して、現状を変更してここに収める。

○八四四　釼阿置文　○神奈川県立金沢文庫保管称名寺文書

実真大法師誓状返与者也、任当流之例、為一代伝持、命終之後、雖返進、懇望難黙止上、先賢免許之例、又勘出之間、以別儀令免者也、以法器仁一人可授与、一切（及）不可両人也、

一尊法事（於）野月沢見両部者、可授之、於秘抄者、縦雖有法器仁、不可被授、任誓状可被返進門跡、

一重書事授与、当流仁及懇望者、於臨終印明一巻、三宝院勝賢之説者、雖被免、於自余者、可被返進門跡、委令細々旨、以口伝命訖云々、下河原宮（益性法親王）御誡如此、固守此旨、深可令密納、若。（背）此遺誡者、両部諸尊八大祖師、可令加▨（於）罰給之状如件、

建武五年六月廿六日　釼阿（花押）

○八四五　駿河国国宣　○駿河実相寺文書

駿河国岩本郷（富士郡）内実相寺々務職事

右、法東侍者禅師為彼職、任先例可令管領之状、国宣如件、

建□（武）五年六月廿七日　（今川範国）（花押）

○八四六　詫磨貞政・同宗直連署譲状　○豊後詫摩文書（肥後国）

ゆつりあたふやう子七郎これちか（之親）のところに、ひこのくにかみくらのしやう（神蔵庄）内とりのすかさゐかり四つほ壱丁、同庄ミつよし名うち、ミちそひ下つほ一丁、同名内あきたのところそへ□一丁、ミつまち一丁、小石丸内むたかめつき一丁一反、同庄よつきへ一丁、つかまちなり、ちかみのかへミつよし二丁、ちくせんのくに（筑前国）しと（怡土郡）のうつはしのくもん名分一丁、畠地分しみマつ三反みちよりみなみ、ふちのうへ二反、□きたふるみち三反、同あきたやくわうのうへ八反、やしきハさたまさかき本のゐかうのやしき一所、かちのもとのいやしき一所、右ところ〳〵ハ、たい〳〵さうてん（代々相伝）つくしといへとも、さおいなきところなり、しかれハ心さしあさからすおもひたてまつるあいた、さいかまくら（在鎌倉）の時、ほうこうかきりなきあいた、かまくらのねうハう（女房）ひきくしてくたるといへとも、こ一人もなく候ほとに、七らう殿おやうし（養子）として、しやうくん（将軍）の御かたとして、さいせんにちんせい（鎮西）ニおいて御はたおあけ、しゆうとのかせんにつくしもはなれす、おなし子なからも、ほうこうおいたさるほとに、わけゆつりたてまつるものなり、ちやくし（嫡子）むねまさ（宗政）とおもひあいて、くけふけ（公家・武家）の御くうし（公事）とりさた候へし、こ入道（詫磨親政）のおきふミ・ゆつりしやうによりて、このあとの御くうしハ、そ子の者にも、ちやく〳〵のあとゝして、とりさたあるへし、のちのせうにんのために、けちやく（家嫡）へたう（別当）大郎殿（詫磨宗直）、かはん（加判）をこいたてまつり候なり、又御しやのところも、三分二ハむねまさ、三分一ハこれちかちきやう（知行）あるへし、よてのちのために、しやうくたんのことし、

建武五年六月卅日

（詫磨）源貞政（花押）

（詫磨）源宗直（花押）

○八四七　上総国新堀郷給主得分注文　○神奈川県立金沢文庫保管称名寺文書

（端裏書）「新堀郷給（主）分得分注文」

注進　上総国市西郡新堀郷給主得分注文事

合田数捌町参段内

除壱町五（六）段

壱町参段不六十歩 分米二石六斗三舛三合一夕
参段　散使免分米六斗
以上三石二斗三舛三合一夕
定残田六丁六段三百歩内
三丁九段佃一丁三反 四斗五舛代 二丁六反 四斗代 百姓十三人作之、
分米拾陸石十合舛定 無交分 食料ハ公畠三反分麦 二斗七舛ひかへ申候也、
残田二丁七反三百歩名百姓八人持之、
分米五石五斗六舛六合七夕反別二斗定
以上米弐拾壱石五斗六舛六合七夕十（舛脱カ）合定
一此外米事
鋳物師免二丁　加徴米　三石但公方下部賜之 由申之
猿楽給七反内 二反出由申之、 分米　四斗歟
一畠三丁二反半内
除三反小於分麦者。納国衙、地本ハ地頭進退也、
二反散使免分麦一斗八舛
四反名百姓八人屋敷立之、 分麦三斗六舛
四反　政所屋敷　分麦三斗六舛
建武五年・暦応元年・延元三年六月

七反手作 一反不
定残畠一丁二反六十歩
分麦一石二斗一舛六合五夕 但今年八斗納之、
一大豆事
大豆一石八斗号馬豆、百姓別一斗八舛代官ゐ中住之時ハ 不弁之云々、
四斗鋳物師免二丁　加徴分、反別二舛定
以上二石二斗
一桑二百三十六本　代銭一貫百八十文一本別五文 但桑本無之候、
木手銭三貫文但代官在国之時無之候、
以上四貫百八十文
一節料白米　二斗六舛正月餅ハ無之、
一早初白米　二斗六舛
『御料白米　一斗』
右、以前注進之目録之外、相尋候之処、如此候、但未平四郎存知候、何様来秋之時、平四郎相共坪合仕候て、治定候へきと存候、当国衙年貢之注□□（進状）進之候、諸方給分巨多候、可有御意候、□旨重尋可申候、仍注進之状如件、

建武五年六月□

○**八四八**　相馬親胤打渡状　○飯野八幡宮所蔵飯野家文書

打渡
陸奥国岩城郡好嶋庄西方伊賀式三郎(部脱カ)盛光知行分弁山等事、任
御教書旨、盛光仁打渡之畢、仍渡状如件、
建武五年七月八日　出羽権守親胤(相馬)（花押）

○**八四九**　相馬親胤カ置文案※　○陸奥相馬文書

胤村（相馬五郎左衛門尉）
├胤氏（二郎左衛門尉）─師胤（五郎左衛門尉）　一分跡、行方郡内大田村土貢六十貫文、又同郡吉名村土貢四十貫文、先代被闕所、長崎三郎左衛門入道領之、
├師胤（彦次郎孫五郎出羽権守）─重胤─親胤　訴人
├有胤（十郎）　子息等御敵也、彼跡等高平村五十貫文、伊南村十五貫文、
├胤実（孫四郎）─胤持（六郎）　大内村十貫文、長田村五十貫文
├女子　高城保内根崎村三十貫文、鴿原村弐十五貫文
└女子　牛越村三十貫文

以上村々、親類等之跡也、惣土貢参百拾貫文、

かやうに公方へちうしん(注進)申て候、それにても、けそ(闕所)のむら
〳〵のとくふん(得分)の員数の事、此定に御秘計候て御注進をめさ(召)
るへく候、これにすこしもとくふんまさり候ハヽ、此むら
〳〵の内のそかれ(除)候所候ぬと存候、猶々これにハとくふんの
分限おとり候とも、すこしもまさり候ハヽ、かなうましく候、
此分者、それにても御心□候て、くわんれい(管領)にても御申ある
へく候、

○本文書、年月日未詳。今便宜、前号文書の相馬出羽権守親胤にかけてここに収める。

○**八五〇**　藤氏長者宣写　○和学講談所本下総香取大禰宜家文書二

所被補香取社(下総国香取郡)大禰宜職也、政所御下文遅々間、且可令存知者
長者宣(一条経通)如此、悉之、以状、
建武五年七月十日　右大弁（花押）
香取長房館

○**八五一**　足利尊氏書状　○出羽上杉家文書

若御前(足利義詮)鎌倉(相模国)へ御出候らん、目出たく候、

民部大輔（上杉憲顕）もとへの事書ニ、近国とハかり候て、国々の名候ハさりし、ふしん候らん、まことにことハりにて候、伊豆・さかミ・かつさ・下うさ・上野・下野・ひたちなとにてこそ候ハんすらめ、委細の事書をハ、追て下候ハ（以下礼紙）□（ん）するにて候、先この国々の□（事カ）をさたあるへく候、いま一日もとく申たく候て、この程ハ八幡の事も伊豆守（上杉重能）・武蔵守（高師直）なとも候ハて、か様のさたも候ハねとも、人のなけきにて候、この文にてさた候ハん事、後の難あるましく候よし、民部大輔に御つ□（た）へ候へく候、あなかしく、

（建武五年）□（七）月十一日

（礼紙端裏）「（墨引）」

○本文書の礼紙と八四三号文書の本紙が張り継がれていたが、筆跡や内容から判断して、現状を変更してここに収める。

○八五二　周防親家軍忠状　○周防吉川家文書

安芸国宮庄（山県郡）地頭周防次郎四郎親家致軍忠事

右、大将軍（足利尊氏）御発向和泉国堺浜（大鳥郡）之間、親家馳参、属御手、致軍忠畢、就中去五月廿二日高瀬浜（同郡）御合戦之時者、捨身命抽随分軍忠畢、此条逸見四郎（有朝）・柏村孫四郎等、同所合戦之間見知者也、然早下賜一見状御判、可備後証候、以此旨可有御披露候、恐惶謹言、

建武五年七月十三日　藤原親家状（裏花押）

進上　御奉行所

「（証判）承候了（武田信武）（花押）」

○八五三　周防親家軍忠状　○周防吉川家文書

安芸国宮庄（山県郡）地頭周防次郎四郎親家致軍忠事

右、大将軍（足利尊氏）今年五月廿九日、御発向于八幡（山城国綴喜郡）之間、属御手、六月一日善法寺口（同郡）御合戦之時、致至極合戦畢、次同十八日搦手西城戸合戦之時、同致軍忠、追入御敵於城内畢、次七月五日夜逼仕之処、御敵寄来之間、致散々合戦、度々追帰御敵畢、次同十一日夜者責入城内、追落凶徒等畢、此等次第、即遠藤八郎為資・管生彦四郎等、同所合戦之間、令存知畢、然早下賜一見状御判、可備後証候、以此旨可有御披露候哉、恐惶謹

言、

建武五年七月十三日　藤原親家状（裏花押）

進上　御奉行所

（証判）「承候了（花押）」（武田信武）

○八五四　三戸頼顕軍忠状案　○長門毛利家文書

三戸孫三郎頼顕申軍忠事

右、為誅伐泉州凶徒等、五月十六日御発向之間、属于御手、馳参石津（大鳥郡）、致警固之処、同廿二日顕家卿（北畠）以下凶徒等、率大勢寄来堺浦（同郡）之間、捨身命抽軍忠了、次為対治八幡山（山城国綴喜郡）凶徒等、去五月廿九日御発向之間、六月一日馳参洞塔（峠）（同郡・河内国茨田郡）下御陣、致警固之処、自同十八日就被攻八幡山城候、馳向搦手門口、頼顕捨一命致合戦之処、自城内御敵等打出之時、御方雖引退、頼顕残留致軍忠之条、福嶋又五郎・内藤次郎（教泰）、同所合戦之間、見知之了、次七月五日夜（昼）合戦、抽軍功了、仍書。致忠節之上者、賜御判、可備後証候、以此旨可有御披露候、恐惶謹言、

建武五年七月十三日　源頼顕（裏上判）

進上　御奉行所

（モト付箋カ）「守護所」

（証判）「承了判」（武田信武）

○八五五　逸見有朝軍忠状写　○長門小早川家文書

逸見四郎有朝申

右、去五月十六日属御手、令発向、同廿二日於和泉国堺浜（大鳥郡）、捨一命追落御敵等之条、同時合戦之間、綿貫孫四郎・周防二郎四郎、悉見知了、給一見御判、為備後証、言上如件、

建武五年七月十四日（判此所ニアリ）　源有朝（裏ニ判アリ）

進上　御奉行所

（証判）「承了（花押影）」（武田信武）

○八五六　逸見有朝軍忠状写　○長門小早川家文書

逸見四郎有朝所々軍忠事

一去六月一日、於八幡善法寺口（山城国綴喜郡）、不惜身命攻（令歟）戦之条、同時合戦之間、水戸彦二郎・志々戸四郎、皆見知候事、

一同十八日、於八幡城搦手縮口合戦、竭忠節之条、同時合戦之間、柏原孫四郎・同与三等、悉見知候事、
一七月五日、於同城木戸口、責寄堀鰭、致忠之段、遠藤八郎・須河(菅生)彦四郎(又脱カ)以同前、
一同十一日夜半者令夜縮、御敵等終以没落条、柏村弥六・新野七郎又以同前、
右、毎度忠勤重畳之上者、下給一見御判、為備亀鏡、言上如件、
　建武五年七月十四日　　源有朝裏ニ判アリ
　　「承了(証判)(花押影(武田信武))」
進上　御奉行所

○八五七　足利直義御教書写　○蔭涼軒日録文明十七年九月十五日条

信濃国開善寺(伊那郡)、可為諸山列之状如件、
　暦応元年七月十七日
　　　　左兵衛督(足利直義)御判
謹上　清拙(正澄)和尚　此一通、自建仁寺(山城国愛宕郡)出之、

○八五八　光厳上皇院宣写　○中院一品記建武五年七月廿日条

院宣案
上野国可令知行給之由、
院(光厳上皇)御気色所候也、経顕恐惶謹言、
　建武五年七月廿日　　按察使判
進上　三条坊門殿(中院通冬)

○八五九　伊賀盛光軍忠状　○飯野八幡宮所蔵飯野家文書

伊賀三郎盛光申軍忠間事
右、為被対治霊山(陸奥国伊達郡)搦手宇多庄(宇多郡)黒木城、六月廿四日依有発向、盛光同廿五日馳参当陳(陣)之処、御敵出張之間、馳向追返凶徒等畢、此段相馬四郎令見知畢、同廿七日押寄御敵楯横川城(陸奥国)際、彼楯近辺焼払畢、此段相馬九郎左衛門尉令見知畢、次七月三日夜半、凶徒等引率数多軍勢、当御城宇多庄熊野堂寄来之処、盛光下向搦手一木戸口、追返御敵畢、此条相馬次郎蔵人令見知畢、軍忠之次第有御尋、不可有其隠者也、然早賜御一見、為備後日亀鏡、言上如件、
　建武五年七月　日

「承了（証判）」（花押）（相馬親胤）

○八六〇　尼教意譲状案　○山形大学所蔵中条家文書

「校正了（異筆）」

『教意譲于義成状』

おく（奥）山のしやう（越後国蒲原郡）たかの、てう（高野条）のうち、うハの、十円房たさひ（田在）け（家）、ミつなしのいやけんし入道かたさひけ、ゐひたい又三郎よしなり（義成）にゆつりわたすもの也、ほんゆつりあんとあひそゐて候、よしなりいちこののちは、ちやくしまんとくにゆつり給へし、そた、ぬ事候ハ、、いつれのこにもゆつりたひ候へく候、た、しこのうちミつなしのふんは、あせちところ（庵室所）とさためて、ひくにのちうしよたるへし、し、そん〳〵にいたるまて、あかめとりたつへし、このところとりたつる人もありて、はんしやうせん時は、なをたをもよせられ候へく候、右しやうくたんのことし、

けんむ（建武）五ねんうるう七月七日

うハの、ちとうひくにけうい（比丘尼教意）判

○本文書は、貞和三年六月日の和田義成申状案に添えられた具書案の一通で、袖に裏花押がある。

○八六一　藤氏長者宣案写　○下総香取大宮司家文書

「一条殿御代」（モト端裏書カ）

所被補香取（下総国香取郡）社神主職□（也カ）、政所御下文遅々之間、且□□（可令カ）存知者、長者（一条経通）宣如此、悉之、□□（以状カ）

建武五年後七月十日　右大□（弁）（中御門宣明）在御判

実材館（大中臣）

○八六二　足利直義カ軍勢催促状　○山形大学所蔵中条家文書

越後国凶徒対（退）治事、所差遣高八郎也、早随彼催促、可致軍忠之状如件、

建武五年閏七月十日　（花押）（足利直義カ）

三浦和田又三郎（義成）殿

○八六三　藤原有範奉書　○相模円覚寺文書

近衛前関白家（基嗣）雑掌申、尾張国富田庄（海東郡）下方去年分年貢事、訴状
副具書如此、所申無相違者、任先例可致沙汰、若有殊子細者、
召進推（雑）掌、可被明申之状、依仰執達如件、
建武五年閏七月十二日　散位（藤原有範）（花押）
円覚寺（相模国鎌倉郡）知事

○**八六四**　夢窓疎石書状　○相模瑞泉寺文書

崇寿寺（相模国鎌倉郡）領相州厚木（愛甲郡）郷事、雑掌僧被申旨候、其理非難存知事候
間、輙不可取申之由、令申候処、於理非者、可仰御裁断候、
所申之趣、委細被聞食候様、可捧一行之由、被申候間、□□
染筆候、恐々謹言、
（建武五年）壬（閏）七月十三日　疎石（夢窓）（花押）
武蔵守（高師直）殿

○**八六五**　恵釼書状　○神奈川県立金沢文庫所蔵花厳宗信解安心要文集下裏文書

自何事も、当国（下総国）乱無勿体候、上代勝福寺（香取郡）領も、当年
又おさへ候と申て候、又金沢長老（武蔵国久良岐郡称名寺）事、其後に承候、
別事なけに候、
京都替物事、兼日ニ承候てこそ、治定御返事可令申候へ、只
今者有無難申候、相尋候て候者、自是可申候、庄主殿御返事
被申候歟（ママ）候と被申候者、悦入候、其も此間香取（下総国香取郡）へ参詣候つる、
此間ハ此辺ニ
□候へとも尋申候て候者、即可申候也、業疏抄物事、
義憲（元範）房此間下候へと申て候、罷下て候ハヽ、可伝申候、恐惶謹
言、
（建武五年）壬七月十三日　恵釼（花押）
「（ウハ書）（切封墨引）
東禅寺（同郡）御報（湛睿）　恵釼」

○**八六六**　天野遠政軍忠状　○前田家所蔵天野文書

天野安芸三郎遠政申八幡（山城国綴喜郡）合戦事
右去五月廿九日、大渡（同郡・乙訓郡）御発向之間、属于御手、同晦日、御向
之間、給役所致警固之刻、去六月十八日、為対治八幡山（綴喜郡）楯籠
凶徒等、被差向軍勢之間、一族若党等令責上当山、於責口昼

夜致警固、連々所致軍忠也、就中、去七月六日合戦仁、舎弟
十郎政経懸先陣、責寄壁堺致合戦条、土岐孫十郎、小早河蔵
人三郎、此外二階堂信乃入道(行朝)手物等、同所合戦之間、令見知
之訖、加之、属仁木右馬助(義長)殿手、可罷向之由、蒙仰之間、舎
弟十郎已下一族等、于今於尼崎(摂津国河辺郡)致警固最中也、然早賜御証判、
為備後証、恐々言上如件、

建武五年閏七月十四日

「承了(証判)（花押）(上杉重能)」

○八六七　某書状　○武蔵高幡山金剛寺不動明王像像内文書

つくし(尽)かたく(難)候間、と(止)ゝめ候、恐々謹言、

壬(暦応元年)七月十七日　□□（花押）

山内殿(経之カ)

○八六八　後醍醐天皇綸旨案　○神宮文庫所蔵結城文書

天下静謐事、奉扶持宮(義良親王)、重挙義兵、急速可令追討尊氏(足利)・直義(足利)以下党類給、坂東諸□(国)軍勢賞罰等事、宜令計成敗給者、

天気如此、仍執啓如件、

延元三年後七月廿六日　右中［　］(弁光守)□(奉カ)

謹上　陸奥三位中将(北畠顕信)殿

○八六九　岡本良円軍忠状写　○秋田藩家蔵文書十岡本又太郎元朝家文書

前(高武蔵守高階師直書)ニ同

岡本観勝房良円軍忠事

一去二月廿八日、南都(大和国)御共仕、於奈良坂(添上郡)本致軍忠畢、
一同三月十二日、男山(山城国綴喜郡)御共仕、同十三日、合戦抽軍忠畢、
一同十四日、天王寺(摂津国東成郡)御共仕、同十六日、安部野(同郡)合戦致軍忠、
則攻入天王寺、致合戦之刻、新田西野修理亮之手者一人生
捕之条、於天王寺面之野、石河孫太郎入道、長田左近為奉
行、被遂実検之上、高橋中務丞為奉行、重被実検畢、
一同五月廿二日、於泉州堺浜(大鳥郡)、合戦致忠節畢、
一同晦日、男山御共仕之処、被定黄笠注衆之間、良円為其人
数、同六月十八日、攻登男山城之南屏(塀)際、致合戦刻、被射
左肩畢、同七月二日、於善法寺(山城国綴喜郡)口致合戦之時、被右手(射脱カ)訖、

此等次第、石河孫四郎、同弥次郎、同所合戦之間、令見知之、上野介大弐房被遂実検畢、凡御発向最初自六月十八日、凶徒没落之期至于七月十一日、云不退宿直、云所々御発向、御共着到等分明也、然早賜御判、為備亀鏡、恐々言上如件、

建武五年閏七月　日

(証判)「(花押影)(高師直)」

○裏花押が二か所にある。

○八七〇　茂木知政軍忠状　○吉成尚親氏所蔵茂木文書

□(茂)木越中弥三郎知政申軍忠事

□(属)当御手、令発向敦賀金崎城墎(越前国)(郭)□御敵者率数百騎勢出城中、取□□(敦)賀津陣之畢、爰知政懸入敵陣□追籠城墎中之条、御見知上者、□給御判、為(備)。後証、言上如件、

建武五年八月二日

(追筆)「桃井駿州御舎弟」(花押)(桃井直信)

(証判)「一見了」

○八七一　尊法目録　○神奈川県立金沢文庫保管称名寺文書

舎利二一結　金輪二一結
光明真言二一結
已上仏部
菩薩部
地蔵二一結　弥勒二一結
虚空蔵三一結　延命二一結
金剛蔵王二一結　大随求二一結
五秘密二一結　宝菩薩二一結
已上菩薩部
天等部
四天王三一結　毘沙門二一結
吉祥天女二一結　广利支二一結
伎芸天三一結　妙見一一結
宝蔵天女二一結　常広利童女一一結
水天七一結　訶利帝一一結
坎供二一結　蓑虞利一一結
已上天等部

尊法六十七尊
帖数百六十五札
建武五年八月二日

○八七二　近衛基嗣御教書案　○相模円覚寺文書

（端裏書）
「富田下庄領家書状（建武五　八　六下之）□□（管領カ）方□□（与奪カ）之」
尾張国富田下庄（海東郡）建武四年々貢事、申談円覚寺方候之間、止訴訟候了、可得御意候哉、仍執達如件、
（建武五年）
八月五日　沙弥元深
謹上　前藤少納言殿

○八七三　足利尊氏下文　○武蔵美吉文書

（足利尊氏）
（花押）
下　摂津掃部頭親秀
可令早領知近江国柏木御厨（甲賀郡）地頭職事
右、為下総国相馬御厨（相馬郡）内戸頭村替、所充行也、守先例、可致沙汰之状如件、
建武五年八月十日

○八七四　足利直義下知状　○山城石清水文書杉二箱

（山城国綴喜郡）石清水八幡宮領出雲国安田庄（能儀郡）雑掌行宗申、当庄北方地頭江戸孫次郎清重・同小三郎重長等神領押領事
右、当庄者、清重等曩祖重茂之時、雑掌及相論、令中□（分）下地之条、寛元々年八月九日関東下知状分明也、仍於神領者□（号）南方、至地頭分者号北方、知行経数十年之後、正中三年清重祖□入仏、依罪科収公之、雖補別人、守彼中分、致沙汰之処、清重号本□（領カ）、去々年建武三還補以後、押領一庄之由、就訴申、被下　院宣之□可沙汰居之旨、度々被仰守護人訖、而地頭等令参上、雖申子□（細）、中分之段、依無拠于陳謝、欲有其沙汰之処、如去八月清重□（申）状者、任寛元二年中分状、於南方者不可相綺、若背此旨者可□（被）処罪科云々、就之地頭出懇望状之上者、重被沙汰居之、可全□□（知行）由、雑掌又所捧申状也者、此上不及子細、早守寛元中分下知□（状）、向後互無違乱、可致沙汰之状、

下知如件、
建武五年八月廿七日
源朝臣（足利直義）（花押）

○八七五　税所虎鬼丸軍忠状　○山本吉蔵氏所蔵税所文書

目安
税所虎鬼丸（幹治）申軍忠事
右小田（常陸国筑波郡）・志築（筑）（新治郡）凶徒等、去月廿六日寄来苻（府）中石岡（同郡）城之間、属于
物領大掾十郎入道浄永（高幹）手、虎鬼丸家人片野彦三郎親吉、於市
河（同郡）舟橋并大橋爪、終日致合戦之刻、被射右手畢、然早給御証
判、為備向後亀鏡、粗目安如件
建武五年八月　日
「（証判）一見了（花押）」

○八七六　狭間政直軍忠状案　○筑後大友文書

大友一族狭間大炊四郎入道正供（政直）中軍忠事
今年三月十三日、属于当御手、於男山洞当下（峠、下同ジ）（山城国綴喜郡）、致至極軍忠之
刻、若党兵衛五郎直光左股被射、同十六日、於天王寺（摂津国東成郡）・安部野原
致合戦軍忠之処、遠江因（国カ）井介手者生捕紏（紀カ）藤五入道令切頸訖、
於当寺致不退警固、同五月十六日、令発向和泉国堺津（大鳥郡）、同廿
二日、堺浜合戦之時、馳向新田綿内（打）致太刀打之条、詫磨大炊
助政秀令見知訖、同廿五日令帰洛、同廿九日経宇治路（山城国）、六月
一日致男山合戦、自同日取陣洞当下致不退警固、同十八日自
葛和路（河内国）押寄一城戸、正供致軍忠之刻、乍被射左肘太刀打、御
敵於城内追籠訖、随而取陣城戸口、致日々夜々合戦、抽抜群
軍忠者也、将又自六月一日迄于七月十二日凶徒没落之期、不
去陣内、致合戦軍忠者也、此等次第、惣領大友式部丞氏泰代
出羽三郎蔵人師宗証判状分明之上者、預御一見状、為備後代
亀鏡、仍言上如件、
建武五年八月　日
「（証判）執事（高師直）判」
「裏書云
大友蔵人一見状
校合畢」

○紙継目裏に狭間政直の花押がある。

○八七七　後醍醐天皇綸旨案　○神宮文庫所蔵結城文書

早令静謐東国、重可被挙義兵之由、所被下綸言(後醍醐天皇)也、相催坂東
諸国軍勢、急速□(討)□(足利)尊氏・直義(足利)以下党類給者、依
□□如件、
延元三年九月三日　□
謹上　陸奥三位中将殿(北畠顕信)

○八七八　北畠親房袖判下文写　○御巫清直氏所蔵光明寺旧記

(花押影)(北畠親房)
下　下野国
可令早小山次郎左衛門尉政景領知中泉庄(都賀郡)泉川郷・皆河庄(同郡)息(荒カ)居郷事
右、以件人、為勲功賞所被充行也、早任支路(先例カ)可致于沙汰之状
所仰如件、
延元三年九月五日

○八七九　足利尊氏寄進状　○上野長楽寺文書

奉寄　上野国(新田郡)長楽寺
当国(同郡)新田庄内平塚郷地頭職事
右、奉寄之状如件、
建武五年九月六日　源朝臣(足利尊氏)(花押)

○八八〇　高師直奉書　○上野長楽寺文書

上野国(新田郡)新田庄内平塚郷地頭職事、任御寄進状、可被沙汰付長(同郡)
楽寺雑掌之状、依仰執達如件、
暦応元年九月十六日　武蔵守(高師直)(花押)
上杉民部大輔殿(憲顕)

○八八一　武田信武施行状　○長門熊谷家文書

熊谷小四郎直経申当国(安芸国安北郡)□(三)入本庄半分地頭職事、今月十八日奉
書如此、案文遣之、早任被仰下旨、止直房押妨、沙汰付当所
於直経、執進請取状、且載起請之詞、急速可被注進之状如件、
暦応元年九月廿日　(花押)(武田信武)

安芸国守護代（福嶋左衛門四郎入道カ）

○八八二　北畠親房書状写　○松平基則氏所蔵結城文書

（北畠親房）
（花押影）

御着当国（常陸国）之後、無殊事候、凶徒等打廻之由、其聞候之間、小田（治久）以下発向候畢、

抑宮（義良親王）御船、直令着奥州給之由、其聞候、宇多歟、牡鹿歟両所之間、相構忩被尋申御坐之所、可被馳申候、件御船、禅門（結城道忠、宗広）乗船候、新国司三位中将家（北畠顕信）・春日少将弁四保・長沼・大内以下、同参彼御船候、経泰（広橋）等も祇候候、依風難義無御同道候間、不審無極候、船少々於海路及難義之由、其説候、頗雖無念之次第候、御坐之船等無為条、聖運神慮令然候歟、御坐之所治定之後、可被申成　令旨（義良親王）・国宣（北畠顕信）候、猶々忩々被尋申奥左右、不廻時剋可被馳申候、諸事其時委細可被仰旨所候也、恐々謹言、

（延元三年）九月廿九日　　越後権守秀仲奉

結城大蔵権大輔（親朝）殿

○八八三　遠江権守某書下　○下野小曽戸文書

出家暇事、所労危急之間、所被免許也、可被存其旨之状如件、

暦応元年十月三日　　遠江権守（花押）

佐野安房左近将監殿

○八八四　香取社神官連署安堵状　○下総香取大禰宜家文書

香取宮をきすの御神田弐反小の事

本主行事禰宜のてより、孫次郎景久法師これをかいとん（買取）て、知行数ケ年さをいなし、而しきよ（死去）の丶ち、ちやく（嫡）女にゆつりあたへ畢、かのゆつり状を、景久か後家にあつくるところに、塙の大夫房彼状をぬすミと（ん脱カ）て、この田にいらんわつらいをなすあいた、すこ方にして沙汰をいたすところに、ぬすミとる条、ろんけんせしめ畢、仍後のために、社家にし（とカ）て補任を申給へき由、善空ひくに申さる丶上者、いきにをよはす彼田を知行せしめて、神役をつとめらるへき状如件、

建武五年十月六日　　物申祝中臣（花押）

権禰宜中臣（花押）

大禰宜大中臣朝臣（花押）
宮司（大脱カ）大中臣（花押）

○八八五　心玄請文案　○駿河大石寺文書

南条節丸申富士上方（駿河国富士郡）上野郷内在家田畠等事、就訴人高光申状、両度相触之処、去月十九日、節丸請文如此候、而於当御奉行之手、以違背之篇、被逢御沙汰、可被付知行於彼高光之由、節丸歎申候、不被究御沙汰、未尽御成敗候者、定後訴難断絶候哉、得御意可有御披露候、恐惶謹言、

（暦応元年カ）十月九日　沙弥心玄在判

進上　伊達蔵人五郎殿

○八八六　源某寄進状　○安房安田文書

奉寄進長狭郡（安房国）大山寺、当郡柴原子郷上村内田地壱町奈良井原事

右、毎日為奉転読大般若経一秩（帙）充、寄進之状如件、

建武五年十月十一日　源朝臣（花押）

○八八七　足利直義感状　○下野鑁阿寺文書

於紀州所々致軍忠由事、細川三位律師（定禅）所注申也、尤以神妙、可抽賞之状如件、

暦応元年十月十五日　（花押）（足利直義）

海四郎三郎殿

○八八八　尾張国国宣　○相模円覚寺文書

（端裏書）「□宣」

（花押）（柳原資明）

尾張国篠木庄（春日部郡）内野口村・石丸保事、任雑掌幸賢和与状、永代不可有相違之由、国宣（柳原資明）所候也、仍執達如件、

暦応元年十月廿六日　右少史俊盛

□□（謹上）　篠木庄地頭殿（相模国円覚寺）

○八八九　松井助宗軍忠状写　○土佐国蠹簡集残篇所収松井利兵衛所蔵文書

山城国御家人松井八郎助宗申軍忠事、右、今年暦応元十月廿八日、於駿河国安部城（安倍郡）令御共、致合戦候訖、仍給（為脱カ）御判、恐々言

上如件、

暦応元年十月廿九日

「承了（証判）（花押影）（今川範国）」

○八九〇 烟田時幹軍忠状案 ○京都大学総合博物館所蔵烟田文書

目安

常陸国鹿嶋郡烟田又太郎時幹軍忠事

右、吉野没落朝敵人北畠源大納言入道（親房）以下凶徒等、経海路、当国東条庄（信太郡、下同ジ）着岸之間、為誅伐之、被発向之間、時幹罷向之処、今年建武五十五日、押寄神宮寺城、致至極合戦之処、若党新堀修理亮公夏、右脛被疵訖、此条預御実検者也、次家子鳥栖太郎三郎貞親、切破壁、責入城内、致散々合戦、令切捨訖、此条小野崎次郎左衛門尉見知畢、同若党富田次郎太郎信行、同城内責入切捨畢、是又二方七郎左衛門尉見知畢、此等次第、鹿嶋又次郎幹寛・宮崎又太郎幹顕、令見知者也、如此致忠節、追落御敵等、令対治城墎訖、其後阿波崎城罷向之処、所々御敵等、為後攻引率多勢寄来之間、馳向致散々合戦、打散御敵之処、阿波崎城令没落訖、如此異于他抽軍忠上者、預御住（注）進、給御証判、為備向後亀鏡、仍目安如件、

建武五年十月日

「志波殿」（後筆）（斯波家兼）　「承候了（証判）　在判」

○八九一 某代官職補任状写 ○安房妙本寺文書

（端裏書）「妙本寺刑部丞日閑従　吉浜村（安房国平郡）之代官職被仰付」

（花押影）

補任　吉浜代官識（職、下同ジ）事

法花刑部丞

右、所補任也、如国真本帳之旨可所務也、且又四段田者、代官識充行也、但年貢色々物等、若能堪之時者、可易替也、有未進者、雖権門勢家之御領、随其分限可相計也、仍下知如件、

暦応元年十一月一日

○八九二 北畠親房袖判御教書 ○松平基則氏所蔵結城文書

（北畠親房）（花押）

宮（義良親王）・国司（北畠顕信）御船、令着勢州給候、自禅門方（結城道忠、宗広）定音信候歟、令着奥州給候之由、其聞候に延引之条、雖無心本事候、公私無為、無事大慶不能左右候、且諸船多遇其難候之処、只両船無別子細候、憑敷御事候、抑宮・国司令着奥給候者、自彼方可有御発向ニて候つ、如只今者、延引之間、如何ニも御下向候て、奥輩可被催立候、且葛西（清貞）進使者候、申入此趣候也、而路次難治候云々、忩々催促郡々勢、連々近辺ヲ被対治候ハ目出候、以此辺勢、先白川まて御進発、自其次第奥へ、可有御発向之条、不可有子細歟、相構急速、可令計沙汰給之由、仰候也、仍執達如件、

「延元三」（後筆）十一月六日　　越後権守秀仲奉

結城大蔵大輔（親朝）殿

追申

宮令旨、弁新国司国宣、殊更被遣之候之由、同所候也、

○八九三　岩松頼宥禁制　○伊予観念寺文書

当国与州桑村本郡観念禅寺事

為　将軍家（足利尊氏）御願寺、致御祈禱誠精（ママ）云々、弥可被抽忠節、而若乱入当寺中並寺領、致濫妨狼藉軍勢以下甲乙人等者、殊以可処厳科之状如件、

暦応元年十一月六日　　頼有（宥）（岩松）（花押）

桑村観念禅寺長老

○八九四　遠江権守某奉書　○常陸真壁長岡文書

常陸国真壁郡正税事、先度催促之処、延引何様子細候乎、若尚及遅々者、可遣使者候也、仍執達如件、

延元三年十一月九日　　遠江権守（花押）

長岡了珍（妙幹）御房

○八九五　民部丞某奉書　○伊豆矢田部文書

伊豆国三嶋社神宮寺（田方郡）号国分寺弁寺領事、止諸方之違乱、任先例可被沙汰付供僧等之由候也、仍執達如件、

暦応元年十一月九日　　民部丞（花押）

目代殿

○八九六　北畠親房書状写　○松平基則氏所蔵結城文書

（北畠親房）
（花押影）

去六日状、今日十一日到来畢、

一御船、無為令着勢州給候条、聖運之至候、禅心（結城道忠、宗広）被申音信候、殊目出候、

一当国静謐事候、先日重被仰畢、相構急速可被致沙汰候、

一石川一族等、可参之由、令申哉覧、神妙候、所詮有其勇之様可被計談、随注進、可有沙汰候、本領安堵不可有子細、有殊功者、可被加其賞候也、

一葛西清貞兄弟以下一族、随分致忠之由、令申間、度々被感仰畢、

一坂東静謐事、於此方、粗雖被廻計略、無左右（不脱カ）事行候、先被対治奥州・羽州次第、可有沙汰之処、大将無御下向候、難事行候由、葛西令申候、国司（北畠顕信）以下御下向、猶令遅々者、先可有御下向候、至白川（陸奥国）之路次、難義候歟、一途可被計申候、那須城（下野国那須郡）可有対治之由、有披露、被召軍勢、自此方押合御下向候者、不可有子細候哉、且可被計申候、此事、葛西殊急申候、非無其謂候歟、

一田村庄司一族中、少々違変之由聞候、何様候哉、相構先可被誘試候、

一小山安芸権守・同長門権守等、致忠之条神妙候、仍被成御教書、条々伺御下向間事、相構廻思案、急速可被計申候由、内々所候也、恐々謹言、

延元三十一月十一日　沙弥宗心

結城大蔵権大輔（親朝）殿御返事

○八九七　豊嶋宗朝着到状　○武蔵豊島宮城文書

着到

武蔵国

豊嶋小三郎宗朝

右、吉野（大和国）没落之凶徒蜂起之由、依有其聞発向之間、属当手致忠節候了、仍着到如件、

暦応元年十一月十七日
「承候畢（証判）（花押）」

○八九八　大館氏明軍勢催促状　○伊予忽那文書

於忽那嶋（伊予国風早郡）構城墎、令退治凶徒、可致軍忠状如件、

延元三年十一月十九日

左京権大夫（大館氏明）（花押）

下野房（忽那義範）

○八九九　河野善恵書状　○伊予国分寺文書

極楽寺（相模国鎌倉郡）雑掌隆慶申、伊与国々分寺（越智郡）同寺領等事、任去々年十二月十二日　院宣、可沙汰雑掌由事、去年十月十七日施行付給候畢、先立御管領之上者、不可有子細候歟、恐々謹言、

暦応元
十一月十九日　善恵（河野通盛）（花押）

智承上人

○九〇〇　北畠親房書状写　○松平基則氏所蔵結城文書

（花押影）（北畠親房）

去廿一日状、今日廿六日慥到来、令申給条々具申入候畢、

一石川一族、可参之由令申之条、先神妙、所望已下事、五大院兵衛入道已参申候、本領安堵事、如被申、当時上州禅門（結城道忠、宗広）已下有功之人々、当知行候間、頗雖其煩候、近日之時分、凶徒一人も降参、外聞実義可然事候、於有功人々者、雖行（少）所被行其替候者、始終又可心安候歟、然者先本領安堵事、以此御教書、可被仰聞候、所望地事、只今御許容不可然候歟、凡面々重代弓箭之家也、然而依時乱、所存不一之条、雖為無念之次第、所詮悔先非令参者、打任てハ所領之半分・三分一ヲも安堵こそ、古来風儀ニハ候へ、而安堵本領、猶以随分善政候哉、而年来深為御敵、今又不参、以前度過分所望候之条、且非弓箭之恥辱候哉、又自公方も、任正理被召仕候てこそ、向後者一図ニシ、被憑仰候ハんすれ、偏如商人之所存ニてハ、如何ニして持（将）来可叶朝用候哉、然者先於本領者、可令安堵、致別忠者可被行其賞候也、得其意

可令下知給、所望之所ヲ、強非被惜候、然而於御方、当時致無二之忠輩、猶以于今不預恩賞輩多候歟、而為被誘朝敵、重被付闕所候者、始終御沙汰も可及難義候哉、如此事、一旦ハ交さる道も候へとも、始終又難義ニて改動なとも候へハ、弥不可有天下一統之期候歟、とても只以可被行之図こそ御問答も候ハめ、其上不参候ハんハ、本来之御敵ニ候へハ、無力事候歟、又依彼等参、天下も一国もよも静謐候は丶、此等条々ヲ心得て可被仰候、但度々引弓為御敵之条ハ、雖勿論候、天下御大事之最中、争小道ニ入て、被挿御意趣事候へき、此等皆参差之儀候、其段ハ能々令心得給候て、以内縁可有教訓候者、本領安堵等事、面々申御教書候ハ、重可被執申候、

一小山事、被誘出候者、尤可然候、度々以案内者被仰遣候、しかも未申是非候、仍母子方へ被遣御教書候、案内者候ハ被付遣候て、可令聞事体候歟、足利方も不悦之様ニ聞候、御方へ参候て失面目事ハ、何事かハ候へき、但彼も自只今可被行其賞なと丶て候ハん事、為家可為瑕瑾候歟、相構存正理、不付弓箭瑾候てこそ、向後被召仕候ハんにも、公私本望候へ、参候ハ一方被憑仰、何所ニて候とも被申行候条、不可為難義候、可安候事ヲあしく心得て、家ヲも名ヲも不顧之条、末代之遺恨候歟、能々可令誘聞給候也、

一当国(常陸国)辺事、小田(治久)・伊佐(行朝)・関(宗祐)已下、存無二忠之条ハ勿論候、自然ニ凶徒も競来、又近々少々推廻之程ハ候ハんすらん、然而実事しく坂東辺ヲも対治候ぬへき体、不見候歟、下総・安房・上総辺まて、申給御教書可参之由申輩ハ、其数済々候也、然而彼等も御勢之真実、打出候ハん時剋ヲ伺候間、只今ハ例式候、奥州御下向事、路次難義、誠以難義候、但如何ニも奥へ御伝候て、次第ニ被押出候ハ丶、自此辺ハ、可有早速之功哉らんと、葛西(清貞)も度々以使者申候、但両様候間、得益之軽重、兼無御才学(覚)候、猶能々廻思案可令申給候者、如何さまニも此辺も、近日ハ難被打捨候、宮(義良親王)・国司(北畠顕信)御下向事、度々被伺申候畢、宮御事ハ、今度令定春宮給候、不思議ニ御着勢州候間、若又辺土御下向ヲ、神も被惜申御事や候らんと不審候、其篇ニても、弥 聖運ハ憑敷候間、

重御下向事、被申合吉野殿候畢、国司相構、早々可有御下向之由、被申しかとも、年内ハ不定候歟、且禅門も、さこそ被忩存候しめとも、海上事於今ハ楚忽之儀候ハし、能々可被待時節候歟、春日少将ハ、近日下向候歟之由、御推量候也、彼仁被下向候ハ、此辺事被申付候者、弥奥方御下向大切候、所詮能々可被加御思慮候、又此辺ヲも猶々誘沙汰候て、重可被仰候、

諸事被憑仰畢、禅門励老骨、不惜身命、被致忠ハ、中〱非言語之所及、当時も、於勢州も、宮・国司一向被憑仰候云々、心安候、如然事も相構早々御対面も候て被談候ハ、やと、無心本之由、可申旨候畢、恐々謹言、

興開(国カ)元十一月廿六日(延元三年カ)　　沙弥宗心奉

結城大蔵大輔(親朝)殿

○九〇一　柳原資明書状案　○相模円覚寺文書

尾張国雑掌申、野口(春日部郡)・石丸両保年貢事、申状副具書如此、子細見状候歟、被下院(光厳上皇)宣於武家之様、可令申沙汰給候哉、恐々謹言、

十一月廿八日(暦応元年)　　右衛門督資明(柳原)

謹上　大蔵卿(高階雅仲)殿

○九〇二　足利尊氏下文写　○栃木県庁採集文書

下　氏家中務丞重国

可令早領知美濃国石津郡高須・沢田・一ノ瀬等地頭職之事

右件之所者、為勲功之賞、所令充行也者、守先例宜致沙汰牒(状カ)如件、

暦応元年戊寅十一月　　源(足利)尊氏

○九〇三　光厳上皇院宣　○相模円覚寺文書

(端裏書)「□宣」

尾張国雑掌申、野口(春日部郡)・石丸両保和与年貢事、別当(柳原資明)状副申状具書如此、子細見状候歟、可被仰武家由、

院(光厳上皇)御気色所候也、以此旨可令申給、仍言上如件、雅仲誠恐頓首謹言、

(暦応元年)十二月三日　　大蔵卿雅仲(高階)上

進上　中務権大輔殿

○九〇四　北畠親房袖判御教書　○松平基則氏所蔵結城文書

(北畠親房)(花押)

石河一族間事、先日被成国宣(北畠顕信)畢、其後何様令申候哉、件輩年来専為御敵、然而悔先非、令馳参者、可令安堵本領、有殊功者、可被行其賞之由、被仰畢、而不参以前差申所望地、為傍例不可然、所詮真実当参致別忠者、於当郡内村々者、随功先可被計充歟、当給人事、当時少々為闕所哉、至可被行替之輩者、忩可被経御沙汰候也、得其意可令致沙汰給之由、仰候也、仍執達如件、

延元三年十二月三日　　越後権守秀仲奉

結城(親朝)大蔵権大輔殿

○九〇五　家綱・心玄連署奉書案　○駿河大石寺文書

(端裏書)「書下案文　十二月四日」

南条節丸申田畠在家等事、申状如此、為浅羽三郎入道奉行、被経再往御沙汰云々、所詮被調証文幷先々訴陳等、来十五日以前、可被遂沙□(汰)之節之由候也、仍執達如件、

暦応元年十二月四日　　心玄在判

家綱在判

南条太郎(高光)兵衛尉殿

○九〇六　荒尾宗顕請文　○相模円覚寺文書

円覚寺(相模国鎌倉郡)領尾張国(海東郡)富田庄雑掌与宣政門院(光厳上皇後宮懽子内親王)御領同国(愛知郡)一楊御厨余田方雑掌相論萱野境事、任去九月廿五日御奉書之旨、上条太郎(篤光)左衛門尉相共、差遣使者長章於彼所令見知候、絵図幷長章注進状、謹進上之、子細見絵図幷状候歟、此条若偽申候者、可罷当八幡大菩薩御罰候、以是等之趣、可有洩御披露候、宗顕恐惶謹言、

暦応元年十二月十五日　　民部権少輔宗顕(荒尾)請文(裏花押)

○九〇七　荒尾宗顕代長章請文　○相模円覚寺文書

（押紙、モト端裏書カ）「荒尾民部権少輔代注進状暦応二正員取進、三　六」

注進

　円学（覚）寺（相模国鎌倉郡）領尾張国（海東郡）富田庄雑掌与

　宣政門院（光厳上皇後宮懽子内親王）御領同国（愛知郡）一楊余田方雑掌相論萱野境事

右、任去九月廿五日御奉書之旨、上条太郎左衛門尉（篤光）相共莅彼萱野境、令検知候之処、如富田庄雑掌申者、於所載寛治官苻（符、下同ジ）之四至・海東郡幷古河境者、雖無異論、今相論萱野境者、寛治以後為新開発萱野之間、守御厨河之水落、彼河之以東則一楊方管領之、彼河以西則富田庄知行、経年序之処、元弘以来寄事於寛治官苻、掠申　勅裁、号古河余流押妨之間、任所務先例、可管領之由申之、

如一楊余田方雑掌申者、於寛治官苻四至境者、無異論之上者、尤守海東郡古河之境、可令知行之処、限于御厨河余流知行之由、掠申之、募関東武威、非分押領之間、去正和四年就訴申之、度々雖被成　勅裁、不叙用之間、先　朝（後醍醐天皇）御代、重預　勅裁、当知行無相違之処、不顧先非、可令管領之由掠申之条、無謂云々、爰於所被載寛治官苻海東郡幷古河境者、両方雖無異論、彼所者、非今相論萱野之境、当相論境者、為寛治以来新開発幷浜須賀生出萱野之間、海東郡幷古河余流不分明、仍両方引申、号御厨河幷古河余流、萱野境分載于新造絵図（両使封裏）謹進上之、次尋問古老仁、可執進起請文由、雖被仰下候、彼論所近辺者、皆以為富田・一楊両方進止所領之間、彼所領内輩起請文、不足信用之由、令申之間、不及尋沙汰候、仍今検知之境幷覚悟分、任実正載于絵図進上之、此条若偽申候者、可罷当日本国中大小神祇冥道御罰候、仍注進言上如件、

　暦応元年十二月十五日　　兵庫允長章（裏花押）

○本文書は紙継目の裏に長章の花押がある。

○九〇八　足利直義御教書案　○神奈川県立金沢文庫保管称名寺文書

（異筆）「校正了」

信濃国大田庄（水内郡）内大倉郷倉地頭職事、任尼永忍申請、就関東寄附之状、先立被成安堵状之処、称崇顕（金沢貞顕）之跡、充給嶋津大夫判

官宗久之条、令参畢（参差）、早如本為寺領無相違、守先例可被致
其沙汰之状如件、
暦応元年十二月十七日
左兵衛督（足利直義）御在判
金沢（武蔵国久良岐郡）称名寺長老（湛睿）
○本文書は、延慶より観応に至る太田庄関係文書案一巻中にあり、観応二年十一月三日の足利直義御教書案の次に書かれている。また紙継目に裏花押がある。

○九〇九 某書状※ ○神奈川県立金沢文庫所蔵大乗起信論文義拾遺カ紙背文書

「営ハ、自本無故実候ニ、適一方令入眼之様ニ候へハ、又一方ハわかやくやうになり候之間、心労苦労無申計候、大蔵（信濃国水内郡）郷嶋津判官（宗久）、正月廿六日（建武五年）為恩賞拝領候之間、此事ニ纏頭仕候、万方廻秘計候、雖再往御沙汰候、可付寺家之旨治定候、今一度伺評定、可被成寺家御下知候、此便宜ニと随分忩存候へとも、不任意事候間、無力候、追可取進之候、
一山口郷（下総国埴生郡）事、雖及御教書度々候、国の地頭代不去渡候、如此候て不可有尽期候へハ、彼右馬頭殿御代官を被召出、可被加御下知候由、」
○本文中、太田庄大倉郷を島津宗久に一旦充て行ったが、称名寺の訴訟により、寺家に付すべき旨内定した記事がみえ、前号文書に関係ありと考えられるので、ここに収める。

○九一〇 某書状※ ○神奈川県立金沢文庫所蔵探玄記第七疏抄類聚中裏文書

遂言上、
円順房上洛之時、蒙仰候之処、久慈西（常陸国）政所逐電之間、替物なとの事、不能催役（促カ）、空帰寺ける旨示給候之間、信州禅門方尋申候者、努〳〵無其儀、何様楚勿（粗忽）義覚候よし被仰候上、此間彼代官方より、連々申通候、所詮当所去年々貢分ハ、悉以休（究）済候了、別足を可付申候旨、被其（ママ）子細、定房主より被令（ママ）申給候歟、何様連々可致催促候也、」
「弼母儀、依所縁候立寄候、随小村一所拝領候、活命するよし語申候、此禅門可伺申候之由、あなかちに歎申候、信州大倉郷（水内郡）御安堵事承及候、申預候御代官可勤仕旨申候、兼御存知之御事候、於公平不致不法と、心はかりハ存候由令申候、且先日法円上人方へ、此由被申候歟、可為何様候哉、

重恐惶謹言、

○本文中に見える大倉郷安堵事は、九〇八号文書のことと考えられる。

○九一一　某書状※　○神奈川県立金沢文庫所蔵探玄記第七疏抄類聚中裏文書

先進之施行等、於路次悉紛失之由、四月十五日貴札、大概蒙示仰候之間、仰天無申計候、其後者書絶不蒙仰候之条、積鬱之至千万候、悉被奪取之由承候、不相残一紙状等候哉、普通之便宜なとの時者、可令申事も、路次無骨を痛存候之間、一通状猶以令省略候き、掬得法師無指持物候上、条々申度候之事、以事書〔事書〕申、又状中にも委細令言上候之処、紛失一段大事御文書等と申、旁以歎存候、和泉谷殿便宜ニ捧愚状候、此時分路次之難義ニ参着不定相存候、

抑、大倉(信濃国水内郡)・山口(下総国埴生郡)・上代(下総国)施行正文者、正守護許ニ候之間、紛失之由申候、重代官方へ施行を申出候也、此間無指便宜候上、如此大巻之物者誂申人無骨存候、示給候之後、即申沙汰候之処、能々相待便宜候処、此妙達上人幸御下向候之間、不顧無心、誂進之候、大倉郷事、如先度掬得申入候、当給人出公方

去状候上者、不可有子細候処、未預替御沙汰候とて、猶々上ニハ能クあいしらい申候へとも、於地下者、若支申事もや候へく候、為其も守護の注進を被召候、早々可上給候也、すへて上の御沙汰ハ厳重ニ候へとも、当時之通法、妄惑無申計候哉、上代・山口以同前候歟、山口事ハ治部兵衛大夫越州へ令申口入候しか、未無左右候、又此御奉書にも、依御使緩怠、不遂使節候条、無其謂、不日打渡寺家可取進請取之状之旨、被仰下候者、さりともと覚候、上代事先度之守護代注進ニ、東弥六(東弥六胤義)以還補御下文申所存候也、乍取進支状候、〔不備御下文之条〕彼所帯之御下文ニ加校正、〔無謂、所詮〕案〔文〕可取進之由、千葉介(貞胤)殿被仰候、代官方へ被返□候しを、掬得下向之時、令進候しも、無正体候哉、今度此奉書を令付給候ハん時も、守代(護脱)ニ此旨御問答

○本文書は年次未詳。前号文書と同筆であるので、ここに収める。

○九一二　荒尾宗顕請文　○相模円覚寺文書

(端裏書)「御使注進　富田・篠木課役」

円覚寺(相模国鎌倉郡)知事僧契智申、尾張国富田(海東郡)・篠木(春日部郡)両庄幷富吉(海東郡)加納等課

役事、相触当国守護中条大夫判官秀長候之処、捧請文候、謹
進上之、以此旨可有御披露候哉、恐惶謹言、
暦応元年十二月十八日　（荒尾）民部権少輔宗顕（裏花押）

○九一三　上条篤光請文　○相模円覚寺文書

押領之間、去正和四年就訴申之、度々雖被成　勅裁、不叙
用之間、先（後醍醐天皇）朝御代、重預　勅裁、当知行無相違之処、不顧
先非、可令管領之由掠申之条、無謂云々、爰於所被載寛治官
符海東郡（尾張国）幷古河境者、両方雖無異論、彼所者、非今相論萱野
之境、当相論境者、為寛治以来新開発幷浜須賀生出萱野之上、
称古河之跡分、南北在之、仍海東郡幷古河余流不分明、而両
方引申、号御厨河幷古河余流、萱野境事令撿知之、覚悟分、
任実正載于新造絵図両方封裏謹進上之、次尋問古老仁、可執進起
請文之由、雖被仰下候、彼論所近辺者、皆以為富田（海東郡）・一楊（愛知郡）両
方進止所領之間、彼所領内輩起請文不足信用之由、令申之間、
不及尋沙汰候、此条若偽申候者、可蒙　日本国中大小神祇冥
道御罰候、以此旨、可有御披露候、恐惶謹言、

暦応元年十二月十八日　左衛門尉篤光請文（裏花押）

○九一四　足利直義御教書　○出羽上杉家文書

関東警固事、度々雖申暇、当時沙汰之趣神妙之由、有其聞之
間、無免許之処、伊豆守重能（上杉）被止出仕之上、有可被仰付事、
早可上洛、巨細以石河孫三郎入道覚道、所被仰下也、可存其
旨之状如件、
暦応元年十二月十九日　（足利直義）（花押）
上杉民部大輔殿（憲顕）

○九一五　足利直義御教書　○相模鶴岡八幡宮文書

転任幷天下静謐事、承畢、弥可被致祈禱精誠之状如件、
暦応元年十二月廿三日　（足利直義）（花押）
（相模国鶴岡八幡宮）若宮別当僧正御房（頼仲）

○九一六　鳥生貞実軍忠状写　○予陽河野盛衰記所収文書

伊予国御家人鳥生又三郎貞実申、自備後国奉属御手、去建武

五年後七月十七日新居開(関)合戦、以後於庄司山要害致警固、同九月廿日御発向西条庄(伊予国新居郡)、追籠凶徒於郷(同郡)・得重(同郡)両城、取陣於福武山(同郡)、致軍忠之条、侍大将横瀬孫五郎被見知之、終以彼両城十四日令没落早(畢)、同十五日侍大将相共打出西条庄、発向所々、同晦日打入朝倉・高市(越智郡、下同ジ)、構要害於宮崎山之処、十一月廿五日自府中凶徒等寄来之間、馳向彼(被)致合戦、自高市郷竹林寺追越佐礼山、追籠龍岡城、自鴨部中村焼払所々、攻入府中追登凶徒八幡山之条、庄林又七郎所見也、同廿七日御発向府中之時、致合戦之忠追籠凶徒於佐渡(ママ)龍岡両城之条、三嶋善孫五郎所見也、然者早為後証、欲下預御判候、以此旨可有御披露候、恐惶謹言、

暦応元年十二月　日　　越智貞実状裏判有

進上　御奉行所

(証判)「承了（花押影）(岩松頼有)」

○九一七　正続院雑掌申状事書案※　○相模円覚寺文書

(端裏書)「秋庭注文」

正続院(相模国建長寺)領相模国山内庄(鎌倉郡)秋庭郷内信濃村事

一自左馬頭殿(足利直義)当院御寄附者、建武元年八月廿九日也、御寄進状之案、進上之、

一聖福寺(鎌倉郡)姧訴条々

訴訟之始者、号聖福寺雑掌、幸明捧将軍家(足利尊氏)御施行、正続院濫妨社(聖福寺新熊野社)領信濃村之由、属制札方管領細川式部大夫入道殿奉行皆吉余四郎、就訴申之、建武三年五月、為長江弥六左衛門尉御使、無是非被打渡之間、当村者、建武元年自左馬頭殿、依有御寄附、正続院知行無相違之処、濫妨之由無謂、其上、元者長福寺(武蔵国)領云々、有子細者、自彼寺可訴訟歟、何今更可号社領哉之由、申入之処、被披見御寄進状、可返付当院之由、同六月六日仰本御使長江弥六左衛門尉、雖被成奉書、被語聖福寺、令難渋之間、被止制札方御沙汰、以陸奥守殿(斯波家長)御教書、同七月四日仰美作彦太郎入道、被沙汰付当院畢、同六日渡状・御教書案進上之、

二度之訴訟者、替面、号聖福寺新熊野別当如意寺僧正坊兼助代定珍、以代々相伝之信濃村、正続院濫妨之由、属寺社

方管領矢野伊賀入道善久奉行山名掃部大夫入道、就訴申之、同九月廿四日可参決之由、申成御書下之間、令参対、当村者、任御寄進状知行上者、非濫妨之儀、此条度々有御沙汰、被奇置奸(弁、下同ジ)訴之処、改領主雑掌之名字、重訴訟之条、無謂之旨申入之処、被披見御寄進状、被尋申御仁和(政カ)御方、又以被奇置訖、書下案進上之、次於関東者、奸訴露顕之間、不申立而、去年建武四令上洛、号如意寺僧正坊雑掌清胤、訴申之間、為安富右近将監(大夫)奉行、以下野(二階堂)入道判形、被成下御教書之間、被与奪寺社方管領豊前介入道文承間、被渡本奉行皆吉余四郎、披露之処、同十月十七日為秋元弾正左衛門尉御使、可渡雑掌之由、被成奉書之間、対使節、以度々御沙汰之趣支申之処、拝見御寄進状、不及遵行、注進子細之間、被召出両方雑掌、有披見所帯之証状等、被経御沙汰畢、如承者、如意寺僧正坊所進之将軍家御判者、就　綸旨之御施行也、正続院出帯之左(足利直義)馬頭殿御判者、御寄進之御下文也、御施行与御下文難対揚歟、可被注進此旨於京都云々、雖然未及注進歟、次今年又以同篇就掠申歟、可停止濫妨之由、以三浦因幡六郎左衛門尉為御使、以左京大夫(仁木義長)殿御判、被成下御教書之間、又以対御使、捧御寄進状、就中前々弃置之次第、被執進請文畢、案文進上之、

一所申給今年(建武五)三月十七日之御判(足利直義)御教書者、正続院領相模国山内庄秋庭郷内志奈野村事、自鎌倉依預置軍勢、僧食闕如云々、軍勢預所之時者、尤可為肝要歟、是者可被止如意寺訴訟之由、申入之処、可停止預人等違乱之旨、被仰下之間、以此文章難被弃置彼訴訟之旨、申之、且又志奈野村之文字相違畢、所詮、不被止如意寺奸訴者、云御沙汰、云所務、其煩不可断絶歟、然者、可停止彼僧正坊訴訟之由、重為申(下脱カ)御教書、態所進僧也、早有申御沙汰者、可為当院之安堵者乎、

一如天岸(慧広)和尚存日物語者、信乃村御寄附正続院之根元者、前(北条高時)代滅亡以後、当院領丹波国成松(氷上郡)保違乱相違之間、毎月斎料一石一貫、自公文所被下行之処、此式始終怠(退)転之基也、有便宜之地者、可有御計之由、内々御気色之処、為惣庄闕所内、秋庭郷上杉殿(重能)御知行之間、以信乃村、為当院料所、可

去進之由、令申入給之処、尤可宜之由、有御定、則御寄附云々、然者、当村御寄進之始中終者、伊豆守(上杉重能)殿御存知之間、被尋申之時、不可有其隠者乎、

一聖福寺奸訴之起者、新田(義貞)殿前代合戦之最初、聖福寺仁被取陣畢、其時、今度合戦得理(利)者、所領一所可寄附之由、称被披露、鎌倉入之後、以信濃村、寺家所望之間、依被契約歟、申給綸旨之間、自将軍被成御施行畢、就　綸旨・御牒、被成御施行条、其時之例儀也、何以彼御施行、可号安堵之御施行乎、結句、今者止聖福寺之号、替面、称如意寺僧正坊相伝之地、以彼御施行、猶号信乃村安堵之条、殊奸謀之至也、

一如意寺僧正坊奸訴之段者、長福寺者、名越(時長)備前禅門代々墳墓之地云々、自管領助法印備前禅門子息也所相伝之朝宗者、如意寺僧正坊之弟子也、彼朝宗者、又備前禅門之孫子也、山内庄者於得宗領、為闕所之随一之間、頭殿(足利直義)御領也、依為其内之信乃村、為前代(北条氏)一族、難被知行之間、為助身命、以長福寺、被与奪師匠如意寺云々、師匠又請取弟子新寄附之信乃村、欲被掠領之条、無謂歟、非当御代御寄附者、争称相伝之地、可致奸訴哉、

一正続院可被定奉行人事、寺領已下沙汰之時、不被定奉行人之間、依無可属申之方、毎度申入御寺(臨川寺カ)之条、且為御煩歟、仍被定其仁之様、可有御方便哉、若可為其儀者、清久弾正左衛門尉可宜歟、且前代之時者、以能見中務丞、被定奉行之間、諸事無煩候、其子細妙晟房可申候、

一於御前、任御下文之旨、雖被成御教書、訴人就諸方之手、掠申御教書之間、相違之御沙汰出来歟、然則、以御使、被触仰諸方管領者、可無其煩歟、如此等事、尤被定奉行人、有御沙汰之条、可宜歟、

○本文書は年月日未詳。本文中に「今年三月十七日之御判御教書」とあるのは、八一〇号文書の足利直義御教書であるので、便宜ここに収める。

佐藤和彦
一九三七年、名古屋市生まれ。

早稲田大学大学院文学研究科博士課程単位修得退学。

東京学芸大学、帝京大学教授を歴任。

二〇〇六年五月十三日没。

著書に、『南北朝内乱史論』東京大学出版会、一九七九年、『日本中世の内乱と民衆運動』校倉書房、一九九六年など。

山田邦明
一九五七年、新潟県生まれ。

東京大学大学院人文科学研究科博士課程中退。

現在、愛知大学文学部教授。

著書に、『鎌倉府と関東』校倉書房、一九九五年、『戦国のコミュニケーション』吉川弘文館、二〇〇二年など。

伊東和彦
一九五二年、東京都生まれ。
早稲田大学大学院文学研究科後期博士課程満期退学。
現在、日本医科大学・女子美術大学短期大学部非常勤講師。
著書に、『暦を知る事典』（共著）東京堂出版、二〇〇六年など。

角田朋彦
一九六九年、群馬県生まれ。
駒澤大学大学院人文科学研究科博士後期課程満期退学。
現在、駒澤大学非常勤講師。
論文に、「平一揆に関する一考察」（『河越氏の研究』名著出版、二〇〇三年）など。

南北朝遺文 関東編 第一巻

二〇〇七年五月二〇日 初版印刷
二〇〇七年五月三〇日 初版発行

編者 佐藤和彦・伊東和彦 山田邦明・角田朋彦
発行者 今泉弘勝
印刷所 株式会社三秀舎
製本所 渡辺製本株式会社

発行所 株式会社 **東京堂出版**
東京都千代田区神田神保町一―一七（〒一〇一―〇〇五一）
電話 三二三三―三七四一 振替〇〇一三〇―七―二七〇

ISBN978-4-490-30621-7 C3321

Printed in Japan